Jürgen Fuchs (Hrsg.) · Wege zum vitalen Unternehmen

Jürgen Fuchs (Hrsg.)

Wege zum vitalen Unternehmen

Die Renaissance der Persönlichkeit

GABLER

Die Deutsche Bibliothek – CIP-Einheitsaufnahme

Wege zum vitalen Unternehmen : die Renaissance der
Persönlichkeit / Jürgen Fuchs (Hrsg.). – 2. Aufl. – Wiesbaden : Gabler,
1999
  ISBN 3-409-28745-0

1. Auflage 1995
2. Auflage 1999

Alle Rechte vorbehalten

© Betriebswirtschaftlicher Verlag Dr. Th. Gabler GmbH, Wiesbaden, 1999
Lektorat: Ulrike M. Vetter

Der Gabler Verlag ist ein Unternehmen der Bertelsmann Fachinformation GmbH.

Das Werk einschließlich aller seiner Teile ist urheberrechtlich geschützt. Jede Verwertung außerhalb der engen Grenzen des Urheberrechtsgesetzes ist ohne Zustimmung des Verlages unzulässig und strafbar. Das gilt insbesondere für Vervielfältigungen, Übersetzungen, Mikroverfilmungen und die Einspeicherung und Verarbeitung in elektronischen Systemen.

http://www.gabler-online.de

Die Wiedergabe von Gebrauchsnamen, Handelsnamen, Warenbezeichnungen usw. in diesem Werk berechtigt auch ohne besondere Kennzeichnung nicht zu der Annahme, daß solche Namen im Sinne der Warenzeichen- und Markenschutz-Gesetzgebung als frei zu betrachten wären und daher von jedermann benutzt werden dürften.

Höchste inhaltliche und technische Qualität unserer Produkte ist unser Ziel. Bei der Produktion und Verbreitung unserer Bücher wollen wir die Umwelt schonen: Dieses Buch ist auf säurefreiem und chlorfrei gebleichtem Papier gedruckt. Die Einschweißfolie besteht aus Polyäthylen und damit aus organischen Grundstoffen, die weder bei der Herstellung noch bei der Verbrennung Schadstoffe freisetzen.

Umschlaggestaltung: Schrimpf & Partner, Wiesbaden
Druck und Buchbinder: Lengericher Handelsdruckerei, Lengerich/Westf.
Printed in Germany

ISBN 3-409-28745-0

Inhalt

Ist totes Vermögen wirklich mehr wert als lebendiges Vermögen? 7

Teil 1:
Management von Dynamik und Wandel:
Kunden und Mitarbeiter wieder entdecken und begeistern
Jürgen Fuchs

  1. Die Renaissance der Persönlichkeit 15
  2. Die Renaissance der Kunden 21
  3. Drei Zeitalter der Arbeitsorganisation 39
  4. Das vitale Unternehmen: Tote Institution oder lebendiger Organismus 48
  5. Organisationen in der Krise: Probleme der Unternehmensmaschinerie 56
  6. Wege zum vitalen Unternehmen:
     Die „weichen" Faktoren sind die wirklich „harten" 60
  7. Die Kraft der Kreativität:
     Was die Betriebswirtschaftslehre von der Natur lernen kann 74
  8. Organisationsmodelle für vitale Unternehmen 85
     Literatur 112

Teil 2:
Das vitale Unternehmen:
Beispiele, Barrieren, Lösungswege

  1. Führen bei Lufthansa – Führung im Wandel 115
     Hemjö Klein
  2. Porsche: Ein Unternehmen wird fit 129
     Wendelin Wiedeking
  3. Karriere ohne Hierarchien
     – Wie man im 21. Jahrhundert Karriere macht 141
     Jürgen Fuchs
  4. Den Wandel menschlich gestalten – Aspekte fortschrittlichen
     Personalmanagements am Beispiel der Deutschen Bank 157
     Heinz Fischer/Silvia Steffens-Duch

5. Der Mensch rückt in den Mittelpunkt: Gruppenstrukturen und
   Entgeltsysteme für vitale Unternehmen am Beispiel der Audi AG 167
   Andreas Schleef

6. Die Entdeckung der Mitarbeiter:
   Ein Unternehmen steuert sich selbst 185
   Johann Tikart

7. Festo auf dem Weg zum Lernunternehmen 201
   Ulrich Höschle/Peter Speck

8. Business Reengineering
   – ein Weg in die Arbeitswelt der Zukunft 221
   Ulrich Klotz

9. Die Restrukturierung der Unternehmensprozesse:
   Die Neuentdeckung des Menschen 235
   Lothar Fohmann

10. Die Informatik: Job-Killer oder Job-Knüller? 251
    Jürgen Fuchs

Ist totes Vermögen wirklich mehr wert als lebendiges Vermögen?

In deutschen Unternehmen ist „totes Vermögen" immer noch mehr wert als „lebendiges Vermögen". Den Stuhl eines Ingenieurs finden wir auf der Aktivseite der Bilanz. Der Ingenieur selbst erscheint nur als Kosten in der Gewinn- und Verlustrechnung. In den letzten Jahren haben die Firmen ihr Zahlenwerk dadurch in Ordnung gebracht, daß sie Stühle gekauft und die Ingenieure entlassen haben. Das Ergebnis: entmutigte Arbeitslose, entnervte Frührentner und enttäuschte Hochschulabsolventen ohne Aussicht auf einen Job. Die Wirtschaftsführer haben sich gemeinsam mit den Gewerkschaften zu sehr darauf konzentriert, Kosten zu sparen, statt Menschen zu entfesseln und zu entfalten, damit sie mehr vermögen und bei ihren Kunden mehr verdienen können. Dann könnten sie selbst auch mehr verdienen. Die Optimierung des Kapitalnutzens hatte Vorrang vor der Optimierung des Personalnutzens. Allerdings erkennen wir immer mehr, daß das Vermögen der deutschen Firmen nicht nur aus Fließbändern, Maschinen, Gebäuden und Bankkonten besteht. Das, was die Mitarbeiterinnen und Mitarbeiter vermögen, ist das eigentliche Vermögen – wie das Wort schon ausdrückt. Die Bilanzrichtlinien sind allerdings noch auf dem Stand von Ford und Taylor, als es wichtig war, ein Fließband, Maschinen, Häuser und Geld zu besitzen. Die Tagelöhner konnte man billig kaufen.

Gerade im Dienstleistungsbereich wird der Wert der Mitarbeiter heute immer deutlicher. Wir beginnen auch zu sehen, daß ein Geschäftsprozeß nichts anderes ist als eine Kette von Menschen, die für ihre Kunden Werte schaffen – ähnlich wie die Menschenkette bei der alten Feuerwehr. Wenn es „beim Kunden brennt", sollten alle Hand in Hand arbeiten. Denn schließlich ist der Kunde der eigentliche Arbeitgeber: Er gibt die Arbeit.

Die deutschen Unternehmen haben nach dem Zweiten Weltkrieg stark die amerikanischen Firmen kopiert. Beeinflußt von amerikanischen Universitäten, Management-Büchern und Beratungsfirmen bauten wir Taylor und Ford nach – vielleicht etwas „perfekter". Aufgeschreckt durch die MIT-Studie 1989 blickte man gen Osten und versuchte, die Japaner zu kopieren. Kaizen wurde eingedeutscht zu KVP (kontinuierlicher Verbesserungsprozeß). Man setzte auf Evolution und auf Gruppenkonsens.

Als die erreichten Erfolge nicht ausreichten, blickte man wieder nach Westen zu den USA. Harte Schnitte, Revolution mit „Blut und Tränen". Die Stunde der harten Sanierer hat geschlagen. Der Begriff „Lean" bzw. schlank wird häufig mit mager und schwindsüchtig gleichgesetzt und erzeugt bei uns viele Negativ-Emotionen. Er wird verbunden mit Abbau, Abflachen, Reduzieren, Entlassen, Cost Cutting und Outsourcing. Wir schauen nur auf die Kosten und versuchen, denselben Umsatz mit weniger Menschen zu erzeugen. Personalabbau ist aber die falsche Denkrichtung, weil sie das wichtigste Vermögen in Deutschland nicht aktiviert: das, was unsere Menschen vermögen – ihre Arbeitskraft, aber auch ihr Wissen, ihre Kreativität und ihre Intuition – die Intelligenz der Gefühle. Stoppen wir doch diese Defensivstrategie und nutzen wir offensiv die Fähigkeiten der Menschen, um neue Produkte, komplexere Produkte, neue Dienstleistungen und das Know-how der Menschen am Weltmarkt zu verkaufen.

Nur wenige Unternehmen setzen alles daran, mit ihren Menschen mehr Umsatz zu machen. Unser Ziel sollte sein, den Kuchen zu vergrößern, statt über die Verteilung des Kuchens zu diskutieren: aktivieren statt amputieren, Umbau statt Abbau, fit statt mager, aber auch fit statt fett, Umbau des Fettgewebes in Muskelfleisch durch ein anstrengendes Fitneß-Training – fit für den Kunden!

Dieses Buch möchte Mut machen für diesen Weg. Wir sollten uns in Deutschland auf unsere eigenen Stärken besinnen:

- Unternehmertum und
- Bürokratie.

Wir sind und haben hervorragende Unternehmer. Der Mittelstand ist die Stütze der deutschen Wirtschaft. Die „Kraftzwerge" leben von Kundennähe, Innovation, Kreativität und Initiative. Wir sind aber auch die Weltmeister der Bürokratie. „Bureau" (französisch) heißt: die Amtsstube. Bürokratie ist die „Amtsstubenwirtschaft". In den letzten Jahren haben wir erfolgreich versucht, mit der Bürokratie, insbesondere innerhalb der Konzerne, das Unternehmertum in den Unternehmen zu bändigen. Das Ergebnis: die Menschen flüchten in Freizeit und Krankheit. Nach 17.00 Uhr werden sie Vorstand im Kaninchenzüchterverein. Wir brauchen diesen Trend nur umzukehren. Stärken wir das Unternehmertum – auch vor 17.00 Uhr – und schwächen wir die Bürokratie.

Doch davor haben viele Manager Angst. Sie fürchten um ihre Existenzberechtigung und ihre Zukunft. Sie wollen nicht entmachtet werden. Ich glaube, die Manager bekommen in Zukunft *mehr* Macht, mehr unternehmerische Macht – als Leiter eines Profit-Centers, einer verselbständigten GmbH, eines Service-Centers „Controlling" oder „Personal" in der Unternehmenszentrale. Jetzt bekommen die Gestalter die Macht, nicht die Verwalter. Die Verantwortungs-Hierarchie wird gestärkt, die Titel- und Status-Hierarchie abgebaut. Die Manager als Unternehmer und Mit-Unternehmer bekommen das Sagen. Die Manager-Bürokraten, Manager-Erbsenzähler und Manager-Unterlasser verlieren an Einfluß.

Wir haben die Chance und die Notwendigkeit zur Renaissance der Persönlichkeit. 1911 schrieb Taylor: „Bisher stand die Persönlichkeit im Vordergrund. In Zukunft werden die Organisation und das System im Vordergrund stehen." Nach 80 Jahren Taylor und Ford suchen wir jetzt wieder die Persönlichkeit und Persönlichkeiten, die etwas unternehmen für ihre Kunden – extern und intern.

Der Weg zum vitalen Unternehmen heißt nicht Revolution *oder* Evolution, sondern Revolution im Denken *und* Evolution im Handeln. Am Anfang steht ein radikales Umdenken, das neue Orientierung gibt und Perspektiven aufzeigt:

– Der Kunde ist kein Abnehmer, sondern kundiger Arbeitgeber.

– Das Unternehmen ist keine tote Maschinerie, sondern ein lebender Organismus.

– Karriere heißt nicht Aufstieg, sondern Kompetenzentwicklung.

– Die Menschen sind nicht nur Kostenfaktor, sondern das Vermögen des Unternehmens.

– Ein zufriedener Mitarbeiter ist zu und ruht in Frieden. Machen wir die Mitarbeiter neugierig, gierig auf Neues.

Dieses Buch möchte Wege zur Fitneß aufzeigen und Beispiele geben, wie Unternehmen den Kunden wieder entdecken und die Mitarbeiter wieder entfesseln. Die Metamorphose des lernenden Menschen und der lernenden Organisation ist das neue Lebens-, Überlebens- und Karriereprinzip: LERN-Organisation statt LEAN-Organisation. Dazu gehört ein professionelles Management der *Innovation* eines Unternehmens: seiner Produkte, Prozesse, Rituale, Spielregeln, Richtlinien und des Verhaltens der Mitarbeiter. Heute konzentrieren wir uns sehr auf das Management der Geschäftsabwicklung. Wir haben straff geführte stetige Prozesse und lasch geführte Projekte der Unternehmensinnovation. Und wir wundern uns dann über lange Entwicklungszeiten, desolate Informatikprojekte und Mißerfolge bei der Umgestaltung von Organisationen. Die *Koexistenz* von Linien- und Projektorganisation ist ein Schlüssel zum Erfolg.

Vitale Unternehmen sind vergleichbar mit einem *lebenden Organismus* aus Zellen und Organen. Die Informations- und Kommunikationstechnik ist das Nervensystem, das die Menschen miteinander verbindet, damit die rechte Hand weiß, was die linke tut. Vitale Organisationen beherrschen die Metamorphose – vom Fisch zum Lurch zum Vogel.

Vitale Unternehmen sind auch vergleichbar mit einer *Dorfgemeinschaft* mit ihren verschiedenen Werkstätten und ihrer internen Marktwirtschaft. Die Lehr- und Wanderjahre fördern Er-Fahrung und Gehirn-Jogging. Die Selbstverwaltungsorgane haben sich von der Lehensherrschaft des Adels losgesagt. Die Informations- und Kommunikationssysteme sind die Dorflinde, die die Menschen zusammenbringt.

Diese Bilder geben den Menschen eine neue Orientierung für das Geschehen in einem Unternehmen. Sie schaffen eine neue Wahrnehmung (das, was man für wahr nimmt). Solange wir ein Unternehmen als Uhrwerk sehen und verstehen, als zentral gesteuertes Räderwerk mit Fließbändern und Kontrollapparaten, ist und bleibt der Mensch nur Rädchen im Getriebe, Störfaktor, Fehlerquelle und Kostenfaktor. Produktivitätssteigerung heißt dann automatisch das Eliminieren des Menschen aus der Arbeitswelt.

Wenn wir das Unternehmen als lebendigen Organismus wahrnehmen, ist der Mensch als Zelle für den Bestand des Organismus lebensnotwendig. Leistungssteigerung heißt jetzt Fitneß, Abtrainieren des Fettgewebes, Stärkung der Muskeln, der Beweglichkeit, schnelle Reaktionsfähigkeit auf das Umfeld und optimale Zusammenarbeit der Organe und Zellen. Diese neue Wahrnehmung kann dann auch das Verhalten der Menschen ändern.

Im zweiten Teil dieses Buches weisen die Praxisbeispiele auf wesentliche Merkmale vitaler Unternehmen hin, z. B.:

– Karriere als Kompetenzentwicklung und Gleichrangigkeit von Fach- und Führungsaufgaben (z. B. CSC Ploenzke AG, Deutsche Bank).

– Bezahlungsmodelle, bei denen die Person im Vordergrund steht und nicht die Stelle (z. B. Audi AG).

– Führen als Dienstleistung. Führungskräfte haben auch Kunden – ihre Mitarbeiter (z. B. Lufthansa AG, Porsche AG, Mettler-Toledo).

– Der Konzern als Verbund von „mittelständischen", kundenorientierten Unternehmen (z. B. Porsche AG).

– Innovationsmanagement in der lernenden Organisation (z. B. Festo, Mettler-Toledo).

– Lean-Organisation als Lern-Organisation (z. B. Festo, Bosch, Porsche AG, CSC Ploenzke AG, IG Metall).

In allen Beispielen wird deutlich, daß das *Aktivieren des Humanvermögens* der Erfolgsfaktor der deutschen Wirtschaft ist – die Entfesselung des „totgeregelten" Mitarbeiters – auch schon vor 17.00 Uhr.

Den überregelten Menschen kennen wir auch im Straßenverkehr. Weil wir nicht an die Umsichtigkeit der Menschen glauben, regeln wir alles lückenlos: mit Schildern, Ampeln und weißen Streifen auf der Straße. Es kann jetzt überhaupt nichts mehr passieren. Die Autofahrer brauchen sich jetzt nur blindlings und „blindrechts" wie mit Scheuklappen an die Regeln halten. Jetzt sind sie wirklich nicht mehr umsichtig. Das erkennen wir, wenn diese Menschen plötzlich in Rom, Athen, Istanbul oder Bangkok Auto fahren müssen.

In der Weltwirtschaft haben wir aber heute Verhältnisse wie in Rom, Athen oder Istanbul. Man bezeichnet das als wachsende Dynamik der Märkte, die durch Deregulierung noch gefördert wird. In Deutschland wollen wir aber noch alles im Griff haben. Wir stehen mit der Genforschung brav am Stoppschild. Die anderen fahren einfach los. Wir halten an der roten Ampel der starren Arbeitszeiten oder der festen Ladenschlußzeiten. Die anderen fahren einfach weiter. Die weißen Linien der starren Tarifsysteme und Arbeitszeitregelungen zeigen uns genau den Weg – in die sogenannte „strukturelle" Arbeitslosigkeit. Die FAZ vom zweiten Juli 1988 schreibt etwas provokativ: „Staat und

Tarifparteien verantworten zwei Drittel der Arbeitslosen, weil sie die Arbeitskraft der Muskeln und des Kopfes den Marktprinzipien vollständig entzogen haben." Jetzt haben wir statt der damals zwei Millionen Arbeitslosen fast sechs Millionen – incl. der verdeckten – ohne Aussicht auf Besserung. Erstarrte Strukturen und starre Betriebsabläufe führen in die strukturelle Arbeitslosigkeit. Wir werden nur erfolgreich sein, wenn wir unsere Mitarbeiter ent-fesseln und umsichtig machen, damit sie in dem Wirtschaftsverkehr des globalen Dorfes nicht unter die Räder geraten.

Ich danke allen Mitautoren ganz herzlich, daß sie dieses Buch ermöglicht haben. Sie bringen in ihren Unternehmen Revolution und Evolution voran. Sie vitalisieren die Unternehmen. Sie haben Mut und machen Mut – zur Renaissance der Persönlichkeit.

Über die Jugend

„Die Jugend kennzeichnet nicht einen Lebensabschnitt, sondern eine Geisteshaltung; sie ist Ausdruck des Willens, der Vorstellungskraft und der Gefühlsintensität.
Sie bedeutet Sieg des Mutes über die Mutlosigkeit,
Sieg der Abenteuerlust über den Hang zur Bequemlichkeit.

Man wird nicht alt, weil man eine gewisse Anzahl Jahre gelebt hat:
Man wird alt, wenn man seine Ideale aufgibt.
Die Jahre zeichnen zwar die Haut – Ideale aufgeben aber zeichnet die Seele.
Vorurteile, Zweifel, Befürchtungen und Hoffnungslosigkeit sind Feinde,
die uns nach und nach zur Erde niederdrücken und uns vor dem Tod zu Staub werden lassen.

Jung ist, wer noch staunen und sich begeistern kann.
Wer noch wie ein unersättliches Kind fragt: und dann?
Wer die Ereignisse herausfordert und sich freut am Spiel des Lebens.

Ihr seid so jung wie Euer Glaube. So alt wie Eure Zweifel. So jung wie Euer Selbstvertrauen.
So jung wie Eure Hoffnung. So alt wie Eure Niedergeschlagenheit.

Ihr werdet jung bleiben, solange Ihr aufnahmebereit bleibt:
empfänglich fürs Schöne, Gute und Große; empfänglich für die Botschaften der Natur,
der Mitmenschen, des Unfaßlichen.
Sollte eines Tages Euer Herz geätzt werden von Pessimismus, zernagt von Zynismus,
dann möge Gott Erbarmen haben mit Eurer Seele – der Seele eines Greises."
(Quelle unbekannt)

Ich wünsche allen Lesern Spaß am Jungsein und bitte sie, den ihnen anvertrauten Menschen diesen Spaß nicht zu verderben, sondern zu fördern.

Wiesbaden, im Februar 1999   Jürgen Fuchs

Teil 1:

Management von Dynamik und Wandel: Kunden und Mitarbeiter wieder entdecken und begeistern

Jürgen Fuchs

1. Die Renaissance der Persönlichkeit
2. Die Renaissance der Kunden
3. Drei Zeitalter der Arbeitsorganisation
4. Das vitale Unternehmen: Tote Institution oder lebendiger Organismus
5. Organisationen in der Krise: Probleme der Unternehmensmaschinerie
6. Wege zum vitalen Unternehmen:
   Die „weichen" Faktoren sind die wirklich „harten"
7. Die Kraft der Kreativität:
   Was die Betriebswirtschaftslehre von der Natur lernen kann
8. Organisationsmodelle für vitale Unternehmen

   Literatur

Jürgen Fuchs, geboren 1941 in Mettmann, ist Mitglied der Geschäftsleitung in der CSC Ploenzke AG. In den letzten zwanzig Jahren hat er das Unternehmen in mehreren leitenden Funktionen mitgestaltet. Nach seinem Studium der Mathematik, Physik und Philosophie war er zehn Jahre lang bei der IBM tätig, zuletzt als Manager im Vertrieb. Er beschäftigt sich mit dem Redesign von Unternehmen und der Einführung lernender Organisationen. Die Gedanken und Praxisbeispiele hat er in weiteren Büchern veröffentlicht: „Das biokybernetische Modell: Unternehmen als Organismen", 2. Auflage, Wiesbaden, 1994, und „Manager, Menschen und Monarchen", Frankfurt, 1995.

1. Die Renaissance der Persönlichkeit

> „Sir, geben Sie Gedankenfreiheit!"
> „Geben Sie wieder, was Sie uns nahmen.
> Werden Sie von Millionen Königen der König.
> Ein Federzug von dieser Hand,
> und neu erschaffen wird die Erde."
> Don Carlos, Friedrich von Schiller

Die Adelsherrschaft des Managements

Revolution oder Evolution? Diese Frage beschäftigt heute viele Vorstände, Geschäftsführer, Betriebsräte, Organisationsentwickler, Personalentwickler, Gewerkschaften, aber besonders das viel gescholtene Mittelmanagement. Als „Lähmschicht" beschimpft, als Verlierer der Reengineering-Prozesse erkannt und von den Mitarbeitern als Feudalherren kritisiert, werden heute nicht nur die Manager von Hiobsbotschaften überrascht und verängstigt: „20 Prozent der Vorgesetzten haben schon ihren Job verloren. Weitere 60 Prozent sind überflüssig." Auch die Studenten und Nachwuchskräfte sind orientierungslos, seit die Karriereleitern drastisch verkürzt werden. Was bedeutet überhaupt noch Karriere in schlanken Unternehmen? In Zukunft sind Querdenker gefragt, nicht Aufsteiger!

Wie kam es eigentlich zu der Adelsherrschaft des Managements, obwohl das Feudalsystem schon lange abgeschafft war? Im ausgehenden Mittelalter und zur Zeit der Renaissance entwickelte sich ein stolzes Bürgertum. Der Erfolg von Handel, Handwerk und Finanzwirtschaft steigerte die Macht der freien Bürger, Dörfer und Städte. Die Französische Revolution leitete das Ende der Adelsherrschaft ein. Auslöser waren damals die leeren Staatskassen in Frankreich. Die leeren Mägen der Soldaten, Beamten und der vom Staat abhängigen Sozialhilfeempfänger brachten auch die Massen der Bauern in Bewegung, die von ihren Lehnsherren am Existenzminimum gehalten wurden. Die Folgen sind bekannt. Eine Karikatur aus dem Jahre 1789 beschreibt die damalige Situation sehr deutlich: Der Bauer mußte den Adligen und den Priester tragen.

Ähnlichkeiten mit unserer heutigen Zeit sind nicht zufällig: Wenn ein typischer Arbeitnehmer in Deutschland monatlich 3000 DM netto erhalten will, muß seine Leistung im Monat nicht nur diese 3000 DM wert sein – und zwar am Weltmarkt. Er muß auch noch am Markt weitere 3000 DM verdienen, um all diejenigen zu bezahlen, die zur Zeit nicht arbeiten: Kranke, Rentner, Arbeitslose usw. Und er muß noch zusätzlich zirka 2000 bis 3000 DM erarbeiten, um all diejenigen zu finanzieren, die sagen, wie und was er arbeiten soll: Manager und Stäbe, die neuen Adligen und „Hofvasallen". Der Weltmarkt ist heute aber nicht mehr bereit, das zu tolerieren, und drückt auf die Preise. Er bekommt die gleichen Produkte preiswerter aus solchen Ländern, wo die

Französische Karikatur aus dem Jahr 1789:
Der Bauer muß den Priester und den Adligen tragen.

Feudalherrschaft der Manager und Bürokraten oder das Lohnniveau geringer sind. Heute löst nicht der Mitarbeiter die Revolution aus, sondern der Kunde. Die Konsequenzen für den Adligen (Management) und den Priester (Sozialsystem) werden aber vergleichbar sein.

Damals setzte sich das Volk die Krone auf und legte fest, wieviel der Overhead kosten darf. Mit allen Wirrungen und Irrungen kam der Prozeß der Selbstbestimmung in Gang. Die ehemaligen Untertanen wurden zu mündigen Bürgern. Die Pressefreiheit, die als erster deutscher Fürst am 5. Mai 1816 Großherzog Karl August von Sachsen-Weimar-Eisenach seinen 180 000 Untertanen gewährte, beschleunigte den Zerfall der feudalistischen hierarchischen Strukturen.

Heute sind es Computernetze, Faxgeräte, Telefone und Satelliten, die den Kunden mündig gemacht haben und die auch die Mitarbeiter mündig machen werden: von Untergebenen zu Mitunternehmern. Die Pressefreiheit *innerhalb* der Unternehmen führt zu Demokratisierungsprozessen auch in der Arbeitswelt. „Demokratie, Selbst- und Mitbestimmung gehören nicht in den Betrieb – ebensowenig wie in die Schule und das Gefängnis", schrieb 1966 der „Industriekurier". Selbstorganisierende Teams, die Wahl von Gruppensprechern mit sechsmonatigen Amtsperioden und der Wandel vom Vorgesetzten zum Team-Coach zeigen die neue Richtung.

Das Ende der Persönlichkeit

Doch zurück zu der Frage, wie die Adelsherrschaft des Managements überhaupt entstehen konnte, nachdem die ausgebildeten Handwerker und gebildeten Bürger sich davon losgesagt hatten. Die Antwort ist auch ohne wissenschaftliche Begründung sehr simpel, wenn man erkennt, daß feudalistische Hierarchie als Organisationsform nur dort wirkungsvoll ist, wo man ungelernten Menschen einen zentralen Willen aufzwingen kann und will. Dies galt für die ungelernten Bauern durch die Lehenspyramide und für die ungelernten Söldner militärischer Hierarchiepyramiden. Und es galt für die ungelernten Einwanderer in den USA, die Anfang des 20. Jahrhunderts bei Ford am Fließband die Tin Lizzy bauten.

Das Fließband von Henry Ford als Organisationsmittel und das Konzept der Arbeitszerlegung in Trivialtätigkeiten von Frederick Winslow Taylor haben das damalige Wunder vollbracht, Millionen von Einwanderern aus Polen, Rußland, Italien, Deutschland usw. ohne Handwerksausbildung in den Arbeitsprozeß zu integrieren. So konnten sie ihre Familien ernähren, und der Kunde bekam preiswerte (Standard-) Produkte. Das Prinzip war äußerst erfolgreich, um für die leeren Märkte Massenprodukte zu erzeugen, und es bildete die Grundlage für die Blütezeit der westlichen Industrienationen. Deshalb haben wir es in Deutschland Mitte der 60er Jahre mit Millionen von Gastarbeitern wiederholt.

Das Fließband hat uns aber auch die Steuerungsorganisation für ungelernte Menschen beschert: *die Lehnsherrschaft*. Die Arbeiter arbeiten für ihren Vorgesetzten. Dieser wird ihnen von oben vorgesetzt und sitzt dann vor – auf erhobenem Podest als Drohung. Er steuert seine Mitarbeiter, die ihm gehören. Er ist für seine Abteilung zuständig. Der Begriff Abteilung kommt aus der Monarchiezeit, als der König seine Felder und Forste in Distrikte und Abteilungen abgeteilt hat. Auch heute teilen sich noch Abteilungen ab.

Seinen Vasallen hat der König ein Lehen zugestanden, für das der Lehnsherr zuständig war – samt der darauf befindlichen Leibeigenen.

Die Manager des frühen Industriezeitalters erhielten ihre Existenzberechtigung einerseits durch die vielen Schnittstellen, die es zu managen galt. Andererseits mußten die vielen ungelernten Einwanderer, die meistens kein Englisch sprachen, angewiesen und kontrolliert werden.

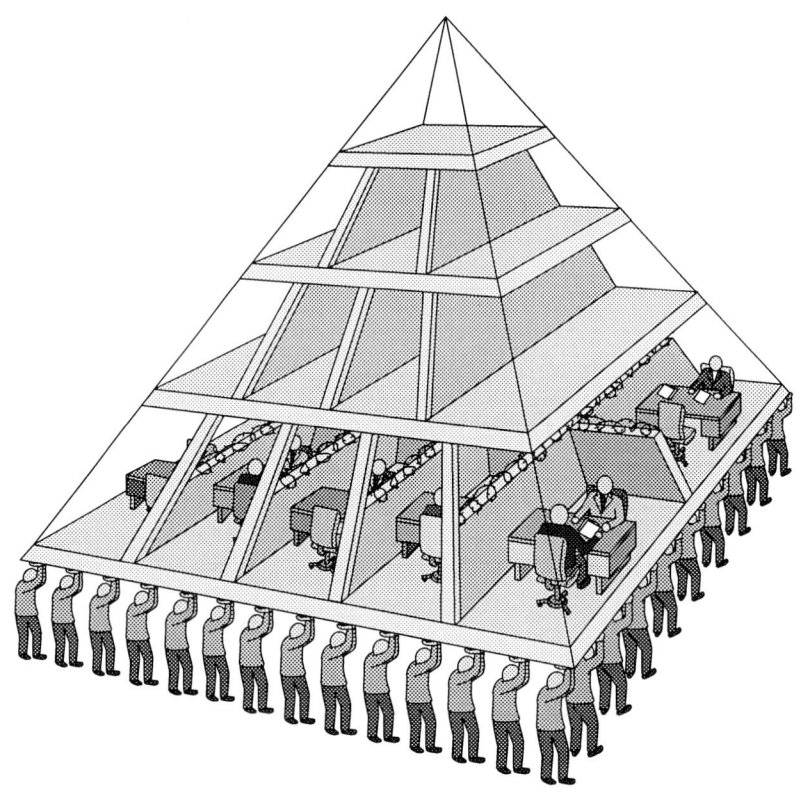

Das geordnete Unternehmen ruht auf den Untergebenen: Sie sind unten und geben.

Aus den Koordinatoren, Kontrolleuren und Informationstransporteuren entstand das sogenannte Mittelmanagement, das mit Titeln, Ehrenzeichen und Geld von den „Monarchen" bei Laune gehalten wurde. Das Mittelmanagement stützte als „Vasallen" das System, und das System stützte sie. Das Unternehmen verkam zu einem Jahrmarkt der Eitelkeiten. Ämter, Besitz und Ehrenzeichen waren wichtiger als Leistung, Fähigkeiten und Ethos. Die strukturelle Einfalt erstickte die Vielfalt. Das System zentraler Planwirtschaft in den Staaten des Ostens und in Firmen des Westens ließ Eigeninitiative und Erfindungsgeist viel zu häufig verkümmern.

Die Folgen dieser Arbeitsorganisation beschreibt Taylor sehr deutlich in seinem Buch von 1911:

- „Bisher stand die Persönlichkeit an erster Stelle. In Zukunft wird die Organisation und das System an die erste Stelle treten."

- „Das Verfahren sollte man nicht anwenden auf gebildete Mechaniker oder intelligente Arbeiter, die lesen und schreiben können, weil diese sonst dequalifiziert werden."

Nicht Taylor sollte man kritisieren, sondern all diejenigen, die sein System und die Fließbandorganisation auf *qualifizierte* Menschen angewandt haben: an den Fließbändern bei Banken, Versicherungen und Behörden oder in der Forschung, EDV und im Vertrieb. Taylor und Ford haben damals allerdings noch nicht erkannt, was heute das System zu Fall bringt:

– Das Fließband kennt keinen Kunden, sondern nur Abnehmer, die das abnehmen, was am Fließband rauskommt.
– Die Feudalkarriere, d. h. möglichst viele Leibeigene haben oder „an Hofe kommen", führt zu unbezahlbaren Wasserköpfen.
– Sie hatten auch nicht mit der Kommunikationstechnik gerechnet, die den Kunden kundig und mündig gemacht hat.

Jetzt bringt der Kunde die erstarrten Strukturen zum Wanken, die zu Lasten der Mitarbeiter und auf Kosten der Kunden aufgebaut worden sind. Er verlangt kundige und mündige Mitarbeiter, die seine Wünsche erfüllen und seine Probleme lösen.

In der heutigen Krise des Systems liegt aber die große Chance einer zweiten Renaissance: *der Renaissance der Persönlichkeit.*

Die Krise: Gefahr und Gelegenheit

Die Chinesen haben ein sehr treffendes Wort für „Krise": „wei-chi". „Wei" heißt die Gefahr, „chi" bedeutet die Gelegenheit. Die Mitarbeiter haben die Chance und die Pflicht, ihre Persönlichkeit im Unternehmen zu entfalten. Die Führungskräfte haben die Pflicht und die Chance, die Mitarbeiter zu fördern und zu fordern. Das Unternehmen hat die Chance und die Pflicht, sich von einer toten Maschinerie in einen vitalen Organismus zu verwandeln. Wir alle haben die Pflicht und die Chance, unseren einzigen Arbeitgeber wieder zu entdecken: unseren Kunden.

Revolution oder Evolution? Unsere Rezession in den Jahren 1992 bis 1994 war ein Schuß vor den Bug. Der Kunde hat seine Muskeln gezeigt. Nutzen wir unsere Chance zum Wandel, solange wir die Zeit und das Geld haben. Werfen wir nicht alles Knowhow aus dem Unternehmen. Vernichten wir nicht die Fähigkeiten ganzer Managementgenerationen. Aktivieren wir unsere Menschen, amputieren wir sie nicht. Machen wir Revolution *und* Evolution: Orientieren wir das Unternehmen und seine Menschen revolutionär. Denken wir komplett um, denken wir in eine völlig neue Richtung. Drehen wir alle Köpfe um:

– Es gibt nur *einen* Chef: den Kunden.
– Eine Leistung, die nicht vom Kunden honoriert wird, ist *keine* Leistung, sondern eine Blindleistung.

- Wer viel und vielen dient, *der* verdient es auch, viel zu verdienen.
- Wer was zu sagen haben will, der *muß* auch was zu sagen haben.

Wenn alle Menschen in die neue Richtung sehen, braucht es viele kleine und große Schritte, die die Menschen im Unternehmen selbst gehen müssen: als aufrechte, mündige und selbstbewußte Persönlichkeiten. Dabei wird es nicht *einen* Weg geben, den alle im Gleichschritt marschieren. Zuviel Ordnung erzeugt bekanntlich Katastrophen, wie die Gleichschaltung der Menschen im Ostblock gezeigt hat und der Börsencrash 1989, als viele Broker dieselben Computerprogramme benutzt haben. Deswegen marschieren auch Truppen außer Tritt über eine Brücke. Sonst gäbe es nämlich eine Katastrophe.

Auf dem Weg des evolutionären Prozesses, den das gesamte Unternehmen geht, können ein paar Leitbilder als Leitplanken dienen:

- Der Mensch liebt die Vielfalt, nicht die Einfalt. Wir erkennen das z. B. an der Vielfalt der Restaurants in den Städten.
- Ordnung ist das halbe Leben, Chaos ist die andere Hälfte.
- Reisen bildet – auch im eigenen Unternehmen. Reisen dient der Völkerverständigung – auch im eigenen Unternehmen.
- Das Unternehmen ist ein Lebewesen, keine Maschine.
- Wenn ein Unternehmen krank ist, hilft das Aktivieren der Selbstheilungskräfte mehr als das Amputieren.

Ein Unternehmen ist schließlich auch eine Persönlichkeit und hat auch Persönlichkeit: nicht starr, träge und fett, sondern kreativ, vital und fit.

2. Die Renaissance der Kunden

> „Der Schalterbeamte muß sich stets gegenwärtig halten,
> daß seine erste und wichtigste Aufgabe
> die Abfertigung des Publikums ist,
> gegen welche alle übrigen Arbeiten zurücktreten."
> Verfügung der deutschen Postverwaltung 1875

Dienstleistung heißt: dienen und leisten

Ein schöner Septembertag in Rom. Wir sitzen in einem kleinen Restaurant und diskutieren mit Emilio, dem Padrone, unsere Speisefolge. Als Wein wählen wir meine Lieblingsmarke. Kurz darauf sehe ich Emilio über die Straße laufen, zu seinem Mitbewerber. Er kommt mit zwei Flaschen Rotwein zurück, die er halb unter seiner Jacke versteckt hält. Nach dem vorzüglichen Essen und Trinken, das er uns mit Begeisterung zelebriert, frage ich Emilio, ob es mein Wein gewesen sei, den er sich von gegenüber besorgt habe. Er wird ganz verlegen und bekennt: „Ja, mir ist Ihr 83er Wein gerade ausgegangen. Aber das Problem habe ich ja gelöst. Darauf einen Espresso!

Die kleine Geschichte soll einen Maßstab setzen, was Dienstleistung (Dienen und Leisten) am Kunden bedeutet. Nicht die Eigeninteressen des Unternehmens, etwa Gewinn oder Marktanteil, nicht die Bequemlichkeit des Dienstleisters stehen hier im Vordergrund, sondern das Wohlbefinden des Kunden. Wie leicht heißt es in etablierten Lokalen: „Der Wein ist leider ausgegangen, aber ich empfehle Ihnen den XYZ, er ist noch reifer, noch vollmundiger!" Mit ein wenig Kreativität und der Bereitschaft, Schranken zu durchbrechen, lassen sich gerade bei Dienstleistungen (fast) alle Probleme meistern.

„Der Kunde ist König." Wie leicht ist dieser Satz gesagt, wie schwer gelingt es, ihn täglich in die Tat umzusetzen. Wie sehr haben viele Unternehmen, besonders die Großkonzerne und Behörden, dieses Geheimnis wirtschaftlichen Erfolges vergessen und beschäftigen sich mehr mit sich selbst als mit ihren Kunden. Die Rezession in den letzten Jahren ist die Quittung dafür, daß wir den Kunden aus den Augen verloren haben. Bei den meisten Produkten sind die Verkäufermärkte zu Käufermärkten umgekippt. Daß der Markt so dynamisch und der Kunde so anspruchsvoll geworden ist, hat einen simplen Grund: Der Kunde ist kundig! Mit Satelliten, Telefon, Fax und Computernetzen ist der Globus zum Dorf geworden. Ehemalige Entwicklungsländer in Asien und Osteuropa sind zu Nachbarn geworden, die den direkten Wettbewerb um die Gunst der Kunden antreten. Der Kunde ist informiert, hat die Wahl, setzt sich die Krone auf und gibt seine Order (englisch: Befehl). Darauf sind weder unsere Konzern- bzw. Behördenapparate noch die darin befindlichen Menschen mental eingestellt. Dafür sind sie ja auch nicht eingestellt.

Die deutsche Sprache entlarvt diesen Zustand sehr treffend. Im Brockhaus von 1953 steht unter „Kunde": Abnehmer von Waren. Bis 1993 ist bei Brockhaus eine kleine Entwicklung zu erkennen. Jetzt ist ein Kunde ein „Abnehmer von Waren und Dienstleistungen". Den Begriff Abnehmer gibt es seit Anfang dieses Jahrhunderts, als das Fließband eingeführt wurde und die Menschen am Ende des Bandes dankbar ihre Tin Lizzy abnahmen. Ein Abnehmer hat keine Sonderwünsche zu haben. Von Henry Ford stammt das legendäre Zitat: „Bei mir kann jeder Kunde jede Farbe haben, vorausgesetzt sie ist schwarz!" Auch bei einem süddeutschen Automobilkonzern wurden die Autos noch vor kurzer Zeit gnädig zugeteilt. Man kaufte ja schließlich auch kein Auto. Man stellte einen *Kaufantrag*, der dann wohlwollend geprüft und mit Auflage von Wartezeiten genehmigt wurde. Bei Banken und Versicherungen ist dieses Verhalten auch heute noch häufig anzutreffen. In diesem System war und ist der Kunde ein Fremdkörper, ein Störfaktor, weil er mit seinen Sonderwünschen dauernd stört. Er behindert den gut organisierten Arbeitsablauf. Er stört den „regelgebundenen Betrieb von Amtsgeschäften" (Max Weber 1921).

Der Kunde als Abnehmer und Antragsteller

Der kundige Kunde als Arbeitgeber: Er gibt die Arbeit

Lesen Sie aber im Brockhaus die anderen Begriffe, die zu dem Wortstamm „Kunde" gehören, so machen Sie eine bemerkenswerte Entdeckung. Dort steht: „erkundigen", „kundschaften", „kundig" und „Kunde geben". Die moderne Informations- und

Kommunikationstechnik macht den Kunden jetzt wieder zu dem, was er in der Zeit vor Henry Ford und Frederick Taylor war: ein Mensch, der sich im Dorf erkundigt hat, der gekundschaftet und sich erkundigt hat, der jetzt kundig ist und Kunde gibt – keinen Antrag stellt. Aber darauf sind unsere tayloristischen Fließbandorganisationen bei Industrie, Banken, Versicherungen und Behörden (noch) nicht eingerichtet. Wir denken, handeln und organisieren noch zu sehr in der *geschobenen* Wertschöpfungskette, bei der das Produkt im Mittelpunkt steht und der Kunde das letzte Glied in der Kette ist: der Zielkunde.

Typisch für die geschobene Wertschöpfungskette sind:

– „Vordenken" zentraler Stäbe,
– „Ausführen" der dezentralen Einheiten,
– funktionale Arbeitszerlegung mit Abteilungen, die sich abteilen,
– Kommunikation „per Mauerwurf".

Der Zielkunde

Die Designabteilung denkt sich ein neues Auto aus und wirft es der Konstruktion über die Mauer. Die macht ihr Bestes daraus und wirft es der Produktion über die Mauer. Da die bestehenden Produktionsstraßen und Roboter nicht in der Lage sind, das neue Auto problemlos zu produzieren, wirft es die Produktion wieder über die Mauer zurück. Das Pingpong-Spiel kostet viel Zeit und Geld. Durch ein „Simultaneous Engineering" und

EDM (Engineering Data Management) will man dieses Problem allerdings in den Griff bekommen. Die Produktion schließlich wirft das Auto dem Vertrieb über die Mauer, und der wirft es auf seine Zielkunden. Leider gilt das gleiche Verfahren auch bei den Dienstleistern wie Banken und Versicherungen. Man spricht zwar viel von Kundenorientierung, Customer-Focus-Programm und Kundenbeziehung (bei der der Kunde zieht). Aber Realität ist heute meistens die Kunden-„bedrückung" des Zielkunden, ohne auf seine Wünsche Rücksicht zu nehmen. Bei Versicherungen kennt man ja auch im sogenannten Strukturvertrieb die „Drückerkolonnen".

Heute setzt sich der Kunde aber die Krone auf und verlangt nicht nur von seinem italienischen Restaurant, sondern auch von großen Unternehmen und diese wieder von ihren Lieferanten Flexibilität, schnelle Reaktionen auf geänderte Anforderungen, Bereitschaft zu Service, exakte Einhaltung von Terminen und natürlich die beste Qualität. Unternehmen und die Mitarbeiter in den Unternehmen müssen lernen, „hart am Kunden zu segeln", den Kunden und seine Bedürfnisse, seine Wünsche kennen. Man muß sich sozusagen beim Kunden einklinken, so daß der Kunde ziehen kann. Dann muß das Unternehmen aber auch sofort reagieren. Dazu bedarf es schneller Entscheidungen und eindeutiger Befugnisse an der Basis, an der Schnittstelle oder besser gesagt: *Verbindungsstelle* zum Kunden.

Zur Entscheidung gehören Informationen und Kompetenzen. Wenn ein Verkäufer Liefertermine für ein Auto, eine Maschine oder eine Kücheneinrichtung nennen will, muß er per Computernetz sozusagen direkt ins Lager und in die Produktion „sehen können". Und er braucht die Kompetenz, eine verbindliche Zusage machen zu können. Das gleiche gilt für den Finanzberater, der in einer Bankfiliale eine Anlageempfehlung gibt oder eine steuerlich günstige Finanzierung anbietet. „Just in Time" und „Total Quality" werden zu Erfolgsrezepten nicht nur bei der Produktion, sondern erst recht beim Dienst am Kunden. Denn die Quelle der Wertschöpfung verlagert sich zunehmend von der Fabrik direkt an den Kunden. Das eigentliche Produkt entsteht häufig nicht mehr direkt in der Fabrik, sondern als Dienst, der von dem Mitarbeiter an dem Kunden geleistet wird.

Wir spüren allerdings in Deutschland ein gestörtes Verhältnis zur Dienstleistung – im Gegensatz zu den USA. Bei uns möchte man nicht dienen und leisten. Dienstleistungen sind in Deutschland häufig niedrig angesehen, z. B. Restaurant-Bedienung, Reinigungs-Dienstleistungen. Oder sie sind kostenlos bzw. sie werden nicht direkt bezahlt wie z. B. das Bildungs- und Gesundheitswesen. Dadurch spürt man den Wert nicht direkt. Viele Unternehmen weichen auf den Begriff „Service" aus. In den Zügen der Bahn hört man aus den Lautsprechern: „Es begrüßt Sie das neue Service-Team und wünscht Ihnen gute Fahrt." Auf einer Fahrt von Wiesbaden nach Stuttgart kontrollierte eine junge Zugchefin die Fahrausweise und kam nach wenigen Minuten zurück mit der Frage: „Darf ich Ihnen einen Kaffee oder Tee servieren?" Auf unsere verdutzten Blicke reagierte sie prompt: „Das ist unser Service. Die Bahn ist schließlich ein Dienstleistungsunternehmen!" Es bewegt sich etwas in Deutschland.

Voraussetzung für den Erfolg dieser Bewegung ist die gegenseitige Achtung. Der Respekt des Schaffners vor dem Zuggast und die Achtung des Gastes vor dem Dienstleister ist die Basis des zukünftiges Geschäfts. Wir alle sind gleichrangige Geschäftspartner im Außen- und im Innenverhältnis. Das Bild von Kunden als Abnehmer hat ausgedient. Die Gegenreaktion des Kunden als gnadenlosem König hat gerade in der Automobilzulieferindustrie viel Opfer gekostet. Respekt und eine Partnerschaft, die beiden nutzt, ist die Basis erfolgreichen Geschäfts. In einem führenden Hotel fand ich einen bedenkenswerten Leitspruch: „We are Ladies and Gentlemen serving Ladies and Gentlemen."

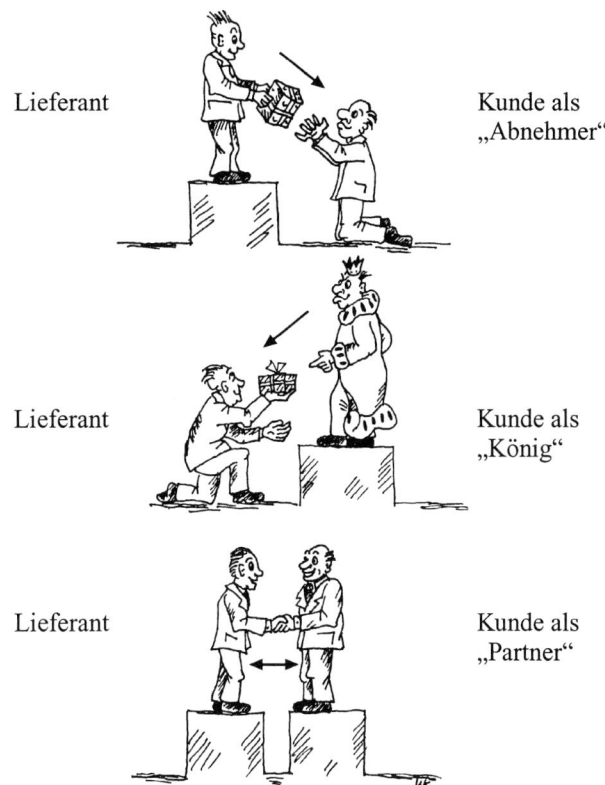

Geschäftspartner sind gleichrangig.

Das Bild von Knecht und Herr, von unten und oben, ist nicht die richtige Basis für das Geschäft
- zwischen Firmen und ihren Kunden,
- zwischen Unternehmensbereichen und ihren internen Kunden,
- zwischen Führungskräften und den Mitarbeitern als Kunden.

Die gezogene Wertschaffungskette

Beim Wandel von einer Industrie- in eine Dienstleistungsgesellschaft treten die greifbaren Produkte immer mehr in den Hintergrund. Service und Dienstleistungen rund um die Produkte oder quasi als Produkt bestimmen den Wettbewerb.

Unternehmen, die bei diesem Prozeß erfolgreich sein oder bleiben wollen, haben eine gigantische Aufgabe vor sich. Sie müssen den Wandel von einer produktorientierten Kultur in eine kundenorientierte Kultur vollziehen, von einer geschobenen Wertschöpfungskette in eine *gezogene Wertschaffungskette*. Bei der traditionellen „Wertschöpfungskette" wurden die Gewinne, die am Kunden entstanden, von den nachfolgenden Organisationseinheiten abgeschöpft, insbesondere durch die „gemeinen" Gemeinkosten, die im Umlageverfahren Gewinn zunichte machten. Heute honoriert der Kunde nur noch Leistungen, die für ihn Nutzen stiften. Er erwartet einen Gesprächspartner mit der nötigen fachlichen und unternehmerischen Kompetenz, der nicht in Produkten denkt, die er verkaufen soll. Der soll und muß alle Ressourcen eines Unternehmens auf die spezifischen Kundensituation wie mit einem Brennglas fokussieren. Das Unternehmen und seine zentralen Stäbe, aber insbesondere die Führungskräfte üben dabei eine Supportfunktion für den Mitarbeiter aus. Sie sind Dienstleister für die Mitarbeiter beim Kunden oder in der Fabrik. In der kundenorientierten Kultur wird die Richtung der Impulse umgekehrt. Nicht die Zentrale sagt den Mitarbeitern, welche Produkte für den Kunden gut sind, sondern *der Kunde sagt*, welche Produkte oder Dienstleistungen er von dem Unternehmen haben will. Die Angler haben das Prinzip der gezogenen Kette schon lange entdeckt, denn schließlich muß der Wurm dem Fisch schmecken und nicht dem Angler.

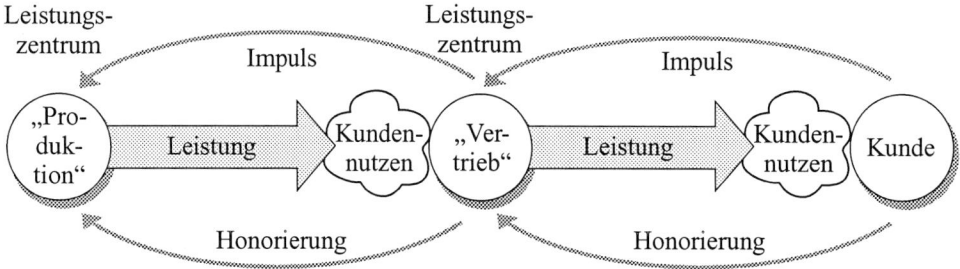

Die „gezogene" Wertschaffungskette

Die Leistung wird heute üblicherweise mit dem Produkt gleichgesetzt. In Zukunft besteht Leistung immer mehr aus Know-how, Kreativität, Ideen, Initiative und Service. Eine Bank kann mir keine Produkte oder Dienstleistungen verkaufen, wenn ich keinen Impuls dazu gebe. Ein Schuhverkäufer kann mir keine Schuhe anpassen, wenn ich nicht in das Geschäft gehe, weil ich das Bedürfnis nach neuen Schuhen habe. Das

Marketing und die Werbung können mich allerdings neugierig machen – gierig auf Neues: Sie können mich für Dienstleistungen und Produkte begeistern.

Durch die gezogene Wertschaffungskette wird das Unternehmen zum Supportsystem für die kundennahen Bereiche. Es kann und muß schnell und flexibel auf Kundenwünsche reagieren, denn jetzt hat *jeder* Kunden: Die Zentrale hat die Werke und Niederlassungen als Kunden, die Niederlassungen haben die lokalen Geschäftsstellen und die Geschäftsstellen die Kundenberater, Servicetechniker, Verkäufer usw. Das Modell eines Unternehmens als Verbund von kundenorientierten Leistungszentren beschreibt Kunden-Beziehungen (der Kunde zieht). Es ist output- und ergebnisorientiert, nicht tätigkeits- oder verrichtungsorientiert. Jeder muß für seinen Kunden Werte schaffen. Nur die für den externen und internen Kunden erbrachte Leistung zählt – in der folgenden Abbildung als Pfeile dargestellt.

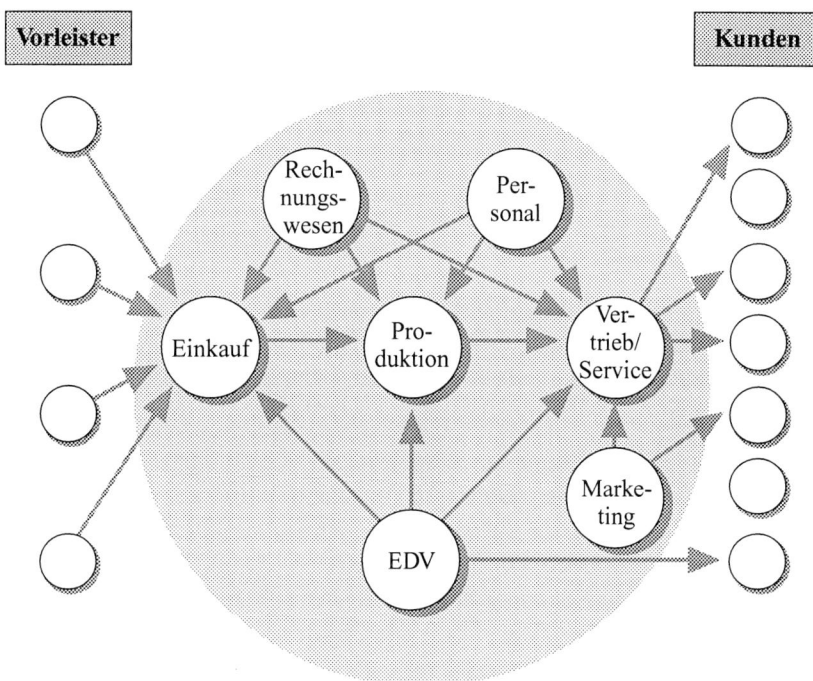

Die „Leistungslandkarte": Das Unternehmen als Verbund von Leistungszentren

Der Sinn bzw. Wert und die Existenzberechtigung eines Unternehmens und eines internen Leistungszentrums ergeben sich aus dem *Kundennutzen*, den es erzeugt. Typische Kundennutzen von Unternehmen bei ihren (externen) Kunden sind beispielsweise: Mobilität (Autohersteller), Liquidität (Bank), Sicherheit (Versicherung), Erlebnis (Reiseveranstalter), Bequemlichkeit (Taxi) usw. Auch interne Dienstleister und

Leistungszentren sollten Nutzen bei ihren Kunden stiften. Diese Nutzen-Kategorien sind üblicherweise Fähigkeiten, die bei den Menschen im Unternehmen erzeugt werden. Als Beispiel seien genannt:

- Einkauf → Produktionsfähigkeit der Produktion
- Produktion → Lieferfähigkeit des Vertriebs
- Controlling → Entscheidungsfähigkeit der Mitarbeiter und Manager „vor Ort" und in der Zentrale
- Personal → Einsatzfähigkeit der Mitarbeiter
- EDV → Kommunikationsfähigkeit der Menschen innerhalb des Unternehmens und auch bei den Lieferanten bzw. Kunden
- Management → Leistungsfähigkeit der Mitarbeiter.

Das vitale Unternehmen

Bei der Darstellung eines Unternehmens als *vitalen Organismus* empfiehlt es sich, auf das klassische Bild mit Matrizen, Stäben, Linien und Hierarchieebenen zu verzichten, die aus der Monarchie- und der Maschinenzeit stammen. Geeigneter ist eine Leistungslandkarte, d. h. die Beschreibung als Verbund von „Leistungszentren" mit ihren Leistungsflüssen zu ihren externen und internen Kunden. Ein Leistungszentrum ist ein „Center of Competence", das sich durch seine Kompetenz und seine Leistungen für seine Kunden profiliert.

Dabei ist es wichtig, den Kundennutzen und die Leistungsbeiträge der einzelnen Leistungszentren, der Teams in diesen Leistungszentren und der einzelnen Mitarbeiter zu der Leistungskette transparent zu machen. So wird es möglich, daß das Management und jeder Mitarbeiter das Unternehmen als Ganzes sieht und seine Rolle im Verbund begreift. Die Leistungsprozesse quer durch das Unternehmen bis hin zum Kunden werden erkennbar. Der Blick aufs Ganze hilft der Organisationsentwicklung auf dem Weg zu kundenorientierten, lebenden und lebendigen Organisation, bei denen alles im Verbund arbeitet und die rechte Hand weiß, was die linke tut. Das fordert und fördert ganzheitliches Denken und Handeln als Voraussetzung für die längst überfällige Flexibilisierung, für das Einführen von Teamstrukturen und für das Entdecken von *„Blindleistungen"*, d. h. Leistungen, die von keinem externen oder internen Kunden gebraucht oder honoriert werden.

Schlagworte wie Business-Reengineering, Redesign von Unternehmen, Kundenorientierung oder Prozeßorganisation können schnell Realität werden, wenn wir das mechanische Modell verabschieden, an das wir uns seit Taylor und Ford gewöhnt haben.

Die Restrukturierungsbemühungen vieler Konzerne zeigen uns zwar den Weg zum Kunden, aber auch die Probleme, die viele Menschen in den Unternehmen mit der Umkehrung der Wertekette von Druck auf Zug haben. Obwohl wir täglich viele positive Beispiele sehen und spüren: beispielsweise den Obst- und Bäckerladen an der Ecke, der uns nicht als Zielkunden behandelt, sondern mit frischen Brötchen und neuen Brotsorten in den Laden zieht. Die Apotheke arbeitet mit einem sehr ausgefeilten Lieferkonzept, um den Kunden mit Tausenden von Medikamentensorten schnell zu versorgen. Sie bedient sich dabei eines Kärtchensystems, das den minimalen Bestand anzeigt und gleichzeitig der Kommunikation mit dem Großhandel dient. Das japanische Kanban-System benutzt dasselbe Verfahren in der Autoproduktion. Das Wort Kanban heißt auf deutsch nichts anderes als „Kärtchen".

Die Vorteile der gezogenen Kette – bei der jeder im Unternehmen Kunden hat und auf dessen Wünsche schnell reagiert – gegenüber der geschobenen Kette sind sehr plakativ in der folgenden Abbildung dargestellt.

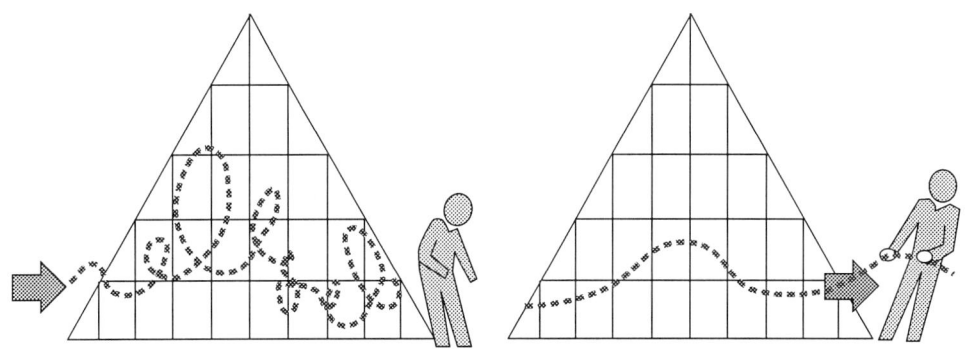

Wenn der Kunde zieht, sind die Prozesse schneller, kürzer und billiger.

Wenn Sie eine Kette bildhaft „von hinten" durch Ihr Unternehmen schieben, ergeben sich Bögen, Knoten und Schleifen. Der Wirrwarr wird noch dadurch verstärkt, daß der Vorstand viele Entscheidungen an sich zieht: ein Abbild der heutigen Geschäftsprozesse in den Unternehmen! Wenn der Kunde sich dann noch bewegt, d. h. seine Bedürfnisse ändert, haben Sie kaum eine Chance, ihn zu treffen. Klinken Sie sich allerdings beim Kunden ein und *lassen den Kunden ziehen*, kommen Sie zu sogenannten „schlanken" Prozessen, die mit weniger Aufwand und weniger Zeit durch das Unternehmen laufen. Sie können die Kundenwünsche schneller, billiger und präziser befriedigen.

Allerdings brauchen Sie dazu eine sehr flexible Organisation, flexible Produktionsstätten, flexible Menschen und eine kundenorientierte Dienstleistungsbereitschaft bei *allen* Menschen im Unternehmen – vom Kundenberater bis zum Vorstand. Wir benötigen in den Unternehmen Kreativität und Initiative.

Wir brauchen nicht nur die Hand der Menschen, sondern auch den Verstand, besonders aber Unternehmertum bei jedem Glied in der Kette. Schließlich will ein Unternehmen etwas unternehmen und nicht dauernd unterlassen. Halten wir uns doch an die Regeln der Marktwirtschaft auch innerhalb des Unternehmens. Verbannen wir die Feudalwirtschaft aus dem Unternehmen, bei dem die Menschen für ihre Chefs als Lehnsherren arbeiten. Lassen wir keine zentralistische Planung und keine Kommandowirtschaft zu, in der Pläne erfüllt werden und auf Befehl von oben und nicht für den Kunden gearbeitet wird. Wie wir alle wissen, haben sich diese beiden Systeme überlebt. Der wirtschaftliche Zusammenbruch der Ostblockstaaten war ein eindrucksvoller Beweis dafür.

Die 17.00-Uhr-Unternehmer

Die Marktwirtschaft ist weltweit auf dem Siegeszug – auch innerhalb Ihres Konzerns und Ihrer Behörde? Mit einem kleinen Test können Sie erkennen, welches Wirtschaftssystem bei Ihnen vorherrscht. Stellen Sie sich morgens eine Stunde lang an die Pforte Ihres Werkes oder an die Eingangstür Ihres Bürohauses und hören Sie, worüber sich die Mitarbeiterinnen und Mitarbeiter unterhalten, wenn sie zur Arbeit gehen:

– „Was unternehmen wir heute für unsere Kunden?"

– „Was unternehmen wir heute im Unternehmen, in der Gruppe, am Band, Büro?"

– „Was hast Du am Wochenende unternommen?"

– „Was unternehmen wir heute abend?"

Haben wir das Unternehmen aus dem Unternehmen vertrieben? Wenn die Menschen das Wort „unternehmen" nur noch mit der Freizeit verbinden, dann haben Sie es fertiggebracht, hochmotivierte Schul-/Hochschulabgänger zu „17.00-Uhr-Unternehmern" zu machen. Menschen, die nach 17.00 Uhr Vorstand sind im Kaninchenzüchterverein, im Tennisclub, die eine Theatergruppe gegründet haben, die in der Schattenwirtschaft viel unternehmen, die mit Begeisterung und Mountainbikes Berge erklimmen. Leistung macht Lust, Routine macht Frust. Menschen übernehmen nach 17.00 Uhr Personalverantwortung für sich (für ihr Handeln und Nichthandeln). Sie erziehen ihre Kinder ohne Führungsrichtlinien und Organisationsanweisungen. Sie unterschreiben ohne Sechsaugenprinzip einen Scheck über 40 000 DM und kaufen sich ein Auto. Sie sind kreativ, initiativ und auch ein bißchen chaotisch.

Aber morgens um 7.00 Uhr ist die Welt wieder in Ordnung: Für einen Reisekostenantrag Bundesbahn zweiter Klasse zu 27,80 DM brauchen sie wieder vier Unterschriften. Ihre Kreativität geben sie an der Pforte ab und ihre Personalverantwortung beim Chef. Das widerspricht zwar dem Paragraphen 1 des deutschen Grundgesetzes, in dem das Recht auf eigene Meinung, freie Meinungsäußerung und freie Wahl des Arbeitsplatzes garantiert wird. Aber dies gilt nicht für Menschen im Unternehmen. Sie sind keine Personen mehr, nur noch eine Stelle. Und den Kunden kennen sie nur als Vorgang oder Akte. Kein Wunder, daß in vielen Unternehmen das Wort „Unternehmen" und die Tätigkeit „Unternehmen" aus dem Unternehmen verbannt wurden: weil Unterlasser ge- und befördert wurden. Weil die Menschen nichts unternehmen sollen, sondern nur das tun dürfen, was per Stellenbeschreibung erlaubt ist. Das Richtlinien-(Un)wesen ist ausgeufert, und eine Vielzahl von Kontrolleuren, Kronvasallen und Erbsenzählern achten darauf, daß die Mitarbeiter nur das tun, wofür sie zuständig sind: was man ihnen von oben zugestanden hat. Mit Richtlinien werden alle ausgerichtet, damit ja keiner etwas anrichtet. Es richtet jetzt keiner mehr etwas an. Es richtet aber auch keiner mehr etwas aus. Machen Sie doch die Richtlinie zur Startlinie! Haben Sie schon einmal versucht, einer Katze zu sagen, was sie tun oder lassen soll? Mit welchem Menschenbild arbeiten wir in den Unternehmen: eher Katze oder eher Schaf?

Richtlinie

Kein Wunder, daß unsere Personalkosten zu hoch sind! Dies liegt allerdings nicht daran, daß die Mitarbeiter zuviel verdienen. Drei Hauptursachen führen zu unseren Kostenproblemen am Weltmarkt:

1. Das übertriebene Kontrollsystem und Managen der vielen Schnittstellen treibt die Kosten in die Höhe. All die Amtsträger, die den Mitarbeitern sagen, wie und was sie arbeiten oder nicht arbeiten sollen, machen ca. 20 bis 40 Prozent der Personalkosten

aus. Warum soll ein erwachsener Mensch noch einen Urlaubsantrag stellen, den der Chef gnädig genehmigt? Warum einen Reiseantrag oder einen Antrag auf Überstunden ausfüllen, der von oben genehmigt und dessen Einhaltung überwacht wird? Das Team könnte solche Fragen auch selbst klären und Vertretungsregelungen organisieren. Bill Clinton hat solche bürokratischen Auswüchse im Pentagon untersuchen lassen. Das Ergebnis war verblüffend. Die Verwaltung der jährlichen Reisekosten aller Mitarbeiter des Verteidigungsministeriums in Höhe von zwei Milliarden Dollar verursachte interne Kosten von drei Milliarden Dollar. Welch gigantische Blindleistung. Der Begriff Blindleistung kommt aus der Physik. Bei einem Trafo nennt man den Input „Scheinleistung" und den Output „Wirkleistung". Die Differenz von Scheinleistung und Wirkleistung ist die sogenannte *„Blindleistung"*, die nur den Trafo heiß macht, aber nicht zum Output beiträgt.

Solche Blindleistungen führen im Unternehmen nicht nur zu Verschwendungen von Zeit und Geld. Sie erhitzen nicht nur die Gemüter, sondern sie entmündigen auch die Menschen im Unternehmen und treiben sie in Freizeit und Krankheit. Wenn wir den Menschen nicht trauen und ihnen nichts zutrauen, trauen diese sich auch nicht und trauen sich auch nichts zu. Das Ergebnis:

2. Die Mitarbeiter dürfen nur 30 bis 50 Prozent ihrer gesamten Fähigkeiten ins Unternehmen einbringen – nur das, was bei Stellenbeschreibungen erlaubt ist. Nutzen wir doch alle Fähigkeiten der Menschen – auch vor 17.00 Uhr. Besetzen wir nicht eine Stelle mit einem „steckkompatiblen" Menschen, sondern aktivieren wir die gesamte Person: für den Kunden. Erlauben wir doch den Menschen, bei ihren Kunden möglichst viel zu verdienen.

3. Unser Karrierebegriff führt zum Aufbau von „Unterbau" und „Wasserköpfen".

   – Wir koppeln die Bezahlung eines Menschen an den Wert eines Amtes oder einer Stelle und diesen Wert wiederum an die Anzahl der Untergebenen oder die Grösse des Budgets. Ein Teufelskreis hat sich geschlossen. In der Filiale einer Großbank füllen die Sachbearbeiter trotz komfortablem Computersystem noch Erfassungsbelege aus, nur damit sie einen Grund haben, Arbeit zu delegieren und überwachen können, damit sie noch ihre „Leibeigenen" behalten können. Eine gigantische Verschwendung von Zeit, Geld und Menschen, und ein Mißbrauch von Menschen durch Menschen.

   – Wir bewerten „führen" höher als „ausführen". Wir machen gute Fachleute zu Managern – nur weil wir ihre fachlichen und menschlichen Leistungen honorieren wollen, weil sie Karriere machen und mehr Geld bekommen sollen. Die neue Gehaltshöhe ist aber laut Tarifvertrag nicht mehr für „produktive Menschen" vorgesehen, sondern nur für Manager. Ein verrücktes System! Die Mannschaft verliert einen tollen Kollegen, das Unternehmen einen produktiven Menschen, und der Wasserkopf wächst. Viele dieser „Aufsteiger" wären besser an der Basis geblieben.

- „Arbeit" ist heute weniger wert als „Bürokratie". Die Arbeit in der Fabrik oder in der Niederlassung beim Kunden hat ein niedrigeres Sozial- und Lohn-Prestige als die Tätigkeit in der Zentrale, sozusagen „am Hofe". Kein Wunder, daß VW viel Kraft braucht, „um die größte Papierfabrik Europas in das größte Automobilwerk zu verwandeln." (Piëch)

Die Stellenbesetzung mit dem „passenden" Mitarbeiter

Rationalisierung: amputieren oder aktivieren

In den letzten vier Jahren sind uns diese Probleme unserer Unternehmen und der deutschen Volkswirtschaft drastisch vor Augen geführt worden. Schlankheitskuren, Abbau von Hierarchieebenen und Wasserköpfen sind fast überall angesagt: Lean Production, Lean Management, Lean Organisation, Lean Company, Lean Banking, Lean Insurance, Lean Marketing. Alles soll schlank werden.

Das Angebot der „Schlankheitskuren" und „Organisationsdiäten" ist so vielfältig wie das der Wundermittel in der Apotheke. Die vier Hauptmethoden des Abspeckens wirken ähnlich wie beim Menschen:

– Die „radikale Hungerkur", bekannt als Einstellungsstopp und Cost-Cutting, hat den Effekt, daß die Körperzellen nach Beendigung der Kur die zugeführte Nahrung möglichst nicht verbrauchen, sondern einlagern. Sie haben schnell gelernt und wollen sich so für die nächste Durststrecke vorbereiten. Der nachhaltige Erfolg solcher Aktionen ist sowohl beim Menschen als auch bei Unternehmen nicht zu beobachten.

– Die „Schönheitsoperation", bei der der Speck chirurgisch entfernt wird und durch Face-Lifting der Eindruck eines neuen sportlichen Menschen erzeugt wird. Bei Unternehmen heißt dies: Abflachen der Hierarchie und Stellenabbau. Diese Operationen werden dort allerdings ohne Narkose durchgeführt, so daß die ganze Organisation vor Schmerz gelähmt wird.

– Eine ebenfalls drastische und schmerzhafte Methode zur Gewichtsreduktion ist die „Amputation" ganzer Unternehmensteile. Wenn es beim Blinddarm oder Krebsgeschwür bliebe, wäre der Sinn noch erkennbar. Leider werden bei der heute üblichen „Reduktion auf das Kerngeschäft" auch Arme und Beine amputiert, weil für attraktive Unternehmensteile leicht ein Käufer zu finden ist. Wirklich schlank ist ein Unternehmen bei dieser Methode, wenn es nur noch aus dem Vorstand und dem Pförtner besteht.

– Die vielgepriesenen „Wunderpillen" wie Geschäftsprozeßoptimierung oder Gemeinkostenwertanalyse kosten zwar viel Geld, haben aber denselben Effekt wie die Fastendiät: nach der ersten Kur wissen die Menschen im Unternehmen, wo und wie sie die Reserven für schlechte Zeiten horten müssen. Der Speck wird jetzt dicker und widerstandsfähiger.

Die Ursachen für die Mißerfolge solcher Aktionen liegen in dem Mißverständnis von „lean". Bei den Problemen unserer heutigen Organisation geht es nicht darum, schlank im Sinne von mager zu werden, sondern schlank im Sinne von fit und flexibel, damit man sich an die geänderten Markterfordernisse und die Kundenwünsche schneller anpassen kann. Überleben werden nicht diejenigen Unternehmen, die besonders mager sind, sondern diejenigen, die das Know-how ihrer Mitarbeiter durch flexible und kundenorientierte Organisationen mobilisieren konnten. All die beschriebenen Patentrezepte haben aber nur das Ziel, Kosten zu sparen, statt die Leistung und den Umsatz zu steigern.

Das vielzitierte Abflachen der Hierarchien führt heute zu Verunsicherung, Angst und Lähmung nicht nur des Managements, sondern auch aller Mitarbeiter, die sich durch die verkürzte Leiter und das *Lebensziel „Aufstieg"* betrogen sehen. Eine flache Hierarchie bringt alleine noch keine Lösung. Wer glaubt denn, daß ein Unternehmensuhrwerk besser läuft, wenn man 10 oder 20 Prozent der Zahnräder herausnimmt? Wir brauchen neue Unternehmensmodelle, die zeigen, daß eine Organisation nicht ein mechanisches Räderwerk ist, bei dem alle starr und regelgerecht ineinander greifen, der Mensch als Rädchen im Getriebe nur funktionieren muß und der Vorstand als Maschinist alles zentral steuert und in der die Chefs ihre Mitarbeiter wie Marionetten managen. Bezeichnenderweise kommt der Begriff Manager von dem Wort „maneggiare" und heißt soviel wie „handhaben". Das Wort Manege leitet sich aus demselben Stamm ab.

Gefordert ist eine Neuorientierung der Menschen durch neue Organisationsmodelle: kundenorientiert, flexibel, lernfähig und lebendig. Das mechanistische Weltbild der Unternehmensorganisation, das wir in den letzten einhundert Jahren perfektioniert haben, muß abgelöst werden. Wir brauchen Unternehmensmodelle und Organisationskonzepte, die *Rationalisierung* erlauben im wahrsten Sinne des Wortes: *Menschen vernünftig machen*. Rationalisierung wird üblicherweise gleichgesetzt mit Kostensenkung und Personalabbau. Das Ergebnis dieses Handelns erleben wir gegenwärtig auf dramatische Weise. Die Anzahl der Arbeitslosen wächst. Die Unternehmen entsorgen sich zu Lasten der Sozialsysteme, die sie allerdings auch wieder bezahlen müssen – als Gehaltsnebenkosten.

Unser Vermögen: Das, was die Menschen vermögen

Die Zukunft der deutschen Wirtschaft liegt nicht in den Muskeln der Menschen, sondern zwischen ihren Ohren. Langfristig können wir am Weltmarkt nicht überleben, wenn wir uns darauf konzentrieren, Arbeitslose zu produzieren. Es gilt, die Leistung der zu Menschen steigern, damit sie mehr Geld beim Kunden verdienen. Das wird aber erst gelingen, wenn wir nicht nur Produkte – z. B. Autos – verkaufen, sondern auch das Know-how der Menschen. Der Unternehmensumsatz läßt sich dadurch steigern, daß wir bisher „unproduktive" interne Bereiche wie Aus- und Weiterbildung oder Forschung und Entwicklung an den Markt bringen. Oder wenn ein Automobilkonzern verstärkt Dienstleistungen anbietet wie Leasing, Finanzierung, Versicherung, Recycling-Consulting, oder wenn er Zulieferer berät, wie sie ihre Prozesse verbessern können. Porsche hat eine solche Consulting-Firma gegründet. Der Vorstandsvorsitzende von Siemens, Heinrich von Pierer, sagte in einem Interview, daß „schon jetzt mehr als die Hälfte der Wertschöpfung von Siemens auf Ingenieurdienstleistungen und Softwareleistungen entfällt." Den Rest machen noch „harte Produkte aus." In Deutschland sind die Menschen die wichtigste Quelle der Wertschöpfung. Wir verfügen über wenig Bodenschätze und eine geringe Eigenkapitalbasis der Unternehmen, aber über ein weltweit führendes Ausbildungssystem.

Unsere Mitarbeiter haben viel Know-how („Gewußt-wie"), das sich am Weltmarkt verkaufen läßt. Das Vermögen eines Unternehmens ist das, was seine Mitarbeiter vermögen. Auch wenn unsere Bilanzrichtlinien das nicht widerspiegeln. Das Unternehmen wird aus der Sicht der Bilanzen noch als leblose Maschine gesehen, wie zu Zeiten Henry Fords. Damals war es wichtig, Gebäude, Fließbänder und Maschinen zu besitzen. Von den ungelernten Einwanderern als arbeitswillige, aber nicht ausgebildete Masse gab es ja genug. Noch heute finden wir die Stühle, Tische und PCs der Ingenieure als Aktivvermögen in der Bilanz. Die Ingenieure selbst sind nur Kosten in der Gewinn- und Verlustrechnung. Das neue Ölkännchen ist eine Investition. Die Schulungen der Menschen sind nur Kosten.

Aus Sicht der Banken, Wirtschaftsprüfer und Unternehmensbürokraten zeigt sich das Unternehmen grundsolide, wenn es Tausende von Stühlen und PCs kauft und alle Ingenieure entläßt. *Totes Vermögen ist heute noch mehr wert als lebendiges Vermögen.* Heinrich Nordhoff hat allerdings schon 1975 die Trendwende erkannt. „Wertvoll an einem Unternehmen sind nicht die Gebäude, Maschinen oder seine Bankkonten. Wertvoll an einem Unternehmen sind die *Menschen*, die darin arbeiten, und der Geist, in dem sie es tun." Beim heutigen Wandel von der Industrie- in eine know-how-basierte Dienstleistungsgesellschaft, verstärkt sich der Druck zum Umdenken. Helmut Werner, Vorstandsvorsitzender der Mercedes-Benz AG, sagte 1993: „In der Vergangenheit hat die Optimierung des Kapitalnutzens bei Mercedes zu sehr im Vordergrund gestanden. Durch neue Formen der Arbeitsorganisation sollten die *menschlichen Talente* besser genutzt werden."

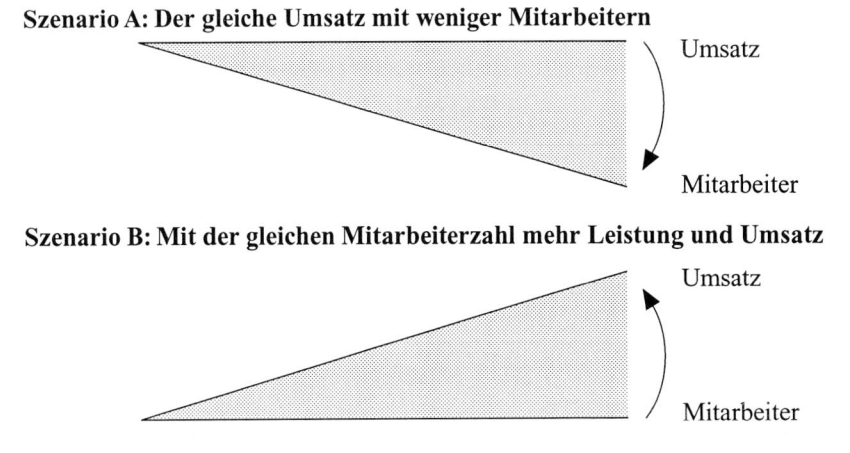

Szenario A: Der gleiche Umsatz mit weniger Mitarbeitern

Szenario B: Mit der gleichen Mitarbeiterzahl mehr Leistung und Umsatz

Zwei Wege der Rationalisierung

Ratio (lateinisch) heißt: *die Vernunft*. Rationalisierung bedeutet: die Menschen vernünftig machen, und dies vernünftig machen. Rationalisieren kann man durch Computereinsatz z. B. bei Ingenieuren, Verkäufern oder Bankberatern, um sie bei der Arbeit zu unterstützen. Aus dem ehemaligen „Jobkiller" wird so ein „Jobknüller". Der Computer kann aber nur dann zum „Intelligenzverstärker" werden, wenn der Mensch nicht als *Be-Diener* (der dem Computer dient), sondern als *Be-Nutzer* angesehen wird, der den Computer nutzt. Rationalisierung heißt auch Einführung von Gruppenarbeit. Selbstorganisation, Flexibilisierung der Arbeitsstrukturen und Arbeitszeiten, besonders aber die Befreiung der Mitarbeiter von der Feudalherrschaft des Managements. Rationalisierung heißt: Sorge tragen, daß die Mitarbeiter mehr vermögen, damit sie beim Kunden für das Unternehmen mehr verdienen. Dann können sie selbst auch mehr verdienen.

Die Potentiale zur Leistungs- und Umsatzsteigerung nach dem Szenario B kann man allerdings solange nicht ausschöpfen, wie feudalistische und bürokratische Organisationsstrukturen mit ihren Macht- und Informationsmechanismen vorhanden bleiben: mit Stellen, die beschrieben, bewertet, bezahlt und besetzt werden. Mit Abteilungen, die sich abteilen und zuständig sind (ständig zu), und mit Vorgesetzten, die vorgesetzt werden, dann vorne sitzen – als Informationsbarrieren. Wir brauchen den ganzen Menschen im Büro und in der Fabrik, sein ganzes Know-how. Auch das „Gewußt wie" des Kollegen am Band oder am Bankschalter ist nötig, um den Kunden zufrieden zu stellen. Wir können nur wettbewerbsfähig werden und bleiben, wenn wir die bürokratischen Unternehmensapparate vitalisieren. Dazu sind drei Schritte notwendig:

1. Der Übergang von einer starren Stelle in eine flexible Teamstruktur. Es hat sich nicht nur in japanischen Unternehmen gezeigt, sondern auch in Europa und Amerika, daß die Produktivität von den Mitarbeitern drastisch steigt, wenn man die stellenbedingten Schnittstellen aufhebt und Fremdsteuerung durch Manager reduziert. Das Humanvermögen kann durch sich selbst organisierende Teams aktiviert werden. Die Kommunikation unter den Beteiligten wird gefördert und Vorgänge ganzheitlich abgeschlossen. So hat das Team und der Mitarbeiter innerhalb des Teams die Chance, sich mehr mit einem „Gewerk" zu identifizieren.

2. Zusammenführen von Aktivitäten, Verantwortung und Kompetenzen, an die sogenannte Basis, an Teams und selbstverantwortliche Leistungszentren, die wie ein Unternehmen im Unternehmen agieren. Solche Leistungszentren können beispielsweise die Vormontage, die Lackiererei, Fertigungsinseln, Geschäftsstellen, Niederlassungen, Service-Centers, aber auch die Datenverarbeitung, die Buchhaltung und der Personalbereich sein. Bei dem Zuschnitt dieser Leistungszentren kommt es darauf an, daß sie ein klares Profil innerhalb der „Dorfgemeinschaft" eines Unternehmens haben. Sie müssen ein klares Leistungsangebot vertreten und verantworten. Nach der Profilierung kommt die Professionalisierung und danach kann man darüber nachdenken, ob man sie zu Profit-Centers macht. Die Einführung von internen

Kunden und Lieferantenbeziehungen und marktwirtschaftlichen Gestaltungsregeln sind Voraussetzung für den dritten Schritt.

3. Vergrößerung der „Kundenoberfläche", d. h. Vermarkten des Know-hows interner Leistungszentren zu externen Kunden, um den Umsatz für das Unternehmen zu erhöhen, um bisher „unproduktive" Mitarbeiter zu „produktiven" Mitarbeitern zu machen und die Marktwirtschaft stärker in das Unternehmen hineinzuholen.

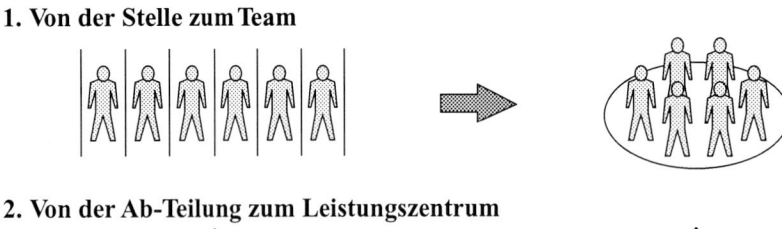

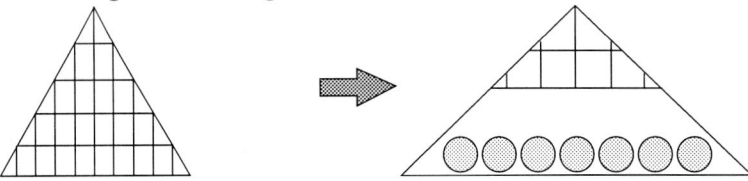

1. Von der Stelle zum Team

2. Von der Ab-Teilung zum Leistungszentrum

3. Von den indirekten Tätigkeiten zu kundenorientierten Leistungen

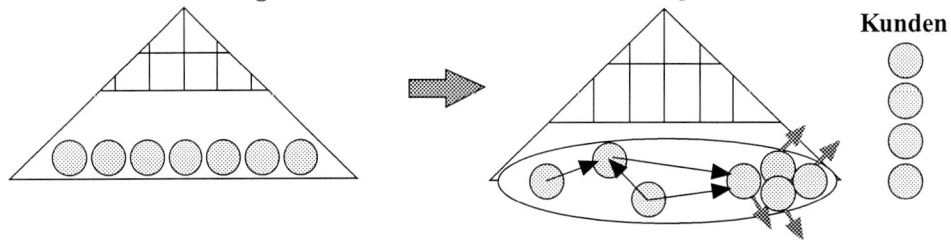

Kunden

Drei Schritte zum kundenfreundlichen, flexiblen und schlanken Unternehmen

3. Drei Zeitalter der Arbeitsorganisation

> „Wenn man den Leuten das freie Wort verbietet,
> ist das noch gefährlicher, als wenn man einen Fluß staut.
> Wenn ein Fluß gestaut wird, zerreißt er die Dämme."
> Laotse

Die Werkstatt: Gruppenarbeit im Mittelalter

Alle Bestrebungen, flexible und kundenorientierte Organisationsstrukturen einzuführen, um die Potentiale der Mitarbeiter zu mobilisieren, stoßen auf den Widerstand derer, die ihre Existenzberechtigung aus dem alten hierarchischen System ableiten: Manager, Gewerkschaftsfunktionäre und Stabsbereiche. Sie waren die Nutznießer der Feudalstrukturen, die sich seit ca. 100 Jahren in die Unternehmen eingeschlichen haben.

Am Ende des Mittelalters entstand in Europa das Bürgertum mit einem blühenden Handwerk, intensivem Handel und einem funktionierenden Finanzwesen. Selbstbewußte Bürger und qualifizierte Handwerker begannen, sich aus der Macht der Feudalherren zu befreien. Selbstverwaltungsorgane lehnten sich gegen die Unterdrückung durch die Hierarchie der Adelsherrschaft auf. Die Renaissance (italienisch „Rinascimento": Wiedergeburt) war gekennzeichnet durch die Wiederentdeckung des hellenistischen Humanismus und der menschlichen Vernunft. Der Glaube an den Menschen und seinen Wert stand in scharfem Kontrast zu den Ansichten im Mittelalter, wo der Mensch nur billige Arbeitskraft auf dem Feld oder im Krieg war.

Giovanni Pico della Mirandola schrieb eine Lobrede „Über die Würde des Menschen". Es setzte sich die Überzeugung durch, daß der Mensch Phantasie, Fleiß und Kreativität entwickelt, wenn er sich nur frei entfalten kann. Die Lust an der Leistung schafft fast unbegrenzte Möglichkeiten. Nach 1500 begann eine Blütezeit in Kunst, Architektur, Literatur, Musik, Philosophie, Wissenschaft und auch in der Wirtschaft. Jetzt wurde die Bezeichnung „Mittelalter" eingeführt für die mehr als 1 000 Jahre zwischen der hellenistischen bzw. römischen Antike und der eigenen Zeit.

Die Basis der Arbeitsorganisation war die *Werkstatt*. Im Zentrum stand das Gewerk: Das Werk soll seinen Meister loben. Diese Organisation war geeignet für das Zusammenarbeiten von handwerklich geschulten Menschen. Patriarchischer Führungsstil, ein Verbund von „Profit-Centern" in der Dorfgemeinschaft, Selbstverwaltungsorgane und ein gewisser Stolz des Bürgertums prägten damals die Organisationsstrukturen.

In den letzten fünf Jahren ist wieder eine Renaissance zu verspüren: die Entdeckung der Mitarbeiter in den Unternehmen. Der Wert des Menschen wird wieder ernst genommen. Die Einführung von Gruppenarbeit, Projektteams und Selbstorganisation, die

Dezentralisierung von Verantwortung und die Aufforderung zum Mit-Denken zeigen den Weg vom Mit-Arbeiter zum Mit-Unternehmer. In deutschen Unternehmen ist wieder Kopfarbeit gefragt. Bei Porsche hat die Einführung eines unbürokratischen Vorschlagswesens dazu geführt, daß die Qualitätsmängel innerhalb eines Jahres um 50 Prozent, die Fertigungszeit um knapp 30 Prozent und die Umlaufbestände um über 40 Prozent reduziert werden konnten. Bei Audi wurde jetzt ein neues Entlohnungssystem eingeführt, bei dem die Trennung zwischen Angestellten und Arbeitern aufgehoben ist und bei dem die individuellen Fähigkeiten des Mitarbeiters Einfluß auf den Lohn haben (siehe Beitrag in diesem Buch).

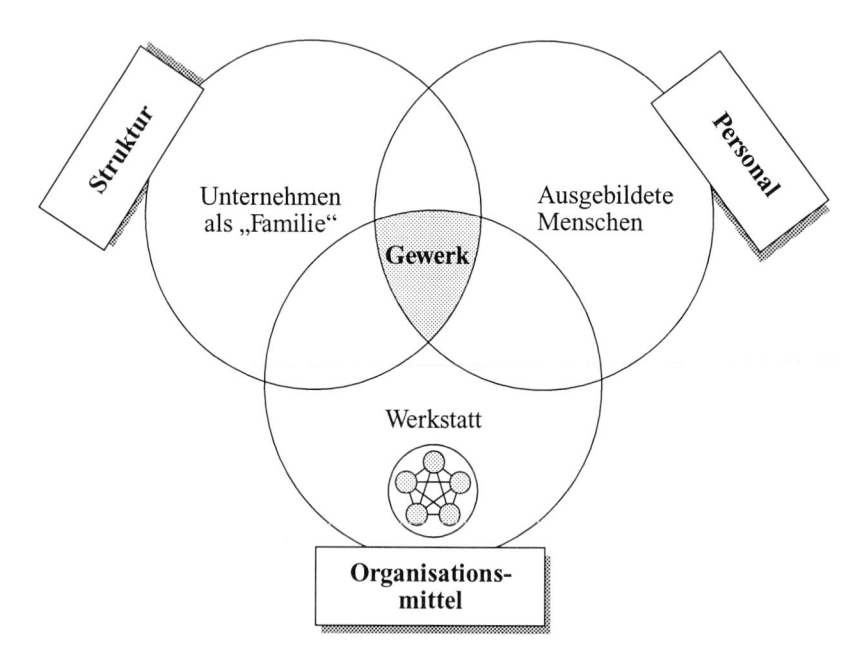

Das Organisationsmittel „Werkstatt" förderte Teamarbeit und Identifikation; im Zentrum stand das Gewerk.

Nach 100 Jahren Taylorismus, der in den USA für die ungelernten Einwanderer aus Europa gedacht und damals auch sehr erfolgreich war, sucht man jetzt nach Arbeitsformen für gut ausgebildete und qualifizierte Menschen. Dabei entdeckt man wieder die Qualitäten des vorindustriellen Handwerksunternehmens, in dem Gruppenarbeit, Selbstverwaltung und Job-rotation als Lehr- und Wanderjahre der Gesellen selbstverständlich waren. Größere Gewerke, wie z. B. der Bau einer Kutsche oder eines Hauses, wurden als Projekte abgewickelt. Die interne Marktwirtschaft zwischen den „Business-Units" eines Dorfes funktionierte schon damals. Die heutige Funktion von Faxgeräten, Telefonen und Computernetzen übernahmen damals die Dorflinde und der Stammtisch. In der Renaissance bekam die Feudalherrschaft der Könige und des Adels über die ungelernten Bauern und Söldner ein Gegengewicht in Bürgertum und Zünften. Es entwickelte sich eine neue Form der Menschenführung für ausgebildete Handwerker oder qualifizierte Händler und Finanzfachleute: mehr Selbstorganisation und Selbstverwaltung.

Das Fließband: Neuauflage der Lehnsherrschaft

Vom Untertan zum Untergebenen

In der industriellen Zeit war das *Fließband* die neue Basis der Arbeitsorganisation. Mit dem Fließband entstand aber eine stark arbeitsteilige Struktur, viele Hierarchieebenen und eine ausgeprägte Kontrollkultur. Die Prinzipien der Lehnsherrschaft und der militärischen Hierarchie hielten Einzug in die Arbeitswelt. „Mein Untergebener untersteht mir disziplinarisch" ist ein typischer Ausdruck des Selbstverständnisses eines Abteilungsleiters, der seine Abteilung als Lehen versteht. „Mein" ist ein besitzanzeigendes Fürwort. Der Untergebene ist unten und gibt. Früher war er Untertan, und er war unten und tat. Jetzt untersteht er, d. h. er ist unten und steht stramm vor seiner Majestät, dem Chef. Er hat ja über ihn die Disziplinargewalt. Das „Recht der ersten Nacht" wurde zwar nicht wieder eingeführt, aber unser Sprachgebrauch entlarvt das Feudaldenken und manchmal auch das Handeln. Eine alte Führungsweisheit lautet: „Sag, was Du denkst, und tu, was Du sagst." Sie gilt auch hier!

Aus der damaligen Zeit stammen auch die Grundregeln unserer heutigen Tarifsysteme.

- „Weißkittel" sind mehr wert als „Blaukittel", weil die ehemaligen Gesellen mit einer Handwerksausbildung die Arbeit der Ungelernten vorbereiten, planen und organisieren mußten.
- „Führen" ist mehr wert als „Ausführen", weil die ehemaligen Meister vorgesetzt wurden und die Personalverantwortung bekamen.

Die Stelle als „Steckdose" für Menschen

Der Schlüsselbegriff der damaligen Arbeitsorganisation war die *Stelle am Fließband*. Die Stelle wurde beschrieben, bewertet, besetzt und bezahlt. Der Mensch spielte keine Rolle. Er war nur Stelleninhaber, falls er in eine Stelle paßte. Er war jetzt Angestellter. Er wurde angestellt – wie ein Staubsauger. Er mußte rotieren, bis er abgestellt wurde – aufs Abstellgleis oder ins Sozialnetz. „Human-Recycling" ist die Herausforderung der Zukunft, wenn wir das Know-how als Rohstoff entdecken werden (siehe Beitrag von Otala in diesem Buch).

Mit Stellen war und ist häufig alles noch heute so perfekt organisiert, daß der Mensch auswechselbar wird. Wenn er herausgenommen wird, hinterläßt er keine menschliche Lücke. Eigentlich sind die Menschen unverwechselbare Unikate. Aber das perfekte System macht daraus Marionetten – bis 17.00 Uhr. Alle Menschen werden als Unikate geboren. Leider sterben viel zu viele als Kopien.

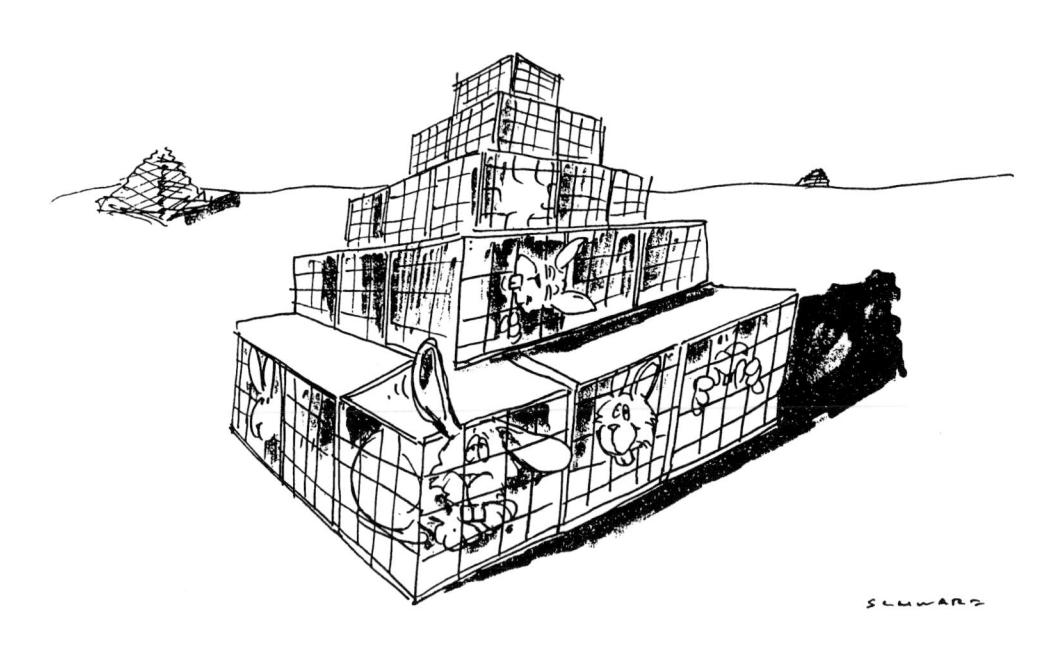

Die Stelle: Einer hat schon gekündigt. Ein anderer versucht eine Jobrotation. Unten sehen wir einen Abteilungsleiter – er hat ein Eckzimmer.

Der Mensch war in seiner Stelle Teil der Technik, der im Takt seine andressierten Handgriffe tun mußte. Karriere hieß damals wie heute Ausstieg aus dem Laufrad: *Aufstieg* und möglichst viele „Leibeigene" unter sich haben. Auch dies wurde in Tarifsystemen und Titelhierarchien abgebildet.

Die gegenwärtige Kritik an Taylor ist nur bedingt gerechtfertigt. Seinen ersten Arbeitsstudien lag eigentlich ein sehr sozialer Gedanke zugrunde. Er empfand es als ungerecht, daß die ungelernten Tagelöhner für dieselbe Arbeit ein, zwei oder drei Cents erhielten, je nach Laune des Arbeitgebers. Um dieser Willkür Einhalt zu gebieten und die Arbeitsleistung eines Menschen gerecht zu bezahlen, schuf er das erste „REFA-System". Dazu maß er, wieviel Schaufeln Sand ein durchschnittlicher Arbeiter pro Stunde bewegen konnte, wieviel Steine er tragen, wieviel Kugeln er polieren oder

Schrauben er festmachen konnte. So wurde ein gerechter Lohn bezahlt, faule Arbeiter wurden bestraft und Akkordarbeiter belohnt. Die Norm machte die Arbeit objektivierbar und meßbar. Bei komplexen Tätigkeiten versagte allerdings das Verfahren, bis Taylor auf die Idee der Arbeitszerlegung in simple Arbeitsschritte kam. So konnte Ford das System in seine Fabrik einführen.

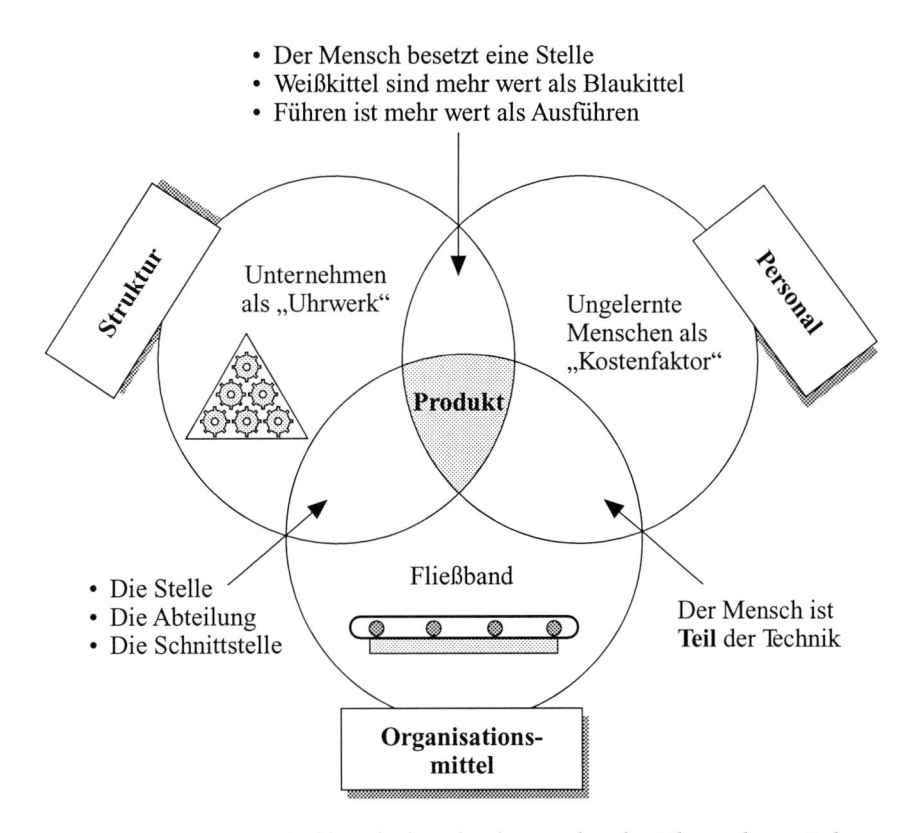

- Der Mensch besetzt eine Stelle
- Weißkittel sind mehr wert als Blaukittel
- Führen ist mehr wert als Ausführen

Struktur

Unternehmen als „Uhrwerk"

Personal

Ungelernte Menschen als „Kostenfaktor"

Produkt

- Die Stelle
- Die Abteilung
- Die Schnittstelle

Fließband

Der Mensch ist **Teil** der Technik

Organisationsmittel

Das Organisationsmittel „Fließband" hat das hierarchische Uhrwerk zur Folge: im Zentrum steht das Produkt.

Taylor warnt allerdings in seinem Buch ausdrücklich davor, dieses Verfahren auf Handwerksgesellen oder auf gebildete Arbeiter anzuwenden, die lesen und schreiben können. Weil das System der Zerlegung in Trivialtätigkeiten zur Dequalifizierung und Stumpfsinn führt. Diese Warnung haben wir wohl in den letzten 50 Jahren übersehen, als wir darangingen, das Fließbandprinzip auch dort einzuzwingen, wo qualifizierte Menschen arbeiten. Der Mensch ist Objekt. Wir messen scheinobjektiv und bezahlen scheinobjektiv. Dabei vergessen wir den Menschen als schöpferisches Subjekt und beklagen gleichzeitig, daß die Innovationskraft Deutschlands sinkt, trotz wachsender Zahl gut ausgebildeter Menschen.

Der Mensch als Objekt

> „Wer sein Leben damit verbringt,
> einige einfache Handgriffe zu verrichten,
> wird stumpfsinnig."
> Adam Smith (1723 – 1790)

Taylor wird zu Unrecht kritisiert. Unsere Kritik muß denen gelten, die sein System auf qualifizierte Menschen anwenden; besonders aber denjenigen, die glauben, Menschen *objektiv* messen zu können. Denn sie reduzieren die menschliche Leistung auf das, was meßbar ist: auf Routine- und Trivialtätigkeiten.

Es wird Zeit, den Humanismus auch im Wirtschaftsleben zu entdecken: Jeder hat Personalverantwortung – für sich selbst! Jeder ist für sein eigenes Handeln und Nichthandeln verantwortlich. Es ist unmenschlich, morgens seine Personalverantwortung abgeben zu müssen. Der Mißbrauch von Menschen durch Menschen in der Arbeitswelt muß ein Ende finden.

Das Fließband war Basis des mechanistischen Organisationsmodells von Taylor und Ford: das Unternehmen als Maschinerie. Es war zum Ende des letzten Jahrhunderts dafür gedacht und geeignet, um in den USA die vielen ungelernten Einwanderer aus Europa in den Arbeitsprozeß sinnvoll zu integrieren. Das System war damals ein voller Erfolg, weil z. B. Ford mit billigen Kräften, die nur Routinearbeit unter Anweisung und Kontrolle der ehemaligen Handwerksmeister ausführen mußten, Autos als Massenware produzieren konnte. Der Markt bekam preiswerte Produkte, und die Arbeiter konnten ihre Familien ernähren.

„Arbeite, denk nicht! Arbeite, red nicht!" war die Devise in den Fabriken. „In meinem System bekommt jeder Arbeiter exakt gesagt, was er zu tun hat und wie er es zu tun hat. Jede Verbesserung, die er gegenüber der Anordnung, die er bekommt, macht, ist für den Erfolg verhängnisvoll" (Taylor).

Das Fließband und die daraus abgeleiteten Organisationsformen mit festen Stellen und starren Zentralstrukturen sind eine wesentliche Basis für das Wachstum der Industrienationen. Sie wurden sehr erfolgreich in fast allen Wirtschaftsbereichen eingeführt. Sie erweisen sich aber heute als Achillesferse, weil ein Satz von Henry Ford seine Gültigkeit verloren hat:

„Bei mir kann jeder Kunde jede Farbe haben – vorausgesetzt, sie ist schwarz!"

Der Kunde ist nicht mehr zufriedener Abnehmer, der dankbar sein neues Auto am Ende des Fließbandes *„abnimmt"*. Er ist heute anspruchsvoll, er ist *kundig* geworden. Er hat sich erkundigt und gibt jetzt Kunde – per Fax. Wir nennen das heute Marktdynamik oder den Wandel der Märkte vom Verkäufer- und Käufermarkt.

Informations- und Kommunikationsnetze: Pressefreiheit im Unternehmen

Für anspruchsvolle Kunden, qualifizierte Menschen und komplexe Produkte bzw. Dienstleistungen zeichnet sich jetzt eine neue Technologie ab, die die Arbeitswelt in der Nach-Taylor-Zeit bestimmen wird: *Informations- und Kommunikationsnetze*. Sie erlauben den flexiblen Arbeitsverbund qualifizierter Mitarbeiterinnen und Mitarbeiter, um schnell Kundenprobleme zu lösen. Sie ermöglichen und erzwingen aber auch die Abkehr von den tayloristischen Strukturmodellen: sinnvolle Arbeitsteilung statt extremer Arbeitszerlegung

Die moderne Informations- und Kommunikationstechnik erlaubt jetzt intelligente Organisationsformen, die durch vier Eigenschaften gekennzeichnet sind:

1. *Direkt an dem Ort der Leistungserbringung können Verantwortung, Informationen und Entscheidungen zusammengeführt werden:*

   z. B. im Reisebüro oder in der Bank beim Berater, in der Versicherung beim Vertreter oder Schadensregulierer „vor Ort", in der Fabrik beim Monteur an der Maschine, im Einwohnermeldeamt oder in der Kfz-Zulassungsstelle beim Sachbearbeiter mit Kundenkontakt.

   Trotz Dezentralisierung von Kompetenz ist noch eine zentrale Information und Steuerung möglich, soweit sie nötig ist. „Zentral" und „dezentral" sind im Unternehmensorganismus keine Gegensätze, sondern sinnvolle Ergänzung.

2. *Die extreme Arbeitszerlegung kann rückgängig gemacht werden, um sinnvolle Arbeitsprozesse wieder zusammenzuführen.* Abschließende Sachbearbeitung, Vorgangsbearbeitung, Zusammenlegen von Arbeitsvorbereitung, Ausführung und Qualitätssicherung zeigen den Weg vom Fließband zur ganzheitlichen Arbeitsgestaltung.

3. *Teams mit hohem Grad der Selbstorganisation können im Verbund zusammenwirken,* sozusagen als Organe in einem Organismus: z. B. als Fertigungszentren, Vertriebsinseln oder Projektteams.

4. Bei allen Vorteilen dezentral ablaufender Prozesse braucht das Unternehmen ein *sicherndes Netz, das die fraktale Struktur zu einem Ganzen zusammenhält und auf ein gemeinsames Ziel ausrichtet.* Damit Leistungsprozesse erfolgreich ablaufen können, bedarf es einer zentral koordinierten Dezentralisierung, eines gemeinsamen Bewußtseins von dem Ziel und einer zentral gesteuerte Einführung von dezentral ablaufenden Regelkreisen als Basis der Selbstorganisation. Es wäre töricht, zu glauben, daß man ein Unternehmen nur zerschlagen muß, um Erfolg zu haben. Das sinnvolle Zusammenwirken im Unternehmensorganismus sollte nicht dem Zufall überlassen bleiben (siehe Kapitel 8).

Hier ist die Unternehmensleitung gefordert – nicht als Verwalter, sondern als Gestalter. Sie muß festlegen, welche Leistungszentren im Unternehmen welche Leistungen für welche Kunden erbringen sollen und welche Leistungen von außen zugekauft werden. Sie muß entscheiden, welche Leistungsprozesse quer durch das Unternehmen laufen, und die Koordination der Prozesse absichern, damit alles wie in einem Organismus zusammenpaßt. Sie muß Prozeßverantwortliche einführen, z. B. für den Auftrags-Abwicklungsprozeß, die dann für die kontinuierliche Optimierung des Prozesses sorgen. Der Begriff „Prozeß" kommt aus dem Lateinischen und bedeutet „Fortschritt", abgeleitet von *Fortschreiten*.

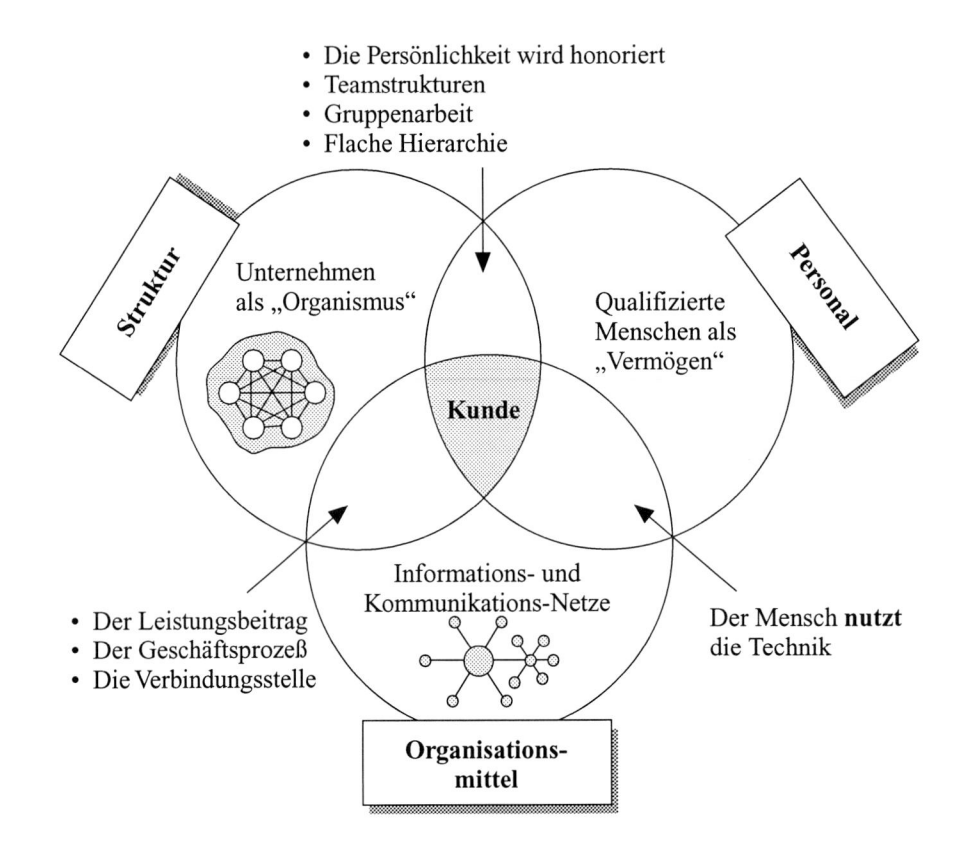

- Die Persönlichkeit wird honoriert
- Teamstrukturen
- Gruppenarbeit
- Flache Hierarchie

Struktur

Unternehmen als „Organismus"

Qualifizierte Menschen als „Vermögen"

Personal

Kunde

- Der Leistungsbeitrag
- Der Geschäftsprozeß
- Die Verbindungsstelle

Informations- und Kommunikations-Netze

Der Mensch **nutzt** die Technik

Organisationsmittel

Das Organisationsmittel „I+K-Netze" ermöglicht das lebendige Unternehmen: im Zentrum steht der Kunde.

Zentral und dezentral sind keine Gegensätze. Die Zentrale ist verantwortlich für das sinnvolle Gestalten dezentraler Regelkreise und für ein sicherndes Informationsnetz der dezentralen Selbstorganisation, damit jeder weiß, ob er sich noch im Toleranzbereich bewegt oder den Organismus sprengt.

Auf direktes Einwirken der Zentrale kann danach weitgehend verzichtet werden. Das Großhirn kontrolliert schließlich auch nur wenige Prozesse im Körper. Es steuert aber den koordinierten Ablauf von Beinen, Füßen, Händen beim Laufen, damit alles im Gleichgewicht bleibt. Es gibt auch die Richtung an, in die wir unsere Schritte lenken.

Die Reduzierung der Arbeitszerlegung und der arbeitsbedingten Schnittstellen, das Zusammenführen von planenden „Weißkitteln" und ausführenden „Blaukitteln" zu Teams und die wachsende Selbststeuerung mit starkem Bezug zum Kunden hat einige zwangsläufige Konsequenzen. Die Anzahl der Managementpositionen wird geringer, allerdings steigt die unternehmerische Verantwortung. Sie führt aber auch zur besseren Nutzung der Mitarbeiterfähigkeiten, zu größerer Kundennähe, zur Aufhebung einer alten Regel aus der Zeit der Monarchie: „Führen ist mehr wert als Ausführen". Qualifizierte Mitarbeiter, die im Wertschaffungsprozeß viel und vielen dienen, dürfen und müssen auch viel verdienen.

Clevere Kunden fordern clevere Mitarbeiter in cleveren Organisationsstrukturen mit cleveren Informations- und Kommunikationssystemen. Der Computer wird zum „Intelligenzverstärker" für die Mitarbeiter, die etwas unternehmen wollen, die sich vom Mit-Arbeiter zum Mit-Unternehmer entwickeln wollen, müssen und dürfen.

Das Modell des lebendigen Unternehmens ist geeignet für das Zusammenwirken von qualifizierten Menschen und fördert die Qualifikation der Mitarbeiter im Unternehmen. Den Zusammenhang von Organisationsmittel, Struktur und Personal soll die nebenstehende Grafik verdeutlichen.

4. Das vitale Unternehmen: Tote Institution oder lebendiger Organismus

> „Alle lebendigen Systeme sind komplex,
> nicht kompliziert.
> Sie sind in ihrem Verhalten nicht vorhersehbar
> – es sei denn, sie sind dressiert."
> Jürgen Fuchs

Vom Taylorismus zum Organismus

Welche Organisationsleitbilder für Unternehmen gibt es als Alternative zum exakt geplanten und gesteuerten Uhrwerk, zur Unternehmensmaschinerie mit Fließbändern in Fabrik und Büro, mit festen Stellen und starren Hierarchieleitern? Wie kann ein Unternehmen im dynamischen Umfeld überleben?

Vielleicht hilft ein Blick zur *belebten Natur*. Sie hat seit Millionen von Jahren überlebt, weil sie lernfähig ist, weil sie sich flexibel angepaßt hat und weil sie die wachsende Komplexität in einem Organismus durch schnelle Rückkopplungssysteme und Selbstorganisation im Griff behält.

Das Unternehmen als lebendiger Organismus: Eine absurde Idee oder ein realistisches Bild, wie es in einem Unternehmen wirklich läuft? Spüren wir nicht das *Immunsystem* des Organismus, wenn ein Neuer kommt, wenn zwei Bereiche zusammengelegt werden? Aktiviert der Organismus nicht alle Abwehrkräfte gegen Eindringlinge, bis sie entweder assimiliert, sinnvoll eingefügt oder wieder abgestoßen sind? Erkennen wir nicht immer mehr, wie die Selbstheilungskräfte des Körpers „Unternehmen" durch Moderatoren, Change Agents oder Selbstorganisation aktiviert werden können? Homöopatie und Akupunktur statt Chirurgie und Amputation! Kennen wir nicht viele Unternehmen, die gestorben sind, weil sie sich nicht schnell genug an die geänderten Umweltbedingungen angepaßt haben? Die einzelnen Zellen, die Mitarbeiter, werden zwar nach dem Tode des Unternehmens oftmals in andere Organismen integriert, aber die Identität des ehemaligen Körpers ist verschwunden.

Die belebte Natur ist ein guter Lehrmeister. So beschäftigt das „Unternehmen Mensch" ca. 100 Billionen Zellen als „Mitarbeiter" und schafft es auf sehr intelligente Weise, daß die Zusammenarbeit der Zellen reibungslos klappt. Die rechte Hand weiß, was die linke tut. Kein Organ will unnötig wachsen, außer bei Krebs. Kein Organ sagt von sich, daß es mehr wert sei als das andere. In einem Körper gibt es sozusagen drei Hierarchieebenen: Zelle, Organ und der gesamte Organismus. Ein Unternehmen lebt und hat eine eigene Identität, eine *„Persönlichkeit"*.

Jeder lebendige Organismus hat eine *„Oberfläche"*, die ihn als Einheit von der Außenwelt abgrenzt, aber auch gleichzeitig mit der Außenwelt verbindet. Mit eigener Identität ist er immer auch Teil eines größeren Ganzen. Diese Eigenschaft haben im Sinne der Selbstähnlichkeit auch alle Bestandteile des Organismus. Jedes Organ hat eine „Oberfläche", eine Membran, die es zu einer Einheit macht, und gehört zu einem größeren Verbund. Jede Zelle grenzt sich durch die Zellenwand ab und ist doch Teil eines Organs. Übertragen auf das Wirtschaftsleben ist jedes Unternehmen Organ und Organismus zugleich.

Beim lebendigen Organismus wird echte Arbeitsteilung praktiziert in einer echten *„Vertrauensorganisation"*. Jedes Organ arbeitet im Vertrauen darauf, daß auch die anderen „ihren Job tun". Kein Organ fühlt sich einem anderen überlegen, keines ist wertvoller. Ob Herz, Lunge, Niere, Augen, Gehirn oder die Haut – alle sind gleichrangig. Keiner kann ohne den anderen existieren. Bei Störungen, Angriffen und Gefahren wird nicht erst ein Schuldiger gesucht, der gegen eine Regel verstoßen hat. Über *Regelkreise* gesteuert, versuchen vielmehr alle gemeinsam, das Problem zu lösen. Hier gibt es keinen obersten Befehlshaber, dem alle zu gehorchen haben, auch kein Ordnungsprinzip mit oben und unten und keine Abteilungen, die sich abteilen. *Selbstorganisation* heißt das Geheimnis der lebendigen Natur, um Komplexität zu reduzieren. Es ist eine natürliche Eigenschaft biologischer, physikalischer, chemischer und auch sozialer Systeme – solange sie nicht durch Dressur und Schnittstellen unterbunden wird.

Die meisten Aktivitäten im Körper laufen ohne Einschalten des Gehirns als „Unternehmenszentrale": z. B. die chemischen Prozesse und die Reflexe. Der Verstand als „Geschäftsleitung" gibt beim Gehen zwar die Richtung an. Die komplizierten Abläufe der richtigen Muskelbewegung und die notwendigen chemischen Prozesse laufen aber unbewußt ab. Die gilt praktisch für alle „Geschäftsprozesse" im Körper, ob Atmung, Blutkreislauf oder Verdauung.

Im „Unternehmen Mensch" gibt es keine Schnittstellen, sondern nur *Verbindungsstellen*. Die „Liegezeiten" bei den Geschäftsprozessen sind minimal. Es gäbe schon große Probleme, wenn der Verdauungsprozeß so ablaufen würde wie die Antragsbearbeitung bei einer Bank, Versicherung oder Behörde. Aufgeblähte Bürokratien erzeugen Blähungen. Faulen, Fäulnis und das Adjektiv „faul" sind bezeichnenderweise vom Wortstamm sehr eng miteinander verwandt. Das „Unternehmen Mensch" kennt keine Richtlinien und Anordnungen, um für Ordnung zu sorgen. *Regelkreise, Feedback-Systeme, Reflexe, Netzwerke* und eine starke Selbstorganisation der Zellen und der Organe sind die Basis des dynamischen Gleichgewichts in allen lebenden Systemen. Nur so schafft es der Körper, Ordnung und Stabilität bei der hohen Dynamik zu erhalten. So bleiben Blutdruck, Körpertemperatur, Salzgehalt in den Zellen oder auch die chemische Zusammensetzung des Blutes stabil.

Moderne Informations- und Kommunikationssysteme: Das Nervensystem im vitalen Unternehmen

Für das „unbürokratische Zusammenwirken" des ganzen Organismus sorgen ein Geflecht von Blutbahnen und besonders das *Nervensystem*. In der Frühzeit der Lebewesen, bei den Ein- und Mehrzellern, war die Osmose zwischen den Zellwänden die einzige Form der Kommunikation. Bei den höher entwickelten Lebewesen mit vielen Zellen und Organen sorgt das Nervensystem für den Kommunikationsverbund im Körper. In den Unternehmen verbindet heute die Informations- und Kommunikationstechnik die Menschen miteinander und ermöglicht schnelle Kommunikation, damit auch hier die rechte Hand weiß, was die linke tut. Damit auch hier die dezentralen Business-Units, Profit-Center oder Leistungszentren eigenverantwortlich als Unternehmen im Unternehmen, als Organ im Organismus handeln können und trotzdem das Unternehmen als Einheit agieren und reagieren kann.

Zentral und dezentral ist bei der Informations- und Kommunikations-(I+K-)technik kein Gegensatz mehr, sondern eine sinnvolle Ergänzung – sofern die Menschen nicht nur verkabelt werden, sondern auch die Kompetenzen zum Handeln und Entscheiden erhalten. Heute sind die Menschen viel zu häufig *Be-Diener* der Technik. Sie dienen dem Computer.

Wir müssen sie zu *Be-Nutzern* machen, die die Technik und die Information nutzen können und dürfen. Wer Information bekommt, übernimmt damit auch Verantwortung. Er kann und muß jetzt auch antworten, wenn ihn ein Kunde oder Kollege fragt. Wer Verantwortung übernehmen soll, braucht auch Informationen, damit er Antwort geben kann.

Viele traditionelle Konzerne mit starker tayloristischer Struktur befinden sich bezüglich der Kommunikationsgeschwindigkeit heute noch auf dem Stand der primitiven Mehrzeller mit der Informationsosmose. Informationen werden mit fünf Kilometern pro Stunde transportiert. Der Dienstweg bestimmt die Reaktionsgeschwindigkeit des Konzerns. Wie schnell können wir sein, wenn wir von der Natur lernen, wenn wir Informations- und Kommunikationstechnik als Nervensystem in einem sozialen Organismus verstehen, einführen und nutzen. Die Produktivitätssteigerung und Reaktionsgeschwindigkeit wären gigantisch.

Um den Quantensprung deutlich zu machen, bitte ich Sie, sich folgende fiktive Situation vorzustellen:

Sie begegnen auf der Straße einem Betrunkenen. Ihr Auge sieht, wie der Mann mit der Faust ausholt. In einer heute üblichen Unternehmensorganisation würde sich dann in etwa folgendes abspielen: Das Auge schickt ein Telefax an seinen zuständigen Vorstand und entschuldigt sich zunächst für die Störung mit dem Hinweis auf die Gefährlichkeit und Einmaligkeit der Situation.

Auge an Vorstand:

1. Eine Faust kommt auf uns zu!
2. Erbitte, das Lid schließen zu dürfen.
3. Empfehle Ausweichschritt und gegebenenfalls Flucht.

Vorstand an Auge:

Ich möchte keinen Präzedenzfall schaffen. Legen Sie mir deshalb bitte einen Investitionsantrag für das Schließen des Lides mit Aufwand und Nutzen vor. Wie Sie wissen, bin ich für Punkt drei nicht zuständig. Machen Sie mir bitte eine Vorstandsvorlage. Ich werde Ihr Anliegen dann im Gesamtvorstand vortragen.

Auge an Vorstand:

zu 1. Die Faust kommt immer näher!

zu 2. Der Aufwand für das Schließen des Lides beträgt ca. 1,7 Kalorien.
Der Nutzen ist nicht quantifizierbar.

zu 3. Für die Vorstandsvorlage brauche ich mindestens zwei Tage.
Befürchte, dann ist es zu spät. Empfehle dringend, etwas zu unternehmen.

Vorstand an Auge:

Was heißt immer näher? Bitte exakte Angaben! Angesichts der begrenzten Investitionen könnte ich zustimmen, wenn der Aufwand durch das Budget gedeckt ist. Der Gesamtvorstand tagt erst nächste Woche Dienstag. Bis dahin erwarte ich Ihre Vorlage.

Auge an Vorstand:

Ich ziehe meine Anträge zurück. Bestellen Sie bitte einen Krankenwagen.

Ein Körper als *biologischer Organismus* und ein Unternehmen als *soziologischer Organismus* sind keine komplizierten Maschinen, sondern *komplexe Systeme*. Die Mathematik und die Naturwissenschaften, insbesondere die Chaosforscher, haben nachgewiesen, daß man das Verhalten von komplexen Systemen prinzipiell nicht vorhersagen, nicht berechnen kann. Komplexe Systeme entziehen sich der linearen Logik und des eindimensionalen Ursache-Wirkung-Denkens. Das gilt für das Wetter ebenso wie für den Körper, die Börse, die Märkte, ein Fußballspiel oder auch für ein Unternehmen als sozialer Organismus.

Obwohl wir jedes Wochenende immer wieder erkennen, daß wir das Verhalten von 22 Fußballspielern weder planen noch steuern noch vorhersagen können, gehen wir am Montag wieder mit viel Kraft und Aufwand daran, das Verhalten von 100, 1000, 10 000 oder gar 100 000 Menschen in einem Unternehmen zu planen, zu steuern und vorherzusagen. Dazu müssen wir allerdings vorher die Menschen in ihrer Beweglichkeit, Initiative, ihrem Freiraum, ihrer Denkfähigkeit soweit reduzieren, daß sie nur noch nach Anweisung, Vorschrift und Richtlinie gemäß Stellenbeschreibung und nach Organisationshandbuch agieren – wie beim Tischfußball.

Jetzt haben wir zwar alles und alle im Griff. Das Unternehmen ist allerdings von einem lebendigen Organismus zur einer toten Maschinerie verkümmert. Die Menschen degenerieren dabei von vitalen Spielern zu erstarrten Marionetten, die nur noch mit „angezogener Handbremse" arbeiten. Wir vergeuden dabei viel Kraft: sowohl bei den Mitarbeitern, die ihre Energie bremsen müssen, als auch bei den Managern und Stäben, die mit hohem Aufwand stoppen und schieben müssen – wie beim Tischfußball.

Management by Tischfußball

In der Vergangenheit konnte das organische Organisationsmodell in den Unternehmen nicht eingeführt werden, weil ein wesentliches Element gefehlt hat: das Nervensystem. Erst bei dem heutigen Stand der I+K-Technik kann ein solches Modell erfolgreich genutzt werden. Jede verfügbare Basistechnologie prägt auch die Organisation der Unternehmen. Die Dampfmaschine führte zur Zentralisierung der Arbeitskräfte rund um die Energiequelle und das Fließband zur Arbeitszerlegung in kleinste Schritte und zur zentralen Steuerung der Arbeitsprozesse.

Moderne Kommunikationstechnik erlaubt die Dezentralisierung der Verantwortung. Sie erlaubt die abschließende Vorgangsbearbeitung. Sie führt Arbeit und Verantwortung wieder zusammen. In der Produktion erleichtert sie den Weg zur Gruppenarbeit mit selbstverantwortlichen und sich selbstorganisierenden Teams. Bei Volvo war in den 60er Jahren die Einführung von Gruppenarbeit nicht erfolgreich, weil die Produktionsplanung damals ohne Computernetze und Just-in-time-Anlieferungen zu inflexibel war. Bei Umplanungen oder Störungen konnte bei Volvo nicht schnell genug reagiert werden, so daß das Band häufig stand. Ein Unternehmen, das wie ein Organismus mit „selbstverantwortlichen Organen" arbeitet, braucht ein Nervensystem, um schnell und flexibel agieren zu können. Gleichzeitig erleichtert die I+K-Technik den Übergang eines Unternehmens vom starren „Uhrwerk" zum lebendigen und lernenden Organismus.

Die Metamorphose der Unternehmen: Der Wandel als Gestaltungsprinzip

Alle *biologischen Organismen* haben trotz all ihrer dynamischen Stabilität, trotz all ihrer Regelkreise und all ihrer Kreisläufe, trotz ihrer Nervensysteme und ihrer dezentralisierten Verantwortung eine „Achillesferse": Die einzelnen Zellen sind an einen festen Platz gebunden! Sie haben sozusagen einen festen Arbeitsplatz, für den sie „ausgebildet" sind. In jeder Zelle ist zwar alles vorbereitet, auch andere Aufgaben zu übernehmen, aber die Unbeweglichkeit ist das Todesurteil für das Lebewesen oder die ganze Rasse, wenn die Umwelt zu turbulent oder unwirtlich wird. Die fest definierte Arbeitsteilung wird zum Verhängnis. Vielleicht nicht für die neue Generation, wenn einzelne Nachkommen zufälligerweise passend ausgestattet sind. Das eherne Gesetz der Evolution bestraft Unbeweglichkeit.

Unternehmen als *soziale Organismen* haben allerdings die Chance und die Pflicht, diesem Darwinschen Gesetz zu entgehen. Sie haben die Möglichkeit zur *Metamorphose!* Je nach Marktsituation können sie sich vom Fisch zum Lurch, zum Löwen oder zum Vogel entwickeln.

Unternehmen können sich ihrer Ziele, Stärken und ihrer Schwächen bewußt werden. Sie können ihre Strukturen, ihre Abläufe, ihre Geschäftsprozesse *bewußt* verändern. Und sie können die Folgen ihres Handelns ein- und abschätzen. Sie können *selbstbewußte Organismen* sein. Sie haben die Chance, aber auch die Verpflichtung, sich selbst zu verändern, dauernd zu lernen und lernfähig zu bleiben. Sie lieben den Wandel und können sich selbst unaufhörlich anpassen. Unternehmen als bewußte Organismen unterliegen nicht dem tödlichen Gesetz der Evolution. Solange die Liquidität ausreicht, können sie Fisch sein. Wenn die Liquidität absinkt, sollten sie sich in einen Lurch verwandeln, die Flossen in Beine und die Kiemen in eine Lunge umbauen. Man nennt das heute Business Redesign. Wenn das noch nicht ausreicht, um zum Kunden zukommen, hilft vielleicht die Metamorphose zum Vogel. Unternehmen müssen nicht wie ein biologischer Organismus erst sterben, damit die neue Generation lernen kann.

Allerdings nur, wenn jede Zelle, jedes Mitglied der Organisation mitmacht. Wenn jeder Mensch im Unternehmen seine eigene Metamorphose, seinen Wandel, seine persönliche Entwicklung bewußt vollzieht. In diesem Sinne hat jeder Personalverantwortung – mindestens für sich selbst.

Ein kleines Experiment soll das Bild der Metamorphose erläutern: Von einer Ananas schnitten wir den oberen grünen Schopf ab, verzehrten die Frucht und stellten die Blätter in einen Topf mit Wasser. Nach wenigen Tagen geschah das Erstaunliche: Aus der Schnittstelle begannen Wurzeln zu wachsen, obwohl die Zellen für eine andere Funktion ausgebildet waren. In jeder Zelle steckt, verankert in den Chromosomen, das Gesamtbild der Ananas. Die Zellen können auch andere Funktionen übernehmen – vorausgesetzt, das Umfeld stimmt (hier das Wasser).

Im Organismus Unternehmen können die Menschen auch mehrere Rollen übernehmen, obwohl sie nicht dafür ausgebildet sind – vorausgesetzt, sie haben ein Gesamtverständnis, und das Umfeld stimmt.

Das Leben: Stabilität im Wandel

Alle Anzeichen deuten darauf hin, daß starre Strukturen ausgedient haben: in der Politik und in der Wirtschaft. Soziale Systeme, ob Staaten oder Unternehmen oder Abteilungen, können und müssen nicht mit fester Hand im statischen Gleichgewicht gehalten werden. „Ordnung ist das halbe Leben!" sagt der Volksmund – aber auch nur das halbe. Dies wird häufig vergessen.

In einem Unternehmensorganismus gibt es vorrangig horizontale informelle Verbindungen zwischen den Partnern und weniger vertikale formale Abhängigkeiten von Vorgesetzten und Untergebenen. Die Netze sind nicht statisch oder starr. Sie befinden sich dauern „im Fluß", in einem ständigen Veränderungsprozeß. Solch ein Verbund bietet den Menschen fachliche und moralische Unterstützung, Rückkoppelung und die Möglichkeit zur gegenseitigen Bekräftigung, zur Ungezwungenheit und zum Austausch von Erfahrungen. Es schafft einen „angstfreien Raum", in dem Fehlertoleranz und lebenslanges Lernen möglich werden. Denn jeder kennt jeden, jeder redet mit jedem, und jeder hilft jedem. Dann kann auch jeder lernen und sich verändern, ohne daß er Angst vor dem Risiko der Änderung haben muß. Denn Leben ist Kontinuität und Chaos, statisches und dynamisches Gleichgewicht, Verstand und Gefühl. Das Leben ist Entwicklung mit Risiko. Organisationen als Organismen existieren nur im dynamischen Gleichgewicht, um sich Entwicklungsmöglichkeiten zu wahren.

Hier sind besonders die Unternehmensleitung und das Management gefordert. Hier hat Hierarchie ihre Existenzberechtigung – als Gestalter des Gesamtsystems und als Lenker des Wandlungsprozesses. Die Unternehmensleitung muß die Struktur eines lebendigen Unternehmens, d. h. die Leistungszentren und ihre Rolle im Unternehmensverbund, eine Zeitlang stabil halten, damit sich die Prozesse am Markt und an seinen Erfordernissen optimieren können.

Bei aller Notwendigkeit zur Flexibilität und zum Wandel brauchen Mitarbeiter und Kunden auch Stabilität und Kontinuität. Die Unternehmensleitung wird in Zukunft gefordert sein, die Lernfähigkeit und die Wandlungsfähigkeit des Unternehmens zu fördern (Lern-Strategie) und gleichzeitig auch Stabilität abzusichern. Die *Koexistenz* von Lern-Strategie und Nichtlern-Strategie wird den Erfolg der Unternehmensentwicklung bestimmen. Die Entscheidung, ob sich das Unternehmen als Fisch auf seine Außenwelt hin nur optimiert, im Sinne von KVP (kontinuierlicher Verbesserungsprozeß), oder ob sogar eine Metamorphose zum Lurch notwendig ist, wird die Überlebensfähigkeit der Unternehmen ausmachen.

Unser Streben nach Sicherheit und Ordnung hat zu Strukturen und Fremdsteuerungsmechanismen geführt, die Kreativität, Initiative und Eigenverantwortung der einzelnen zu sehr lähmen. Wir brauchen wieder Fitneß. Unsere Krise bietet die Chance zum Fitneß-Training für Unternehmen, Verwaltung und für jeden einzelnen.

> „Wenn Großunternehmen besonders innovativ sind,
> dann gibt es immer kleine, unabhängige Gruppen von ‚Machern‘,
> die das formale System umgangen oder sogar sabotiert haben."
> Pinchot

Maria Theresia hat das Problem der Erstarrung auch erkannt und belohnte jedes Jahr einen Soldaten für erfolgreichen Ungehorsam mit einem Orden.

5. Organisationen in der Krise: Probleme der Unternehmensmaschinerie

> „In der Informationsgesellschaft sind die Schlüsselfaktoren
> des Erfolges Information, Wissen und Kreativität.
> Es gibt nur eine Stelle, wo man diese Ressourcen findet: in den Mitarbeitern."
> Naisbitt

Informatik als ein Auslöser der Krise

Die beiden Wirtschaftskrisen Anfang und Ende der 70er Jahre waren durch exogene Faktoren ausgelöst: dramatische Verteuerung von Energie durch die Erhöhung des Ölpreises bis zu 200 Prozent. Die deutsche Wirtschaft nutzte diese Krise als Chance – wie ein gesunder Organismus. Der cw-Wert und Energiesparmaßnahmen setzten innovative Kräfte frei. Wachstum war die Folge.

Die heutige Rezession ist nicht das Ergebnis eines Schockereignisses von außen. Sie ist die Folge einer inneren Strukturkrise. Die Bürokratie in den Konzernen verursachen eine seit Jahren schwindende Wettbewerbsfähigkeit deutscher Firmen am Weltmarkt. Dies war uns lange nicht bewußt, weil wir im Vergleich zu unseren westlichen und östlichen Nachbarn in Europa „so gut" waren. Wir fühlten uns als starke Exportnation, obwohl wir zu über 70 Prozent in den europäischen Binnenmarkt liefern. Durch Fleiß, Disziplin und gute Qualifikation unserer Menschen und durch die Stärke deutschen Unternehmertums konnten wir unsere internen Schwächen lange überspielen, die jetzt deutlich zutage treten:

– Verkrustung in den Strukturen,

– Über-Bürokratisierung in Verwaltung und Unternehmen,

– Anspruchs- und Besitzstandsdenken bei den Menschen.

Solange die Erde „groß genug" war und die Asiaten als Entwicklungsländer galten, konnten wir unsere Führungsrolle im „europäischen Dorf" spielen. Durch den globalen Fortschritt der Informations- und Kommunikationstechnologie ist jetzt die Welt zum Dorf geworden, und die Asiaten wurden zu unseren direkten Wettbewerbern. Drei Faktoren haben unsere heutige Krise ausgelöst:

– *Der Kunde ist kundig geworden.* Dieser Trend führt zur Globalisierung der Märkte und Global Sourcing.

– *Technisches Wissen und Spezial-Know-how ist so flüchtig geworden wie Kapital.* Dadurch können Länder mit niedrigen Löhnen Produkte und Dienstleistungen am Weltmarkt anbieten, die bisher nur hochentwickelten Industrieländern vorbehalten waren. Deren hohe Löhne lassen sich jetzt nicht mehr durch Know-how-Vorsprung rechtfertigen.

- *Unsere menschliche Arbeitskraft unterliegt dem weltweiten Wettbewerb.* Das führt zur Internationalisierung nicht nur der Produktion, sondern auch der Dienstleistungen.

Alle drei Faktoren haben eine gemeinsame Ursache: die weltweite Verbreitung der modernen Informations- und Kommunikationstechnik. Vor 40 Jahren gab es die „Fox tönende Wochenschau", seit über 30 Jahren gibt es die Tagesschau und seit vier Jahren CNN, die „Sekundenschau". Wenn man bedenkt, daß die meisten Kommunikationssatelliten seit zehn Jahren über Fernost und nicht über USA oder Europa stehen, wird die Gefahr deutlich, die für unsere tayloristischen und bürokratischen Organisationsstrukturen bestehen. Denn diese verhindern ja gerade Informationsaustausch innerhalb der Unternehmen, weil Hierarchie und Bürokratie auf Informationsfilterung und Informationskanalisierung beruhen. Dies gilt für autoritäre Staaten ebenso wie für Unternehmen mit ihren Abteilungen.

Die Probleme, die zu unserer gegenwärtigen Krise geführt haben, kann man in einer Aussage zusammenfassen: Es existiert ein *Systembruch* zwischen der Innen- und Außenwelt unserer Unternehmen.

- Außen herrscht *Freizügigkeit der Information.* Innen wird durch Abteilungsgrenzen und Hierarchieebenen Informationsaustausch verhindert. Information ist Machtmittel, nicht Unternehmensressource.
- Außen herrschen *Wettbewerb und Marktwirtschaft.* Innen praktizieren wir viel Planwirtschaft, Bürokratie und Schnittstellen-Management.
- Außen ist der *Mensch für sich selbst verantwortlich.* Innen hat der Chef die Personalverantwortung.
- Außen macht die *Leistung Lust:* bei Sport, Spiel, Hobby und im zweiten Job. Innerhalb der Unternehmen trauen wir den Mitarbeitern nicht und trauen ihnen zu wenig zu. Die Folgen sind Frust durch Fremdbestimmung und Routine.

Die Ergebnisse dieses Systembruches führen zur Kostenexplosion und machen bürokratische Unternehmen beim Wettbewerb im „globalen Dorf" unattraktiv.

Informatik als eine Lösung der Krise

„Information als Wettbewerbsfaktor" ist seit Jahrzehnten schon in fast allen Unternehmen bekannt: beim internen Kampf der Abteilungen gegeneinander. Jetzt aber gilt es, die Informationen zu nutzen: für die Kunden, um schneller, besser und pünktlicher zu sein als die Mitbewerber. Die auf interne Konfrontation ausgerichteten hierarchischen und tayloristischen Organisationsbilder der Industriegesellschaft stoßen bei unserem beschleunigtem Wandel an ihre Grenzen. Die Organisationstheoretiker und auch die Praktiker schränkten bei der exakten Festlegung von Abläufen, Stellen, Zuständigkeiten und Abteilungen die Informationsflüsse stark ein. Gewollt oder ungewollt sorgten und sorgen sie dafür, daß eine Stärke der Informationen nicht nutzbar wird: Information ist der einzige „Stoff", der sich durch Austausch vermehrt.

Folgendes Bild soll dies deutlich machen: Haben zwei Menschen je einen Apfel in der Hand und tauschen diesen aus, so hat danach jeder wieder nur einen Apfel. Tauschen sie aber ihre Informationen aus, die jeder besitzt, so verfügen sie danach über *mehr* Informationen. Sie sind wissender geworden, sie vermögen jetzt mehr. Mit-Teilen stärkt das Unternehmen, nicht Ab-Teilen!

Die wachsende Globalisierung und die enorme Komplexität können wir nicht mehr in den Griff bekommen durch noch mehr Spezialisierung, noch mehr Regeln, noch mehr Kontrolle und noch mehr Bürokratie. Welche Chancen haben wir noch? Welche Organisationsleitbilder helfen uns, bei der Dynamik und der Komplexität zu überleben? Wie kann man ein Unternehmen als Ganzes sehen und begreifen?

Um den Anforderungen der Kunden gerecht zu werden, bedarf es kundenorientierter, kreativer, kommunikativer und kompetenter Mitarbeiterinnen und Mitarbeiter, die über die notwendigen fachlichen, menschlichen aber auch über die Entscheidungskompetenzen verfügen. Dabei können Telefon, Telefax und Computernetzwerke helfen, da sie Informationen zu jedem Zeitpunkt für jeden verfügbar machen. Jeder ist mit jedem verbunden. Weltumspannende Netze lassen Entfernungen schrumpfen, Wartezeiten entfallen. Die Netzwerke wirken wie ein Nervensystem, das alle Zellen miteinander verbindet. Durch Austausch von Information entstehen neuen Informationen. Assoziationen schaffen neue Ideen, Kreativität wird gefördert: Das Vermögen des Unternehmens wird vermehrt. Das Vermögen der Mitarbeiter, ihre Fähigkeiten, ihr Know-how können durch Zugang zu Informationen und durch erleichterte Kommunikation aktiviert oder besser gesagt reaktiviert werden.

Computer verwalten also keinen vierten Produktionsfaktor Information, sondern sie fördern und verstärken die Fähigkeiten der Menschen: ihre Kreativität, ihre Initiative, ihr Wissen, ihre Kommunikationsfähigkeit – ähnlich wie Maschinen die Muskelkraft verstärken. Dazu genügt es allerdings nicht, mit Computern zu klotzen oder jedem Mitarbeiter einen Bildschirm auf den Tisch zu stellen. Viel wichtiger ist es, die Organisations- und Führungskonzepte der Fließbandkultur drastisch zu ändern.

Die Informations- und Kommunikationstechnik ist also nicht nur der Auslöser der Organisationskrise. Sie kann auch die Lösung sein, wenn wir den Systembruch zwischen der Innenwelt und der Außenwelt eines Unternehmens verringern:

— *Die Kunden ins Unternehmen holen.* Konsequente Kundenorientierung auch durch interne Kunden-/Lieferantenbeziehungen und Reduzierung aller Leistungen, die vom Kunden nicht honoriert werden.

— *Freizügigkeit der Information auch innerhalb der Unternehmen.* Ein offenes Kommunikationsklima fördert das Zusammenwirken aller Kräfte und vermeidet Verschwendung und Zeit, Geld und Humanressourcen, weil die „rechte Hand weiß, was die linke tut". Das Prinzip Offenheit (mitteilen statt abteilen) wird durch den Einsatz moderner Informations- und Kommunikationstechniken unterstützt. Dadurch wird der Rohstoff Information vom Machtmittel der Manager zur Unternehmensressource für alle Mitarbeiter.

- *Das Leistungsprinzip und der Wettbewerb müssen auch innerhalb der Unternehmen gelten.* Die Arbeitskraft darf nicht länger durch starre Strukturen und unflexible Tarifsysteme dem marktwirtschaftlichen Prinzip entzogen werden.
- *Flexibilität und stetiger Wandel* müssen zum Gestaltungsprinzip der Unternehmen erhoben werden: Flexibilität der Strukturen, Maschinen, Arbeitszeiten, Entlohnungssysteme und der Menschen.

Pressefreiheit im Unternehmen

In den letzten Jahren ist es Mode geworden, gegen Bürokratie und starre Regularien zu sein. Die Regulierung und der Abbau von Konzernen und Staatsbürokratie wird überall gefordert. Die osteuropäischen und ostdeutschen Wirtschaftsbürokratien mußten ihren Bankrott erklären. Wirtschaft, Unternehmen und Märkte haben sich als nicht planbar erwiesen. Die Menschen – Kunden und Mitarbeiter – lassen sich nicht mehr zentral steuern, ihr Verhalten nicht mehr mit linearen Ursache-Wirkung-Ketten berechnen. Die rationalen Motivationstheoretiker mit ihrem Management-by-Techniken erkennen ihre Ohnmacht, weil viele Menschen sich nicht mehr mit der „Mohrrübe" Geld, Status oder Titel wie Affen dressieren lassen. Menschen mögen Mündigkeit.

Am fünften Mai 1816 gewährte Großherzog Karl August von Sachsen-Weimar-Eisenach seinen 180 000 Untertanen als erster Fürst die Pressefreiheit. Dadurch beschleunigte er den Zerfall der Feudalherrschaft in ganz Deutschland und den Demokratisierungsprozeß zu mündigen Bürgern. Das gleiche geschah in der ehemaligen DDR durch das Fernsehen.

Heute erleben wir die Einführung der *„Pressefreiheit" innerhalb der Unternehmen* und in den Märkten. Satelliten, Fax, Telefon, besonders aber die Computernetze zerstören die Informationsmonopole der Konzernspitzen und des Managements. Mündige Bürger werden jetzt auch zu mündigen Kunden und mündigen Mitarbeitern. Das ist das Ende der Plan- und Kommandowirtschaft, wie sie in vielen Konzernen praktiziert wurde. Heute gibt es immer mehr Menschen, die von ihren Vorständen und Gewerkschaften fordern: „Sir, geben Sie Gedankenfreiheit!" (Don Carlos). Wenn wir das Verhalten von Mitarbeitern weiterhin exakt planen und steuern wollen durch extreme Arbeitszerlegung und starre Stellenstrukturen, wie wir sie vom Fließband kennen, nutzen wir die Fähigkeiten der bestausgebildeten Arbeitsgenerationen in Deutschland nur zu einem Bruchteil. Wir treiben sie durch stumpfsinnige Routine in Freizeit, Krankheit und Dequalifizierung.

6. Wege zum vitalen Unternehmen: Die „weichen" Faktoren sind die wirklich „harten"

> „Glück kommt nicht von Dingen, die wir besitzen.
> Glück kann kommen durch die Arbeit und den Stolz auf das, was wir tun."
> Mahatma Gandhi

Barriere des Wandels: Die Macht der Statussymbole

Die Zeremonie ist beeindruckend. Fünf honorige Herren in dunklen Anzügen vollziehen eine heilige Weihe an einem noch nicht so honorigen Mann, heute auch in Dunkel: Der Vorstand ernennt einen Manager. Der Vorsitzende des Vorstandes (er darf sitzen, wenn die anderen stehen) erhebt sich und überreicht dem vor Ehrfurcht erblassenden Kandidaten die Beförderungsurkunde. Er überträgt ihm *Personalverantwortung.* Er gibt ihm Macht über andere. Jetzt hat er Menschen unter sich. Man befördert ihn nach oben – in den Adelsstand der Manager. Man schlägt ihn sozusagen zum Ritter. Der Kandidat glüht vor Aufregung und Stolz. Denn hinter dem Ritual steckt Methode. Man appelliert an den männlichen Instinkt, im Rudel über anderen zu stehen, einen höheren Status zu haben – mit allen Statussymbolen.

Das Ritual hat sich seit Jahrhunderten nicht verändert. Einst vergaben Könige Lehen an ihre Kronvasallen und diese an ihre After-Vasallen. Die Vasallen schuldeten für diese Lehen Kriegsdienste, Abgaben und ewige Treue. Der Aufstieg in den Adelsstand bedeutete damals wie auch heute *„Karriere".* Früher bekam man Grund und Boden als Lehen samt der dazugehörigen Leibeigenen. Heute erhält man eine Abteilung, samt der dazugehörigen Untergebenen, die sind unten und geben.

Die *„Berufung an Hofe"* macht stolz. Endlich ist man Leiter – aber noch unten auf der Leiter. Diese Frustration durchlebt jeder neue Chef nach seinem Ritterschlag. Oben ist er noch nicht, aber unten ist er nicht mehr. Für seine ehemaligen Kolleginnen und Kollegen ist er jetzt Hierarch. Man begegnet ihm mit etwas Respekt, aber auch Distanz. Für seine neuen Kollegen, die altgedienten Manager, ist er der Neue, der zu ihnen aufsteigen und ihnen den Platz streitig machen will.

Eigentlich war er ein toller Fachmann, ein beliebter Kollege, den jeder fragte und fragen konnte. Er war gefragt, weil er viel zu sagen hatte. Jetzt macht man ihn zum Manager, weil man seine fachlichen und menschlichen Leistungen honorieren wollte und weil er mehr Geld bekommen sollte. Die neue Gehaltserhöhung war aber laut Tarifvertrag *nicht mehr für „produktive" Menschen* vorgesehen, sondern nur für Führungskräfte. Ein verrücktes System. Nur, damit gute Leute ein angemessenes Gehalt bekommen können, macht man sie zu Managern. Die Mannschaft verliert dabei einen tollen Kollegen, das Unternehmen einen hochproduktiven Fachmann. Viele solcher Führungskräfte wären besser Fachmann geblieben.

So aber wächst der Wasserkopf. Und wohl fühlt sich der neue Manager auch nur kurz. Er ist zwar stolz auf seinen neuen Besitz, seine neuen Statussymbole: den größeren Schreibtisch, den Stuhl mit Armlehnen und das Einzelzimmer. Aber die menschliche Isolation und der Verlust an fachlicher Kompetenz machen ihm auch zu schaffen. Aber dagegen gibt es ein Mittel: den Aufstieg auf die nächste Sprosse. Mehr Geld, größere Zimmer, Nennung des Namens im Konzern-Organigramm, eine eigene Sekretärin und noch mehr Mitarbeiter.

Die Größe des Zimmers, des Dienstwagens und der „Truppen" vermitteln Rang und den Eindruck von Macht – wie beim Militär. Statussysmbole machen abhängig. Die Menschen werden Gefangene des Systems. Das Verfahren hat Methode und erinnert daran, wie man in Afrika Affen fängt: An den Fuß eines Baumes legt man leere Flaschen und bindet sie fest. Die Öffnung ist so groß, daß der Affe seine Hand hindurchzwängen kann. In diese Flasche legt man Nüsse. Die Affen sehen die Nüsse, greifen in die Flasche und umklammern die Nuß. Aber mit der Faust kommen sie nicht mehr los. Sie sind Gefangene, weil sie nicht loslassen.

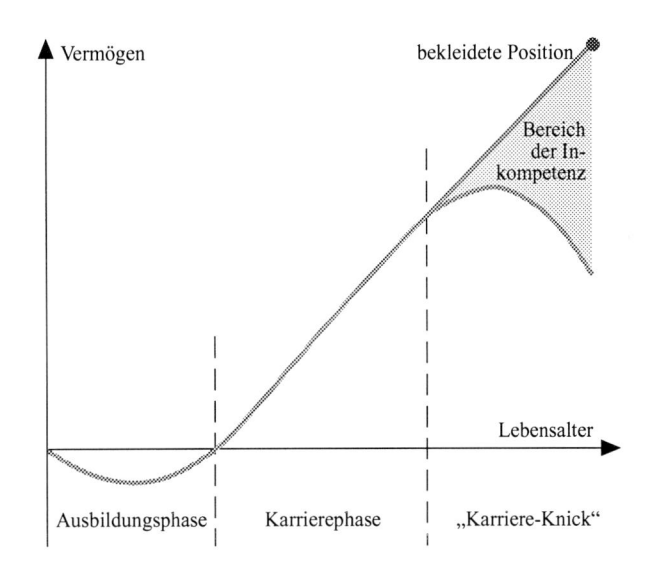

„Karriere" bis zur Inkompetenz

Viele Menschen können auch nicht mehr loslassen: ihren Status, ihre Statussymbole, ihr Amt und ihren Besitz. Aus Angst, den Posten zu verlieren, gehen sie kein Risiko mehr ein: Nur keine Experimente, Dienst nach Vorschrift, Einhalten der Richtlinien, Verwalten statt Gestalten. In der traditionellen „Karrierephase" paßt man sich den

Stellen und Laufbahnen an, ohne daß sich die persönliche Kompetenz durch dauernde Investitionen auf- und ausbaut. Das Ergebnis ist der Verlust des persönlichen Vermögens und die Beförderung zur Inkompetenz.

Die alte Karriere: Aufstieg in den Ausstieg

> „Karriere ist die schnellste Gangart des Pferdes (Duden),
> d. h. viel Staub aufwirbeln, viel Lärm machen und vieles niedertrampeln."
> Jürgen Fuchs

Traditionelle Hierarchien beruhen auf dem Status der Überlegenheit und der Unterlegenheit. In der Kindheit war es besonders bei den Jungen die Überlegenheit der körperlichen Kraft, die mit Status in der Gruppe, mit Anerkennung und Macht belohnt wurde. In der Arbeitswelt des Taylorismus hat sich die *Überlegenheit durch Information* als neue Basis der hierarchischen Ordnung etabliert. Derjenige, der über mehr Informationen verfügt, gilt als mächtiger, klüger oder kompetenter. Information zu besitzen hat sich als hierarchisches Ordnungselement eingebürgert. Besitz ist Macht und Status: Grundbesitz, Geldbesitz oder Informationsbesitz. Als äußere Statussymbole dieses Informationsbesitzes gelten: im Organigramm als Kästchen erscheinen, auf Verteilern stehen, an Sitzungen teilnehmen zu dürfen, Mitzeichner zu sein. Informationen bedeutet Macht über andere, über die, die fragen müssen. Diese Macht bildet u. a. den Anreiz, Manager zu werden oder aber Spezialist.

Die Macht der Information hält aber nur solange, bis die anderen Menschen auch über die Information verfügen. Deshalb versuchen Diktaturen die Pressefreiheit zu unterdrücken. In der ehemaligen DDR hatte der Staatssicherheitsdienst ein hervorragendes Telefonnetz. Für die normalen Bürger war das Telefon nicht erschwinglich. Heute wehren sich viele Manager gegen die Einführung von Computernetzen und PCs. Aber die wachsende Freizügigkeit von Informationen läßt sich nicht mehr aufhalten. Sie entmachtet nicht nur die Manager alten Stils, sondern auch die Spezialisten.

1960 konnte eine Firma ca. zwölf Jahre von einer Erfindung zehren. Solange dauerte es, bis die wesentlichen Wettbewerber rund um den Erdball das Geheimnis gelüftet hatten. Heute dauert es meistens nur noch ein Jahr, bis Erfindungen Allgemeingut der Industrie geworden sind. Produkt- oder Verfahrens-Innovationen bringen nur noch den schnellsten Gewinn, und das auch nur kurze Zeit. „Economies of speed" haben „Economies of scale" abgelöst. Die Hetzjagd der Innovationsgeschwindigkeit verkürzt aber auch die Halbwertzeit des Wissens.

Die *Karriere als Aufstieg* in der Machthierarchie wird deshalb heute zum gefährlichen Abenteuer. Denn der Aufstieg der Manager, die sogenannte Schornsteinkarriere, führt zur Blindheit gegenüber der sich schnell wandelnden Realität an der sogenannten

Basis. Und die Karriere im Elfenbeinturm der Spezialisten führt leicht zum Fachidiotentum. In beiden Fällen sind der soziale Abstieg, der Absturz oder zumindest das Abschieben auf einen bedeutungslosen Posten vorprogrammiert. Das Karriereleitbild „Macht durch Besitz" führt den Menschen in die Isolation und die soziale Sackgasse. Dies gilt besonders in der heutigen Zeit mit Teamarbeit, Selbstorganisation und globalen Computernetzen. In Zukunft wird nicht die Höhe des Ranges oder die Tiefe des Spezialwissens von Bedeutung sein. In Zukunft zählt das Vermögen, Gruppen zu Konsens zu führen, in mehreren Spezialgebieten zu Hause zu sein, Erfahrungen in der Produktion, im Vertrieb und in der Forschung gesammelt zu haben, mehrere Sprachen zu sprechen: Fremd-Sprachen und Fach-Sprachen. Mehrfachqualifikation und kommunikative Kompetenz sind gefragt.

Karriere heißt nicht aufsteigen, sondern querdenken können. Den ganzen Produktzyklus verstehen, gestalten und begreifen: von der Entwicklung über die Produktion und über den Vertrieb bis zum Kunden und wieder zurück in die Fabrik – und dies umweltschonend und ressourcensparend.

Ihr Vermögen: das, was Sie vermögen

Haben Sie sich schon einmal gefragt, was Ihr *persönliches Vermögen* ist? In Seminaren bekomme ich von den Teilnehmern auf diese Frage typische Antworten: mein Können, mein Wissen, mein Know-how, meine Gesundheit, meine Erfahrungen (wo ich herumgefahren bin), meine Fähigkeiten und meine Fertigkeiten, meine Wünsche und meine Visionen, meine Kreativität, meine Intuition, meine Freunde und mein persönliches Netzwerk. Man kann diese Äußerungen zusammenfassen zu einem einzigen Satz: Ihr Vermögen ist das, was Sie vermögen! *Karriere bedeutet in diesem Sinne: viel vermögen, nicht viel besitzen (auf vielem sitzen).*

Wie kann man dieses Vermögen entwickeln, wie kann man es weiterentwickeln? Wie kann man Karriere machen? Was muß ich tun, um mehr zu vermögen? Die Antwort gibt uns ein altes Sprichwort: „Wer rastet, der rostet!" Man muß etwas unternehmen, sozusagen als *Lebensunternehmer*. Man muß sein Leben selbst in die Hand nehmen und nicht nur seine Akten. Schließlich hat ja *jeder* Personalverantwortung – nämlich für sich selbst! Jedem von uns ist bewußt, daß sich Muskeln abbauen, wenn sie nicht benutzt und trainiert werden. Dies gilt im gleichen Maße für unsere geistigen und sozialen Fähigkeiten. Benjamin Britten sagte einmal: „Lernen ist wie Schwimmen gegen den Strom. Sobald man aufhört, treibt man zurück."

Alle diese Äußerungen sagen Ihnen wahrscheinlich nichts Neues. Sie sind sozusagen Binsenwahrheiten. Aber warum wehren sich so viele Menschen in den Unternehmen, die Abteilung zu wechseln, eine neue Aufgabe zu übernehmen, Jobrotation zu machen, von der Produktion in die Forschung zu wechseln oder von der Buchhaltung in den

Außendienst? Warum glauben so viele Menschen, mit ihrem Facharbeiterbrief als Feinmechaniker ein Leben lang die Arbeit eines Feinmechanikers ausüben zu müssen bzw. zu dürfen? Warum will ein Diplom-Ingenieur nichts von Kostenrechnung lernen und verstehen, und warum ist ein Diplom-Kaufmann „wunschlos glücklich", wenn er sein Leben in der Kostenrechnung verbringen darf und als Gruppenleiter, Obergruppenleiter, Abteilungsleiter, Hauptabteilungsleiter und schließlich als stellvertretender und dann sogar Volldirektor für Kostenrechnung „Karriere" machen darf?

In dem Begriff „wunschlos glücklich" liegt auch eine Gefahr, und zwar die Gefahr der Trägheit und der fehlenden Neugierde – gierig nach Neuem. Von Goethe stammen die Worte: „Wünsche sind Vorgefühle der Fähigkeiten, die in uns liegen. Sie sind Vorboten desjenigen, was wir zu leisten imstande sein werden." Ein Philosoph schrieb einmal: „Es ist einer der dunkelsten Augenblicke im Leben eines Menschen, wenn man eines Tages – grau und alt – zu der Erkenntnis kommt, daß man in all den Jahren nur von einem kleinen Teil seiner Selbst Gebrauch gemacht hat." Haben wir eigentlich schon erkannt, daß die klassische Vorstellung von „Karriere als Aufstieg", die sogenannte „Schornstein-Karriere", die Menschen in die Isolation und in die Unfähigkeit führt? Diese Tatsache ist als Peter-Prinzip hinreichend bekannt: die Beförderung bis zur Inkompetenz. Unser Problem ist also nicht die Unwissenheit, sondern die Tatenlosigkeit.

Karriere als „Mental-Jogging"

Was können wir also tun, um Karriere im richtigen Sinne zu verstehen – als persönliche Vermögensentwicklung? Ich glaube, jeder muß bei sich selbst anfangen mit zwei kleinen Worten: Tu es! Arbeiten Sie an Ihrer Vermögensentwicklung. Gestalten Sie Ihre Persönlichkeit. Betrachten Sie Ihre Berufsausbildung und Ihre Zeugnisse nur als Eintrittskarten in das Leben. In der Schule wird man nur ausgebildet. Eingebildet wird man mit dem Examen. Gebildet wird man im und vom Leben. Und für diese Bildung gibt es zwei Grundregeln:

1. Ich kann nur wachsen, wenn ich wage, Dinge zu tun, die ich bisher noch nicht beherrscht habe.
2. Wer kämpft, kann verlieren. Wer nicht kämpft, hat schon verloren. Wer wagt, gewinnt – zumindest Lebenserfahrung.

Deshalb: Springen Sie doch einmal versuchsweise über Ihren eigenen Schatten. Und entdecken und entfalten Sie Ihre Chancen und Fähigkeiten, die in Ihnen schlummern. Machen Sie Gehirn-Jogging. Nicht nur außerhalb des Berufs. Beginnen Sie die Entdeckungsreise nicht nur nach 17.00 Uhr. Sammeln Sie Erfahrungen auch innerhalb des Unternehmens. Ein *zufriedener* Mitarbeiter ist im dynamischen Umfeld eine große Gefahr für sein Unternehmen und für sich selbst. *Wer „zu" ist und „in Frieden ruht"*, verliert schnell den Anschluß und wird nicht mehr gebraucht. Was einige innovative

Unternehmen begonnen haben, müssen besonders alle dienstleistungs- und kommunikationsorientierten Unternehmen, bei denen nur die Menschen die Quelle der Wertschöpfung sind, als Überlebensstrategie forcieren:

- Den Menschen den Mut und die Möglichkeit zum *lebenslangen Lernen* und Umlernen geben.
- Die fachliche und persönliche *Kompetenzentwicklung fördern* und auch fordern, insbesondere Kreativität, Initiative, Lernfähigkeit und den Mut zu Neuem.
- *Die Menschen neu-gierig machen.* Als „rerum novarum cupidus" (gierig nach Neuem) hat ein römischer Dichter den Menschen beschrieben.

Wenn ein Unternehmen seine Mitarbeiter fördert und fordert, „rerum novarum cupidus" zu sein, braucht es um seine Zukunft nicht zu bangen. Aber dann darf Karriere auch nicht Aufstieg auf einer fiktiven Leiter bedeuten, sondern sie muß Kompetenzentwicklung sein, das heißt Erweiterung der fachlichen, methodischen, sozialen und der Persönlichkeitskompetenz.

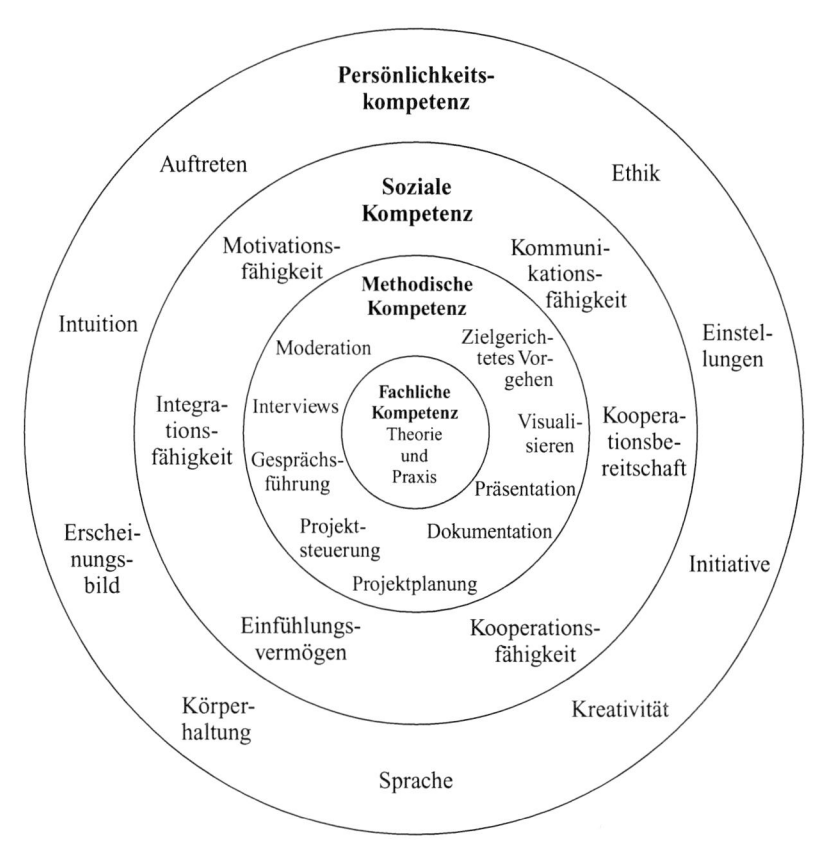

Die Vermögenswerte eines Menschen und seines Unternehmens

Wenn sich zwei Menschen begegnen, aus geschäftlichen oder privaten Anlässen, als Bankberater und Kunde, als Projektmitarbeiter, im Büro, im Restaurant, auf dem Tennisplatz oder im Freundeskreis, immer „berühren" sie sich zunächst mit der „äußersten Schale". Erst wenn „die Chemie stimmt", wenn „man sich riechen kann", wenn „man sich gemeinsam wohl fühlt", kommen die inneren Schalen miteinander in Kontakt. Für eine gute Kommunikation spielen Begriffe wie „shared values", „Unternehmenskultur", „Ehrenkodex" und gemeinsame Spielregeln bzw. Rituale eine wichtige Rolle. Das Wort Kommunikation stammt aus dem Lateinischen. Communicare heißt „sich besprechen mit", „Mitglied einer Gemeinschaft sein". Die „Kommunion" ist die Aufnahme in eine Gemeinschaft.

Die ersten Sekunden und Minuten entscheiden häufig über Erfolg oder Mißerfolg eines fachlichen Gesprächs. Was tun wir aber heute für das Training und die Wertschätzung der äußeren Bereiche?

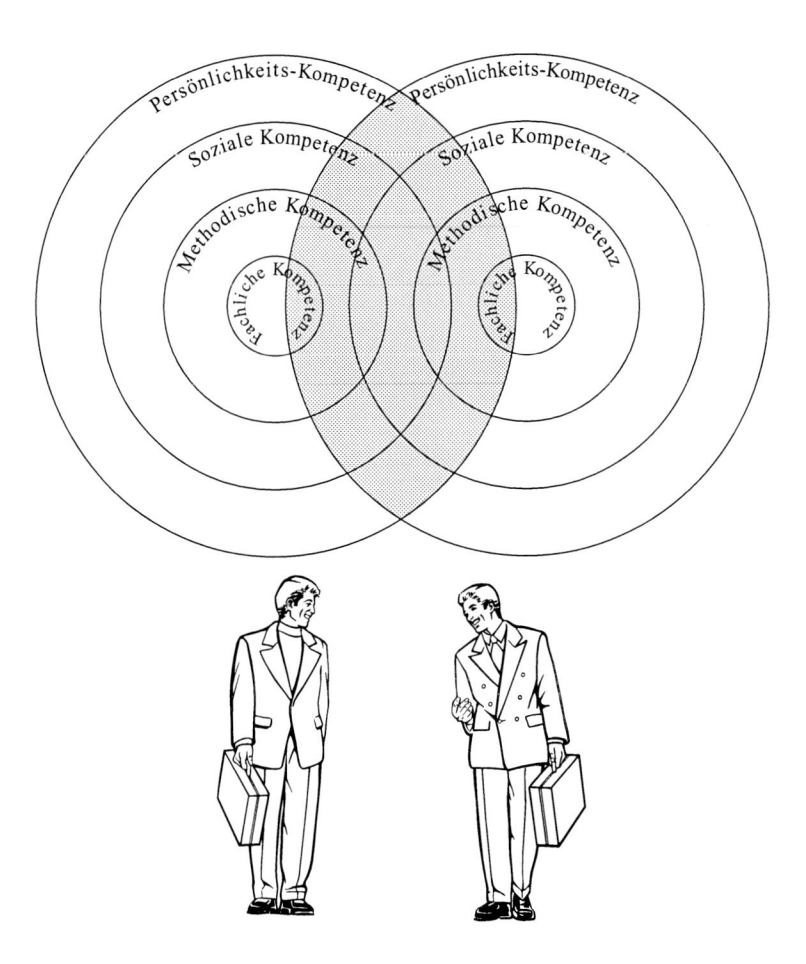

Kommunikation als Begegnung von Menschen

Die Vermögenskarriere:
Werde-Gang heißt gehen und dabei werden

Fachliche, methodische, soziale und Persönlichkeitskompetenzen werden nicht „von oben" verliehen wie Beförderungen und Titel in traditionellen Hierarchien. Sie müssen erarbeitet werden durch kontinuierliche Verbreiterung der Wissensbasis, den Aufbau eines großen Erfahrungsschatzes, das Knüpfen vieler Kommunikationsbeziehungen zum Austausch von Informationen und natürlich lebenslanges Lernen. Die Lehr- und Wanderjahre der Handwerksgesellen sind heute die *„Lern- und Wandeljahre"*. Aber sie dauern jetzt ein Leben lang. Noch vor wenigen Generationen wurde üblicherweise der Beruf des Vaters auf den Sohn vererbt. Die deutschen Namen wie Schneider, Müller, Schmidt, Zimmermann, Bauer oder Schulze machen dies deutlich. Der Name Meier war eine besondere Auszeichnung. Der Meier hatte eine Meierei, einen Pachthof. Er war kein Leibeigener mehr, sondern Pächter.

Wer übernimmt heute noch den Beruf seines Vaters? Die heutige Generation wird nicht mehr nur einen Beruf haben, wir werden während unseres Lebens in zwei bis fünf Berufen tätig sein, von denen wir die Namen teilweise noch gar nicht kennen. Dann werden die Menschen und auch ihre Unternehmen nicht hilflos dem Gesetz der Evolution unterworfen. Sie haben die Chance, aber auch die Pflicht zur zielgerichteten Metamorphose. Dieses Gehirn-Jogging hält fit: Geist und Seele.

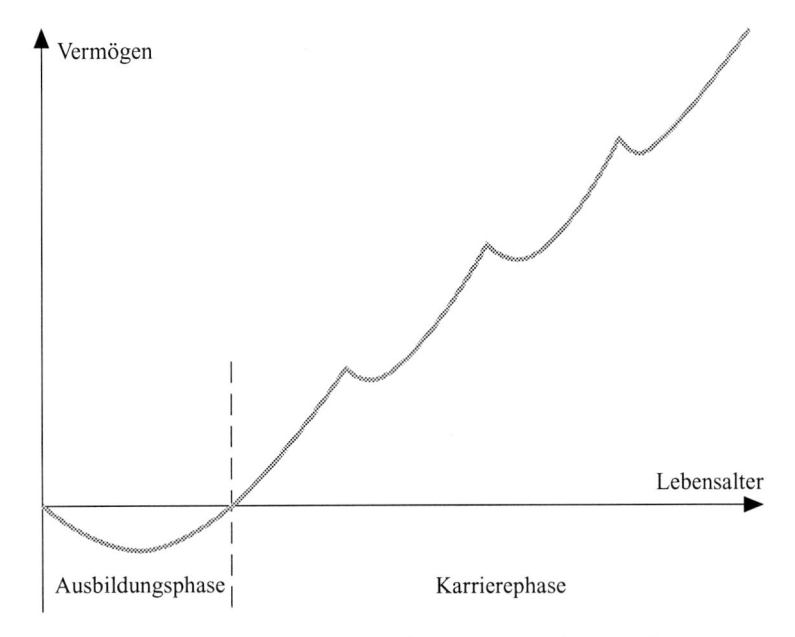

Die Vermögenskarriere: Reisen bildet – auch im eigenen Unternehmen.

Die Menschen werden dauernd Neuland betreten und in wechselnden Teams neue Aufgaben übernehmen. Dazu muß das Unternehmen in Schulung und Einarbeitung investieren. Und der Mitarbeiter muß bereit und fähig sein, sich schnell in ungewohntem Umfeld zurechtzufinden und auch Fehler zu riskieren, um Erfahrungen zu machen. Dazu gehört auch, keine Angst vor Veränderung zu haben, sondern die Veränderung als das einzig Stabile anzuerkennen und die Chancen zu sehen, die in jeder Umgestaltung liegen. Durch lebenslanges Lernen und ständigen Wandel von Aufgaben, Tätigkeiten und Teams wächst die Kompetenz ohne „Karriere-Knick". Leben heißt, sich sein Dasein schaffen.

Die Sägezahn-Entwicklung heißt jetzt Karriere und zeigt den Vermögens- und Wertzuwachs des Mitarbeiters. Birgit Pällmann, Führungskraft in dem Beratungsunternehmen Ploenzke AG, spricht über ihre Erfahrungen mit dieser neuen Karriere: „Wenn es keinen vorgezeichneten Weg nach oben gibt, nimmt die Dynamik im Unternehmen zu. Keiner schielt mehr auf das nächste Treppchen oder verschwendet seine Energie damit, Konkurrenten oder Kollegen auszustechen. Denn es gibt plötzlich Platz für jeden, für jede." In diesen innovativen Unternehmen zählen dann nicht mehr der hierarchische Rang und der Wert einer Stelle, nicht das Durchsetzungsvermögen, sondern die Teamfähigkeit und Zielstrebigkeit auf ein gemeinsames Ergebnis hin. Karriere bedeutet dann nicht mehr, auf symbolischen Leitern hochzuklettern, auch nicht äußere Rangabzeichen wie beim Militär zu erreichen oder Quasi-Rangabzeichen wie einen Schreibtisch mit Holzplatte oder Stuhl mit Armlehne.

Karriere bedeutet auch nicht mehr, zehn, zwanzig oder hundert Mitarbeiter unter sich zu haben. Karriere heißt jetzt Kompetenz und Ansehen erlangen:

– Man fragt Sie.

– Man holt Ihren Rat.

– Man gibt Ihnen Informationen.

– Man läßt Ihnen viel Spielraum (Räume zum Spielen).

– Man weiß, daß Sie etwas bewegen, und man läßt Sie etwas bewegen.

– Man vertraut Ihnen und traut Ihnen viel zu.

Kurz, Sie sind gefragt, bei Kollegen, bei Kunden und bei Führungskräften – nicht wegen Ihres Ranges, sondern wegen Ihrer Kompetenz und Ihrer Persönlichkeit. Diese Karriere wird sicher nicht erreicht, indem man eine Ausbildung macht und danach nur noch sein Wissen verwaltet. Nicht sitzen und bleiben, sondern gehen und dabei werden. Der Werdegang heißt jetzt Karriere, nicht mehr der Aufstieg. Die nötigen Fähigkeiten erlangt man durch ständig neue Erfahrungen, Experimentieren und die Bereitschaft, Fehler zu wagen, nicht aber durch die Statik von Stellen, Stehen, Sitzen und Bewahren (Besitz-Stands-Wahrung). Gehirn-Jogging und Job-rotation halten fit und lassen die Zusammenhänge, wie das Unternehmen zusammenhängt, erkennen. Je stärker eine Gehirnzelle verästelt ist, desto mehr Verbindungen kann sie mit anderen Zellen eingehen.

Je mehr Verknüpfungen ein Neuron und ein Mensch hat, desto leistungsfähiger ist ein Gehirn als neuronales Netz und ein Unternehmen als menschliches Netz. Abwechslung schafft neue neuronale und menschliche Verbindungen.

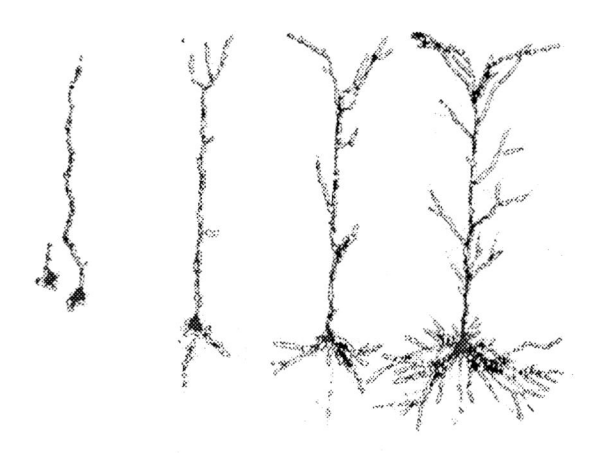

Gehirn-Jogging: Neue Eindrücke lassen Netze wachsen im Gehirn.

Peter Haase, Chef der Personalentwicklung im VW-Konzern, rechnet vor: „Die Halbwertzeit des Wissens von Ingenieuren liegt bei VW zwischen fünf und acht Jahren. Sie schrumpft bei Informatikern auf zwei Jahre." Wenn es am Arbeitsplatz nur auf das Fachwissen ankäme, müßten sich die Studenten nach dem Examen gleich wieder zur Immatrikulation anstellen.

Fach- und Führungsaufgaben werden gleichrangig

„Zusammen wachsen heißt zusammenwachsen."
Hugo Marcus

Gefragt ist auch ein neues Denken, das Abschied nimmt vom traditionellen Karrierebegriff. Nicht der äußerlich erkennbare Besitz, nicht der Status einer Stelle, nicht die Anzahl der Untergebenen, sondern die qualitativen Fähigkeiten zählen. Karriere ist nicht mehr Aufstieg. *Karriere ist Zuwachs von Vermögen.* Und dafür ist jeder verantwortlich. Unterstützt wird diese Vermögenskarriere durch Job-rotation, Kommunikation und eigenverantwortliches Handeln.

Führungskompetenz und Fachkompetenz stehen gleichberechtigt nebeneinander. *Führen ist ein Karriereschritt, aber nicht der letzte.* Ein Kranich-Schwarm gibt hier ein gutes Beispiel. Kraniche fliegen in der Formation einer „1". Die „Führungskraft" ist vorne und muß den Weg durch die Luft bahnen. Nach ca. 20 Minuten macht sie Job-rotation.

Sie läßt sich ins Glied zurückfallen, um nach ein paar weiteren Rollen-Wechseln wieder die Spitze zu übernehmen. Der Gleichrang und Gleichklang von Fach- und Führungsaufgaben ist natürlich. Bei uns allerdings (noch) nicht normal. Er entspricht noch nicht der Norm. Hier müssen wir noch alle lernen und das Kästchendenken aus unseren Köpfen verbannen. In Zukunft heißt Karriere nicht mehr, viele Menschen „unter sich zu haben", sondern mit vielen Menschen in Verbindung stehen, nicht „Ein-Druck" machen, sondern „Ein-Fluß" nehmen.

Menschen bereisen gerne neue Länder. Sie sind neugierig. Reisen bildet! Denn es gibt Sicherheit. Je mehr man gesehen und erlebt hat, desto weniger Angst hat man vor dem Unbekannten. Je mehr man erfahren hat, desto erfahrener ist man. Denn dabei hat man viel erlebt. Wie heißt es so schön: „Wenn einer eine Reise tut, dann kann er was erzählen."

Nutzen wir doch diese Erkenntnisse und lassen die Menschen auch innerhalb der Unternehmen reisen. Reisen bildet – auch im eigenen Unternehmen! Sie erweitern dabei ihren Gesichtskreis. Sie lernen viele „fremde" Menschen kennen: der Konstrukteur den Kunden, wenn er für drei Jahre in den Vertrieb rotiert. Der Kostenrechner den Ingenieur, wenn er zwei Jahre in der Entwicklung mitwirkt. Reisen bildet und dient der „Völkerverständigung"; auch im eigenen Unternehmen mit seinen feindlichen Lagern, die ängstlich auf ihre Zuständigkeiten wachen.

Hören wir nie auf, anzufangen, und fangen wir nie an, aufzuhören!

Humanvermögen: wie man es mehrt, wie man es vernichtet

> „Man kann ohne Liebe Holz hacken, Ziegel formen, Eisen schmieden,
> aber man kann nicht ohne Liebe mit Menschen umgehen."
> Leo Tolstoi

Um diese Gedanken zu verwirklichen, müssen wir Abschied nehmen von bürokratischen Stellen, Laufbahnen, Tarifsystemen und der Karrierehierarchie, die mit vielen Zwischenstufen eingerichtet wurde, um den Menschen den Aufstieg mit vielen Sprossen vorgaukeln zu können. Es wird zur Zeit viel gegen Hierarchien gesprochen. Sie werden zum Teil sogar verteufelt. *Wir brauchen Hierarchien, aber echte.* Wir sollten differenzieren zwischen einer unternehmerischen *Verantwortungs-Hierarchie* als Projektleiter, Profit-Center-Leiter, Business-Unit-Leiter, Geschäftsführer oder Vorstand und einer *Status-Hierarchie* mit phantasievollen Titeln, hinter denen sich aber keine sinnvollen Verantwortungsbereiche verbergen. Solche karriereorientierten Schein-Hierarchien werden dann von den Amtsinhabern als Instanzebene mißbraucht, um ihre eigene Existenzberechtigung nachzuweisen, und führen zu Starrheit, Entscheidungsverzögerung, Entmündigung der Menschen, Zuständigkeitsgerangel und zur Diffusion der Verantwortung.

Die unternehmerische Verantwortungs-Hierarchie mit drei bis vier Ebenen in einem Konzern erlaubt dagegen Marktnähe, Flexibilität, Beweglichkeit und unternehmerisches Handeln bei Mitarbeitern und Führungskräften. Jede Ebene muß ihren unternehmerischen Sinn und Zweck haben. So können Unternehmen lernfähig, lebendig, lebens- und überlebensfähig bleiben. Bezeichnenderweise hat ein Organismus auch Hierarchien, die ihren Sinn haben: die Zelle, das Organ, der ganze Organismus und der Vogel- oder Fischschwarm, sozusagen vier Hierarchien.

Hierarchien können nützlich sein oder hinderlich. Sie können Verbund schaffen, oder den Wettkampf anheizen. Wir haben heute eigentlich weder die Zeit noch das Geld noch die Menschen, um unsere Kraft im unternehmensinternen Machtgerangel zu vergeuden. Wettbewerbsorientierte Karrierebilder mit oben und unten, Gewinnern und Verlierern, Aufsteigern und Absteigern, Obermenschen und Untergebenen fördern Konfrontation statt Kooperation. Sie binden die Kräfte bei internen Kämpfen und lenken von der Hauptsache ab: dem Kunden.

Die Komplexität der Probleme ist nicht mehr vom einzelnen her lösbar, sondern nur noch aus der Kompetenz vieler, die in einem gemeinsamen Lernen in einer nicht *mechanistischen*, sondern *kybernetischen* Weise zu Problemerkenntnis und Problemlösung finden. Das bedeutet, daß um der sachgemäßen Verwirklichung der anstehenden Probleme willen ein kooperativer, ständig interdisziplinärer Lernprozeß – und zwar nicht nur auf die Problemlösung hin, sondern schon zur Problem*erkenntnis* – notwendig wird. Von dorther ist es nicht mehr der „charismatische Führer", der vorschreibt, wo es „langgeht", sondern es ist eine Gruppe, die ihre Möglichkeiten erfaßt. Und dann werden solche Entscheidungsfindungsprozesse, die im kooperativen Spiel ablaufen, auch hierarchisch durchsetzbar sein. Aber Entscheidungsfindung als Einzelentscheidung in einer Hierarchie scheint mir heute nicht mehr sachgemäß zu sein. *Entscheidungsfindung als nichthierarchische* und *Entscheidungsdurchsetzung als hierarchische* Gegebenheit sind deutlich zu unterscheiden.

Führen heißt fördern und fordern zum Miteinander-Lernen, im Hinblick auf Problemerkenntnis und Problemlösung. Das Auseinanderhalten von Entscheidungs*findung* und Entscheidungs*durchsetzung* wird oft nicht beachtet. Aber als Problem, das erkannt sein will, ist es nicht erst heute relevant. Es scheint so alt wie das Miteinanderleben und Miteinanderhandeln in hierarchischen Strukturen. Ein Beispiel dafür aus der Vergangenheit: In seiner Regel aus dem Jahr 529 sagt Benedikt: „Alles soll der Abt entscheiden, nichts aber ohne den Rat der Brüder. Der jüngste soll sagen, was er für recht hält, hat es doch der Herr oft einem jüngeren geoffenbart. Dann aber soll der Abt mit sich selbst zu Rate gehen und so entscheiden, wie er es für das Beste hält." Hier sehen Sie dieses Auseinanderfallen von Entscheidungsfindung und Entscheidungsdurchsetzung.

Die erfolgreiche Führungskraft ist dabei nicht nur der Notar der Mehrheit, aber er ist auch nicht so borniert, daß er an der Entscheidungsfindung vorbei eine Entscheidung fällt, die weder von den Betroffenen noch von dem an der Entscheidungsfindung

Beteiligten akzeptiert werden kann. Er wird auch im Entscheidungsfindungsprozeß die Bedingungen mitreflektieren, unter denen diese Entscheidung durchgesetzt werden kann. Führen heißt nicht einfach anordnen, sondern innerhalb einer Gruppe die unterschiedlichen Kompetenzen aktivieren, sich einzubringen. Das setzt freilich voraus, daß die Gruppe als soziales Organ intakt ist und daß sie sich auf ein gemeinsames Ziel hin, das ihr nicht nur von außen vorgegeben wurde, sondern von innen heraus bejaht wird, als Gruppe versteht.

Dabei muß diese Gruppe einen „Stil" des Umgangs miteinander finden, den man als „Firmenkultur" bezeichnen könnte. Dieser Stil soll dazu beitragen, daß Menschen „Sicherheit" gewinnen im Umgang miteinander und Angstsituationen abgebaut werden oder gar nicht erst aufkommen.

Angst ist wie eine Betonwand. Wo Angst herrscht, da werden Informationen nicht weitergegeben. Durch die Weitergabe wird Information allgemein, und ich selbst bin ersetzbar bzw. entbehrlich geworden – aber nur als enger Spezialist oder als isolierter Hierarch, nicht als Mitglied eines Teams oder eines Leistungszentrums, das gemeinsam eine Leistung für den Kunden erbringt. Die Identifikation mit der Leistung ermöglicht angstfreies Agieren.

Konkurrenz verdirbt das Geschäft

> „Eine der wichtigsten Fortbewegungsarten des Menschen ist,
> dem anderen auf halbem Weg entgegenzugehen."
> Sprichwort

Organisationsstrukturen, die nicht offen sind für Weiterentwicklung, bringen den Tod. Sie können aber nur offen sein und bleiben, wenn die Gruppe als Organ und das Unternehmen als Organismus aufgrund der gelebten Unternehmenskultur und des Umgangs miteinander Hoffnung auf Zukunft und gemeinsame Ziele haben. Menschen finden daraus die Kraft, sich *gemeinsam* auf neue Herausforderungen einzustellen und das „Gefüge" oder die „Organisation" ihrer Gemeinsamkeit auf diese Zukunft hin zu verändern. Wir alle sind freilich in der Gefahr, den Erfolg von gestern, der festgeschrieben ist in der Organisation des Unternehmens, so ernst zu nehmen, daß die Stellenbeschreibung von gestern den Mißerfolg von morgen unter den veränderten Umweltbedingungen garantieren wird.

Miteinander Entscheidungen fällen ist nur möglich, wo Gruppen ihre Identität haben, und zwar nicht durch einen Zwang von außen, sondern indem man die Ziele dessen, was man tut, *gemeinsam* lernt und innerlich bejaht; und dies in wechselseitiger Loyalität, im Vertrauen zueinander, mit einem Wort in *Mit- und Zusammenarbeit*. Die nach außen noch vertretbare These „Konkurrenz belebt das Geschäft" wird aber gefährlich, wenn sie auch das Verhalten im Innenbereich bestimmt. Sie hat innerbetrieblich verheerende, die Effizienz erheblich einschränkende Folgen. Dies kann in Mitarbeiterverhältnissen zu Konkurrenzsituationen führen, in denen das freie Umgehen miteinander nicht mehr praktiziert wird, sondern permanente Profilierung der eigenen Position auf Kosten des anderen geschieht. Die Unternehmen verkommen zu einem „Jahrmarkt der Eitelkeiten", bei dem das Kürlaufen zur Pflicht wird.

Seit über 30 Jahren belegen Soziologen und Psychologen in zahlreichen Studien, daß Konkurrenzmentalität im Betrieb kontraproduktiv ist. Die Arbeitsleistung sinkt. Die Angst zu verlieren fördert den Egoismus und das Abteilungsdenken. Obwohl uns das auch aus unserer persönlichen Erlebniswelt bewußt ist, findet man sehr häufig Prämien-, Bonus- und Karrieresysteme, die die sogenannte „individuelle" Leistung honorieren. Dieses Denkschema stammt aus der Frühzeit des Taylorismus, als die Menschen in der Fabrik oder im Schreibsaal nach der Anzahl der Handgriffe pro Minute und den Anschlägen auf der Schreibmaschine bezahlt wurden. Der „Hamster im Laufrad" wurde für seine *individuelle Drehzahl* belohnt. Die Mohrrübe wurde ihm als Prämie vor die Nase gehalten, und der Beste durfte aus- und aufsteigen. Er wurde Vorgesetzter und saß dann vor. Er brauchte nicht mehr zu rennen.

Wen wundert es, daß bei diesem Konkurrenzsystem üblich war, den Kollegen etwas Sand ins Getriebe zu streuen. Der andere durfte keinen Erfolg haben. Lieber wurde der Kunde verärgert oder der Auftrag verloren. Die Nachteile des Systems zeigen sich besonders dann recht deutlich, wenn im Team gearbeitet wird, wenn die enge Arbeitszerlegung aufgehoben werden muß, um komplexe Produkte bzw. Dienstleistung zu erbringen, und wenn wir in den Betrieben von Mitarbeitern nicht nur die Hand, sondern auch den Kopf nutzen wollen. Dann ist Leistung nicht mehr einfach „Drehzahl", sondern Beitrag zum Teamerfolg.

Die neuen Leistungsträger müssen abgeben können, andere ins Spiel bringen, Vorlagen geben, andere anfeuern, Mut machen und Orientierung geben. Nicht Sprinter sind gefragt, sondern Spielmacher. Kooperations- und Kommunikationsfähigkeit, Erfahrung, soziale Kompetenz und menschliche Größe werden zur den Erfolgsfaktoren von Persönlichkeiten, die für das Unternehmen und die Kunden wertvoll sind. Hier versagen alle traditionellen, tayloristischen Tarif- und Belohnungssysteme. Sie sind überholt. Es gilt, die *ganze* Persönlichkeit zu bewerten und zu honorieren, mit ihrer Persönlichkeits-, Sozial-, Methoden- und Fachkompetenz. Wir müssen Belohnungssysteme einführen, die die kollegiale Zusammenarbeit fördern und den Teamerfolg honorieren. Nur so läßt sich die Produktivität der Unternehmen steigern. Die kontraproduktive Wirkung der sogenannten Leistungshonorierung einzelner zeigt folgendes Beispiel: Ein Stürmer auf dem Fußballfeld, der eigentlich den vor dem Tor völlig freistehenden Clubkameraden anspielen müßte, wird den Torschuß immer dann selbst versuchen, wenn er nach den von ihm geschossenen Toren bezahlt wird. *Bezahlungs-, Belohnungs- und Karrieresysteme können Kooperation oder Konkurrenz fördern. Traditionell tun sie das letztere.*

7. Die Kraft der Kreativität: Was die Betriebswirtschaftslehre von der Natur lernen kann

> „In der Natur ist nichts gerade, aber alles gerade richtig.
> In der Natur ist nichts starr, aber alles stabil.
> In der Natur ist nichts gleich, aber alles im Gleichgewicht."
> Jürgen Fuchs

Von Descartes zu Taylor

Taylor schrieb 1911 „Die Grundsätze wissenschaftlicher Betriebsführung". Als wissenschaftlich galten damals die Vorstellungen von Newton, Leibniz und Descartes. Alles war berechenbar und planbar. Was nicht mathematisch in Formeln faßbar war, galt auch nicht als wissenschaftlich. Es war die Zeit vor der Relativitätstheorie von Einstein, vor dem Dualismus von Welle und Korpuskel, vor der Quantenmechanik von Planck, vor der Kybernetik und auch vor den Apfelmännchen von Mandelbrot, der dynamische Systeme beschrieb und Ordnung im Chaos fand. Damals galt das Universum als berechenbares Uhrwerk und die Natur als formelhafter Automat.

René Descartes (1596 – 1650) hat unser naturwissenschaftliches Denken stark geprägt. Ausgehend von religiösen Grundthemen versuchte er, der Philosophie ein exaktes Methodenfundament zu geben. Dazu bediente er sich in erster Linie der Mathematik. Gemeinsam mit den Gedanken Newtons werden seine Ideen auch als philosophische Grundlage der modernen Naturwissenschaft angesehen.

Die Denkmethode von Descartes war analytisch. Sie bestand in einer gedanklichen Zergliederung von Problemen in Teilstücke, die in ihrer logischen Ordnung aufgereiht wurde. Hinter diesem analytischen Ansatz steht der Gedanke, alle Aspekte komplexer Sachverhalte könnten verstanden werden, wenn man sie nur in ihre Bestandteile zerlegt und einzeln löst.

Ein weiteres Element des kartesianischen Denkens war die Trennung von Körper und Geist. Diese Trennung hat das abendländische Denken stark beeinflußt. Geistige Arbeit hat dabei einen höheren Stellenwert als körperliche Tätigkeit. Auch die Trennung in Geistes- und Naturwissenschaften nahm hier ihren Ausgangspunkt. Descartes ging davon aus, daß Tiere, Menschen, ja sogar die gesamte Natur als Maschinen beschreibbar sind. Das von ihm geprägte philosophische Weltbild ist daher streng mechanistisch.

Als allgemeines Modell haben die kartesianischen Gedanken die Entwicklung der Wissenschaften stark beeinflußt. Alles galt als grundsätzlich beherrschbar, wenn das komplexe Ganze in seine Teile zerlegt und einzeln analysiert wird.

Der Taylorismus und mit ihm die moderne Produktions- und Firmenorganisation basiert auf diesen Grundlagen. Ähnlich wie bei den Naturwissenschaften wurden in der Industrie Unternehmensbereiche unter fachlichen Gesichtspunkten eingeteilt, z. B. Konstruktion oder Produktion. Jeder löst und managt sein eigenes Problem, d. h. alle Disziplinen sind stark untergliedert. An seine Grenze stößt das Modell dort, wo ganzheitliches Denken gefordert wird. Hier führen analytische Ansätze häufig nicht weiter. Vernetztes Denken, das verschiedene Sachverhalte integriert, würde eher zu einer Lösung führen.

Wir erleben *heute* die gleichen Probleme am eigenen Leib: in der Medizin. René Descartes hatte auch Pate gestanden bei der Beschränkung des Menschen auf die Maschine „Körper", bei der „wissenschaftlichen" Erklärung aller Lebensvorgänge nach dem Kausalprinzip und bei der Ausblendung von Emotionen, Psyche, Un- und Unterbewußtem. Die sogenannte Schulmedizin teilt sich ab wie die Abteilungen eines Konzerns. Die „Spezialisten" drehen an den Schrauben, für die sie im Uhrwerk Patient „zuständig" sind, ohne die Zusammenhänge (wie alles zusammenhängt) zu kennen, erkennen oder zu empfinden. *Der Mensch ist Objekt:* beim „Gott in Weiß" und auch beim „Adel in Dunkelblau". Der Erfolg der asiatischen Medizin, die auf die Selbstheilungskräfte setzt und aktiviert statt amputiert, die mit Blick und Gespür für das Ganze arbeitet, kann vielleicht auch uns anregen.

Übertragen auf „Führung" ist hier gefordert, Probleme umfassender zu betrachten, Lösungen nicht in einzelnen Abteilungen erarbeiten zu lassen und verschiedene Perspektiven gleichzeitig zu berücksichtigen. Die dabei entstehende Komplexität stellt übermenschliche Anforderungen an die Führungskraft, wenn sie sich als Herrscher versteht, der alles im Griff haben will, wenn sie nicht die „innere Intelligenz" des Systems Unternehmen, Team oder Mitarbeiter nutzen will und die Selbstheilungskräfte nicht kennt.

Descartes hat unser heutiges Denken und Handeln stark geprägt. Die wirtschaftliche und technische Entwicklung nahm hier ihren Ausgangspunkt. Daher fällt es heute in vielen gesellschaftlichen Bereichen schwer, ein Denken in klaren „Wenn-dann"-Beziehungen aufzugeben. Vielfach behindert das mechanistische Denken dabei eine Lösung von Problemen unter einer ganzheitlichen Perspektive.

Wir stehen heute in einer ähnliches Situation wie die Physik um die Jahrhundertwende, als die Newtonsche Mechanik mit ihrer exakten Berechenbarkeit und zuverlässigen Vorhersagen versagte. Es wird Zeit, das Buch „Die Grundsätze wissenschaftlicher Betriebsführung" neu zu schreiben, allerdings unter Berücksichtigung wissenschaftlicher Erkenntnisse des 20. Jahrhunderts, d. h. der Psychologie, Kybernetik, Soziologie, Relativitätstheorie, Quantenmechanik, Biologie und Chaosforschung. Diese Wissenschaften zeigen uns die Grenzen und die Begrenztheit des mechanistischen Weltbildes. Auf der anderen Seite können wir mit ihnen die inneren Gesetze bei komplexen, dynamischen und nicht vorhersagbaren Systemen verstehen, z. B. Wetter, Börse, Hirn,

Märkte, aber auch sozialen Systemen wie Teams, Sportmannschaften oder ganzen Unternehmen.

Die modernen Wissenschaften weisen uns nach, daß man solche Systeme in ihrem Verhalten nur beschreiben, aber prinzipiell *nicht* vorhersagen oder planen kann. Sie zeigen uns, wie man *Stabilität im Wandel und Ordnung im Chaos* erkennen kann. Dazu müssen wir aber, wie damals die Physiker, Abschied nehmen von dem liebgewordenen Bild einer Welt als exaktem Uhrwerk, wie es von Leibniz gezeichnet worden war. Mit dem Aufstieg der Betriebswissenschaft begann der Abstieg des Menschen. Jetzt brauchen wir wieder die *Renaissance der Persönlichkeit*.

Chaos als Ordnungsprinzip

Chaos und Ordnung

Gibt es im Chaos eine Ordnung? Führt zuviel Ordnung ins Chaos, zum Beispiel beim Gleichschritt einer Truppe auf einer Brücke? Was hat Chaosforschung eigentlich mit Wirtschaft und Management zu tun? Gibt es eine Beziehung zwischen dem berühmten Apfelmännchen von Benoît Mandelbrot und dem Verhalten von Menschen in sozialen Gruppen wie Teams, Unternehmen oder Staaten? Kümmert sich die Chaosforschung eigentlich nur um die Simulation des Wetters, das bekanntlicherweise schwer vorhersehbar ist? Bei der Beantwortung dieser Fragen ergeben sich erstaunliche Erkenntnisse über die Natur, die Wirtschaft und uns selbst. Denn die Chaosforschung beschäftigt sich mit chaotischen Systemen, mit natürlichen Systemen in ihrer ganzen Komplexität, mit dynamischen Systemen, die man nicht planen kann.

Die stürmische Entwicklung der Chaosforschung in den letzten Jahren zeigt, daß ein latenter Bedarf vorhanden ist. Man sucht Unterstützung beim Umgang mit komplexen, dynamischen Systemen und Problemen. Überall kommt man heute an die Grenzen der Beherrschbarkeit im klassischen Sinne. Ökonomen, Ökologen, Naturwissenschaftler, Mediziner und Soziologen, sie alle spüren, daß sie die natürliche und soziale Realität mit den klassischen Wissenschaften und deren auf Regeln basierenden Ordnungsvorstellungen nicht mehr erklären und in den Griff bekommen können.

Wir erkennen auch, daß sich heute immer mehr Katastrophen ereignen, durch geordnetes und angeordnetes, gleichartiges und gleichgeschaltetes Verhalten, sozusagen *Resonanzkatastrophen*: ein Börsenkrach durch gleiche Computerprogramme, der wirtschaftliche und ökologische Zusammenbruch der zentralen Planwirtschaft in Osteuropa, das Ozonloch durch weltweite Verwendung *eines* Treibgases, des FCKW. Auch der wirtschaftliche und soziale Niedergang der USA hat seine Ursachen im gleichartigen, kurzatmigen Managen auf Quartalsergebnisse und in perfektionierten, tayloristischen Strukturen der USA-Konzerne – aber auch der europäischen Dinosaurier, die alle nach dem gleichen Muster gebaut waren. Der Einbruch der amerikanischen Automobilindustrie und die Suche nach „Lean Management" hat uns die Probleme überdeutlich gemacht.

Die Gefahren durch zuviel Ordnung, zuviel Anordnung und zuwenig Freiheit werden überall sichtbar. Wissenschaftler, Politiker und Manager spüren ihre Ohnmacht gegenüber der wachsenden *Komplexität, Dynamik* und gegenüber globalen *Zusammenhängen*. Sie sind oft hilflos und verstehen die Welt nicht mehr. Kein Wunder, denn in der mechanistischen Weltsicht von Newton und Descartes, aber auch in der klassischen Betriebs- und Volkswirtschaftslehre waren die *Ausnahmen zur Norm erklärt* und diese Ideale mathematisch beschrieben worden. Für Chaos war kein Platz. Es wurde ausgegrenzt. Doch Chaos ist überall! Der Begriff „Chaos" kommt aus dem Griechischen und bedeutet wörtlich übersetzt: strukturlose Urmasse. Alle Schöpfungsgeschichten beginnen mit dem Chaos, dem Urknall oder der Ursuppe, aus der die Welt, die Sonne, die Planeten und das Leben entstehen.

Chaos ist nicht zu verwechseln mit Anarchie und Gesetzlosigkeit! Unter Chaos bzw. chaotischen Systemen versteht man komplexe Systeme, nicht komplizierte Uhrwerke, aus der unsere Realität besteht. Sie unterliegen den festen Gesetzen der Natur bzw. des Marktes. Aber ihr Verhalten ist nicht exakt gesteuert oder vorhersagbar. Die Chaosforschung beschäftigt sich mit der Natur und sozialen Systemen, so wie sie wirklich sind: komplex, unregelmäßig, vielgestaltig, unvorhersagbar, spontan, lernfähig, kreativ und lebendig – im wahrsten Sinne des Wortes *natürlich*. Die Chaosforscher leiten möglicherweise eine dritte wissenschaftliche Revolution ein, nach der Quantenmechanik und der Relativitätstheorie, die ja die Grenzen des mechanistischen Weltbildes im Mikro- bzw. Makrokosmos aufgezeigt haben. Sie weisen heute auf die Grenzen der klassischen Wissenschaften bei der Beschreibung und Erklärung der natürlichen und sozialen Realität hin.

Die ersten Ergebnisse der Chaosforschung zeigen, daß *alle* dynamischen, komplexen Systeme Strukturmuster haben, die folgenden Prinzipien gehorchen:

1. Prinzip: Selbstähnlichkeit

Im Großen und im Kleinen findet sich dasselbe Grundmuster wieder: das „Dreieck" bei der Schneeflocke, das „y" beim Baum (Blattadern, Äste, Wurzeln), die kugelförmige „Membran" im Organismus (Zelle, Organ, Organismus, Gruppe).

2. Prinzip: Alles im Verbund (Mit-Teilen statt Ab-Teilen)

Alles wirkt auf alles. Dabei gelingt die Selbststeuerung durch Feedback ohne zentrale Steuerungsinstanz. Durch Kommunikation und Austausch von Informationen entstehen Wechselwirkungen, die im Laufe der Zeit von innen heraus Organisationsstrukturen bilden, die immer situationsgerecht verändert werden.

3. Prinzip: Evolution in Richtung wachsender Komplexität

Alle dynamischen Systeme befinden sich nicht im statischen, sondern im dynamischen Gleichgewicht. Sie verändern sich zu größerer Komplexität. Es sind „offene Systeme", d. h., sie unterliegen nicht dem zweiten Hauptsatz der Thermodynamik, weil sie dauernd Energie zugeführt bekommen. Als geschlossene Systeme würden sie sich in Richtung größter Gleichverteilung bewegen, in den Erstarrungstod.

Was bringt die Chaosforschung dem Management?

Die Chaosforschung gibt dem Management keine Patentrezepte. Sie liefert keine Rezeptbücher und keine Verfahrensanweisungen. Sie zeigt uns allerdings die Grenzen unseres Erklärungs- und Steuerungswahns, der seine Wurzeln hat in der mechanistischen Physik und den daraus abgeleiteten Wissenschaften, zum Beispiel Betriebs- und Volkswirtschaft. Und sie führt uns die Grenzen des mechanistischen Weltbildes vor Augen.

Sie reduziert nicht wie die klassischen Wissenschaften die Untersuchungsobjekte – zum Beispiel den Fall eines Steins, das Wetter, den Markt oder soziale Systeme, Gruppen, Unternehmen und Staaten – auf Idealfälle, die in der Wirklichkeit nie vorkommen. Sie klammert nicht alle Störfaktoren aus, wie wir es seit Newton in der Wissenschaft gewohnt sind, die nur Idealfälle und Ausnahmesituationen beschreibt und erklärt. Die Formel des Fallgesetzes beispielsweise gilt nur in der Sondersituation des völligen Vakuums, d. h., auf der Erde gilt nie das, was wir in der Schule gelernt haben. Die Chaosforschung dagegen akzeptiert Störfaktoren als normal, als natürlich und betrachtet das Geschehen in seiner gesamten Komplexität. Dadurch bewirkt sie bei uns ein Erkennen und bewußtes Anerkennen der Natur und der Menschen mit ihrer Kreativität, ihrer Unvorhersagbarkeit und ihren komplexen Zusammenhängen. Sie zeigt uns die Grenzen der Steuerbarkeit, der Beeinflußbarkeit, der Managebarkeit und der Vorhersehbarkeit komplexer Systeme wie Wetter, Börse und Unternehmen.

Sie fördert eine *neue Bescheidenheit* vor dynamischen Systemen und weckt Ehrfurcht und Hochachtung vor der Selbststeuerung, Selbstregulierung und Selbstorganisation, wie wir sie in der Natur, bei lebenden Organismen, aber auch in lebendigen Organisationen finden.

Auf der Suche nach Kreativität

Der Begriff *Kreativität* ist in unserem Sprachgebrauch relativ neu. Im Brockhaus von 1953 finden wir ihn noch nicht. 1970 schreibt er:„schöpferische Kraft, schöpferischer Einfall, z. B. in Wirtschaft und Werbung". Dabei wird übersehen, daß die größte schöpferische Kraft in der Natur zu finden ist, insbesondere im Menschen als Teil der Natur. „Kreativität ist die Fähigkeit zur Evolution", sagt Gerd Binnig, Nobelpreisträger 1986 für Physik.

Beobachten wir, wie in der Natur Neues geschaffen wird, so erkennen wir drei Schritte:

1. Veränderung des Bestehenden (Mutation).
2. Schaffung einer eigenen Identität durch Distanz (Isolation).
3. Verprobung durch Wechselwirkung mit der Umwelt (Kommunikation).

Wenn die Natur inklusive dem Menschen etwas Neues hervorbringen will, müssen sie und er ausprobieren, ein Experiment wagen. Dies geschieht durch Variation eines Themas, eines Produktes, einer Struktur oder einer Chromosomenkette.

Das Neue hat das „Bedürfnis nach Distanz", nach *eigener Identität*. Auch neue Ideen müssen sich abgrenzen, sonst werden sie von den anderen Ideen „aufgefressen". Pinchot empfiehlt allen Kreativen, möglichst lange im Untergrund zu arbeiten, damit das Immunsystem des Konzerns sie nicht zerstört (Intrapreneuring, 1988).

In der Natur grenzen sich alle Identitäten ab: Zellen, Organe und Organismen durch Membrane; Elektronen, Atome, Moleküle durch Kraftfelder; Menschen durch Verhalten, Werte oder Rituale.

Solche „Wirkungseinheiten" definieren sich durch ihre Identität, aber gleichzeitig durch ihre Wechselwirkung mit der Umwelt. Keiner ist eine Insel! Menschen kommunizieren durch Sinnesorgane, Körpersprache und vieles mehr. Zellen „sprechen" miteinander durch Osmose, Nerven und Hormone, nicht über Hierarchieebenen, sondern über Netze. Selbst die sogenannte tote Materie kommuniziert miteinander – durch Gravitation, Ladung, Magnetismus und Temperatur.

Mit dieser Wechselwirkung wird entschieden, ob das Experiment überlebt oder nicht. Kreativität kann man nicht planen, man muß Neues proben, ausprobieren. Aber zuerst muß man es wagen. Man muß es tun, sonst geschieht nichts Neues. Kreativität ist das Spiel mit Neuem. Kreativität ist die Fähigkeit zur Evolution, zur Ent-Wicklung, zur Ent-Deckung, zum Ent-Puppen und zum Ent-Falten der Menschen. Nur so kann aus der Raupe ein Schmetterling werden.

Reduzieren der Komplexität des Ganzen durch Komplexitätserhöhung vor Ort

Heute, wo wir spüren, daß wir mit der tayloristischen Arbeitszerlegung am Ende sind, wo uns die Asiaten zeigen, daß wirtschaftlicher Erfolg durch mehr Verantwortung an der Basis, durch flachere Strukturen und mehr Kommunikation erreichbar ist, könnte die Chaosforschung ein neues Denken, einen neuen Weg aufzeigen. In einer Zeit, in der ostasiatisches Kulturgut in Philosophie und Medizin Akzeptanz findet, in der ganzheitliches Denken und Handeln gefordert ist, wird aber gerade dies noch durch zerlegende Strukturen in Unternehmen behindert. In einer Zeit, in der wir spüren, daß wir Dynamik und Komplexität nicht durch noch mehr Zerlegung, noch mehr Kontrolle, noch mehr Richtlinien, Anordnungen und Bürokratie in den Griff bekommen können, sind wir auf der Suche nach neuen Wegen. Wo könnte ein solcher Ausweg liegen? Ich glaube, nur indem wir anerkennen, daß die physikalische, wirtschaftliche und soziale Realität komplex ist; daß Ordnung und Chaos kein Gegensatzpaar sind, sondern daß Ordnung nur das *halbe* Leben ist; daß wir die Zukunft nicht exakt planen und vorhersagen können, wie uns das Wetter, der Markt und die Börse täglich zeigen, daß man Komplexität nur reduzieren kann, indem man die Komplexität erhöht: am Ort des Geschehens.

Die Komplexität eines Unternehmens läßt sich dadurch reduzieren, daß man die Nach-17.00-Uhr-Fähigkeiten der Menschen schon vor 17.00 Uhr nutzt, durch selbstorganisierende Teams und Leistungszentren ohne starre Stellen; indem man nicht die Tätigkeiten der Menschen festlegt, sondern den Output des Teams. Erkennen wir doch an, daß das Universum kein Uhrwerk, das Unternehmen keine Maschine und der Mensch kein Automat ist und auch kein Rädchen im Getriebe, sondern daß die Mitarbeiter Geschöpfe aus Fleisch und Blut sind, mit Herz *und* Verstand, mit Ratio *und* Emotion, mit linker *und* rechter Gehirnhälfte. Unsere Gefühlswelt und die ganzheitliche Sicht der Dinge spielt sich in der rechten Gehirnhälfte ab. Die linke Gehirnhälfte versteht keinen Spaß, nur Fakten. Vielleicht darf Arbeit keinen Spaß machen, weil wir vor 17.00 Uhr nur die linke Gehirnhälfte benutzen (dürfen).

Wir werdend wohl Abschied nehmen müssen von der Vorstellung, daß Unternehmen Apparate sind, die nach festen Regeln Produkte entwickeln, produzieren und verkaufen, die Ressourcen verbrauchen in Form von Energie, Material und Menschen, die durch die Finanzgeber und seine Manager zentral gelenkt, gesteuert und kommandiert werden – nach exakten Vorschriften und gemäß exakter Pläne.

Das Fußballspiel – ein geordnetes Chaos

Ein Fußballspiel ist ein Beispiel für die Koexistenz von Freiheit und Ordnung. Das Spielfeld und die Spielregeln sind die determinierenden Größen. Die Teamkollegen und die gegnerische Mannschaft erzeugen ein so komplexes System, daß selbst bei genauer Kenntnis aller Spieler ein exakter Verlauf nicht vorherbestimmbar und das Ergebnis nicht vorhersehbar ist. Von einem Fußballspiel können wir viel für die Unternehmensführung lernen. Die grobe Richtung ist allen klar. Es geht nach vorne. Rückgaben sind manchmal taktisch richtig. Dauerndes Rückspiel wird vom Publikum allerdings mit Pfiffen bedacht und führt schnell zu Eigentoren. Es raubt auch den Schwung aus dem Spiel und gibt den Spielern die falsche Orientierung. Zuviel Zögern und Zaudern nimmt die Dynamik und hemmt den Spielfluß. Hier muß schnell entschieden werden. Besser ungefähr richtig, als exakt, aber zu spät und deshalb falsch. Das Feedback aus seinem Verhalten bekommt man sehr schnell und direkt. Jeder Spielzug ist ein neues Experiment, aber daraus kann man lernen, zumal man für sein eigenes Tun und Handeln die volle Verantwortung trägt.

Hier zeigt das Fußballspiel ein typisches Verhalten chaotischer Systeme. Denn Situationen wiederholen sich hier niemals exakt, anders als im physikalischen Experiment. Ähnliche Ursachen führen nicht zu ähnlichen Ergebnissen. Sie können sogar völlig andere Wirkungen haben. Die Zukunft ist nicht genau berechenbar. Es gibt keinen schnelleren Weg, die Auswirkungen von Handlungen zu erkennen, als sie selbst zu erleben.

Die Führungskraft darf nicht mehr mitspielen, sie steht am Rand des Spielfeldes. Sie kann nicht jeden Spielzug anweisen. Sie hat das Spiel nicht im Griff. Sie kann nicht befehlen, jetzt ein Tor zu schließen. Wenn das Spiel läuft, ist sie macht- und hilflos. Sie läßt den Spielern Spielräume, Räume zum Spielen – und Handlungsspielräume, Räume zum Handeln. Sie kann aber die richtigen Mitarbeiter einstellen und die Mannschaft richtig einstellen. Sie ist dafür verantwortlich, daß sich die Spieler entwickeln. Sie trainiert, sie fördert und fordert. Nur wer fordert, kann auch wirklich fördern! Dann werden die Spieler auch gut und bringen ihr Bestes – für den Kunden, den Zuschauer. Beim Fußballspiel gibt es keine Zuständigkeiten, nur Verantwortlichkeiten. Der Torwart ist für das Tor verantwortlich, aber nicht zuständig. Der Mittelstürmer darf den Ball aus dem eigenen Tor schlagen, obwohl er dafür nicht zuständig ist. Machen Sie das einmal in Ihrem Unternehmen. Lösen Sie mal ein Kundenproblem, obwohl Sie dafür nicht zuständig sind, sich aber verantwortlich fühlen!

Leider haben sich die Vorteile von Teamarbeit noch nicht in allen Unternehmen herumgesprochen. Leider möchten viele Manager noch alles im Griff haben – wie beim Tischfußball. Alle Spieler haben ihre festen Positionen, an denen sie sozusagen festgeschraubt sind, gemäß Organigramm. Die Vorgesetzten drehen an der Stange, und die Mitarbeiter warten darauf, bewegt oder motiviert zu werden.

Können wir uns soviel „gebremsten Schaum", soviel vergeudete Energie und geblockte Kreativität noch leisten, soviel untertäniges Verhalten statt aktiven Gestaltens? Müssen wir nicht die Mitarbeiter sozusagen von der Stange abschrauben und sie Rasenfußball spielen lassen? Brauchen wir nicht selbständige Akteure in einem Fußballspiel, als Mitglieder eines Fußballteams, die für ihre einzelnen Schritte und Aktionen selbst verantwortlich sind, die innerhalb gegebener Spielregeln Kreativität und Initiative entwickeln wollen und auch dürfen, die sich aber auch nicht mehr hinter Vorschriften verstecken? Nur so können wir auch im Markt erfolgreich sein: wenn *alle* Mitarbeiter etwas unternehmen, statt zu unterlassen, wenn Mit-Arbeiter zu Mit-Unternehmern werden.

Die unsichtbare Organisation

Wir wissen alle um die Existenz der informellen Netze und der „kleinen Dienstwege". Wir spüren schon an der Eingangspforte das Klima: wie man miteinander umgeht, wie man über- und miteinander spricht, ob die Menschen lachen, ob und wie sie etwas unternehmen.

Ich wage die provokative Behauptung, daß unsere Organisationen nicht *wegen,* sondern *trotz* ihrer starren Strukturen bis jetzt wirtschaftlich überlebt haben. Weil neben den formalen, langsamen Kommunikationswegen informelle Beziehungsgeflechte existieren, weil es immer Menschen gab und gibt, die zwar nicht zuständig sind, aber sich verantwortlich fühlen. Weil einige „tragende Säulen" erst einmal das akute Problem lösen. Entschuldigen können sie sich später immer noch. Wie effektiv und effizient könnten die Konzerne sein, wenn sie diese Ausnahme zur Regel machten, wenn sie statt Informationsbarrieren schnelle unbürokratische Informationsnetze aufbauten, wenn sie zwischen den Menschen nicht Konkurrenz, sondern ein offenes Kommunikationsklima entwickelten, und wenn sie nicht nur auf die fachliche, sondern mehr auf die Kommunikationskompetenz ihrer Menschen achten würden! Wenn in den Unternehmen die Menschen nicht durch Bürokratie, Plan- und Kommandowirtschaft entmündigt und durch die internen Machtkämpfe vom eigentlichen Zweck ihrer Tätigkeit entfremdet würden – ihren Kunden!

Geben wir den Unternehmen als sozialen Organismen doch *eine intelligente Struktur, die die unsichtbare Organisation unterstützt, statt sie zu behindern.* Die Vorteile solcher intelligenten Organisationen werden durch ein kleines Beispiel deutlich: Auf dem neu angelegten Campus einer amerikanischen Universität gab es viel Ärger, obwohl man zur Gestaltung der gesamten Anlage einen berühmten Architekten hinzugezogen hatte. Die Studenten ließen sich durch die schön gepflasterten Wege nur wenig beeindrucken, sondern liefen quer über den Rasen, zertrampelten Blumenbeete und durchbrachen kunstvoll errichtete Hecken. Trotz Verboten und Strafen war die Universitätsleitung nicht in der Lage, diese Unsitten einzudämmen. Während eines Winters kam der Rektor auf die geniale Idee, eine Luftaufnahme von den Trampelpfaden im Schnee zu machen. Im nächsten Frühjahr wurde der gesamte Campus umgestaltet und den natürlichen Kommunikationswegen angepaßt. Intelligente Organisationen können Konfliktstoffe vermeiden, Menschen zueinanderbringen und die Effizienz der Betriebe erhöhen. Intelligente Menschen brauchen intelligente Organisationen.

Beschreiben wir doch das Unternehmen, wie es wirklich läuft. Unterstützen wir die unsichtbare Organisation durch passende Strukturmodelle. Vielleicht unterstützen wir dann besser die Geschäftsprozesse (siehe Kapitel 8).

Benutzen wir für die Beschreibung sozialer, lebender Systeme natürliche Symbole, z. B. den Kreis und nicht Linien und Rechtecke. Der Kreis ist Symbol des Lebens und des Lebendigen – Atom, Erdkugel, Tropfen, Zelle, Zellkern und der Mensch bei Leonardo da Vinci. Der Kreis signalisiert Bewegung. Schließlich fahren die Autos auch nicht mit quadratischen Reifen. Trotzdem werden Unternehmen immer noch mit Kästchen und Linien dargestellt. Der Kreis stellt die optimale Oberfläche eines Gebildes dar. Warum benutzen wir das Symbol nicht für unsere Unternehmen, Profit-Center, Business-Units und Leistungszentren, um die Kunden- und Kommunikationsoberfläche hervorzuheben, nicht die Schnittstellen und Abteilungsgrenzen.

Das Ende der mechanischen Logik: Management von Komplexität, Dynamik und Wandel

Glücklicherweise beginnen wir zu erkennen, daß das mechanistische Bild eines Unternehmens überholt ist. Zum einen ist das Unternehmen als Uhrwerk und der Mensch als Rädchen im Getriebe zu teuer geworden, weil wir die Fähigkeiten der Menschen nicht genügend nutzen – und weil wir uns aufwendige Overheads leisten mußten, um die vielen Schnittstellen zu managen. Zum anderen konnte die Unternehmensmaschinerie nicht schnell genug auf die Anforderungen der Kunden reagieren. Wir stehen am Ende des mechanistischen Weltbildes von Unternehmen.

Die Betriebswirtschaftslehre ist jetzt in der gleichen Situation wie die Physik um die Jahrhundertwende, als das mechanistische Weltbild der Natur zusammenbrach. Das Verhalten von Licht, Elektronen und Atomen war nicht mehr exakt vorherzusagen. Das Naturmodell von Leibniz, Descartes und Newton mit der linearen Kausalkette der aristotelischen Logik (gleiche Ursachen haben die gleiche Wirkung) wurde widerlegt und führte zur Verzweiflung der Physiker: „Gott würfelt nicht!" Die Betriebswirtschaftslehre ist aber heute noch auf dem Stand der Physik *vor* Einstein, Planck und Heisenberg. Sie möchte nicht wahrhaben, daß der Kunde *doch* würfelt, daß er *emotional* entscheidet. Sie möchte auch unterdrücken, daß die Mitarbeiter Ratio *und* Emotio besitzen.

Max Planck hat uns gelehrt, daß man die Natur mit verschiedenen Modellen beschreiben kann: Welle und Korpuskel. Bewegungsphänomene von Licht und Materie lassen sich mit dem Wellenbild sehr gut beschreiben. Für die Phänomene der Wechselwirkung eignet sich das Korpuskelbild. Wenn sich Elektronen ausbreiten, können sie wie Wellen „um die Ecke" fliegen. Wenn Licht auf Materie trifft, wirkt es wie eine kleine Gewehrkugel.

Das Geschehen in einem Unternehmen läßt sich auch mit zwei Modellen beschreiben:

— Wo *stetige* Prozesse und Arbeiten dominieren, bewährt sich die Linienorganisation, allerdings mit selbstorganisierenden Teams und wenig Hierarchieebenen.
— Bei *diskontinuierlichen* Prozessen, z. B. bei der Entwicklung neuer Produkte oder der Einführung neuer Informatiksysteme, ist die Projektorganisation wirkungsvoller.

In der gleichberechtigten Koexistenz beider Modelle liegt der Erfolg lernender, vitaler Unternehmen. Leider dominiert heute die Linienorganisation. Dem Dualismus von Welle und Korpuskel in der Physik entspricht der Dualismus von Projekt- und Linienorganisation im Unternehmen, aber *beide* mit Teamstrukturen als Basis.

Heute zeigt sich immer mehr der Erfolg von Teamstrukturen und Gruppenarbeit. Der Begriff der fest definierten Stelle am Fließband, an der ein Mensch eindeutig durch seine Handgriffe definiert war, erweist sich bei komplexen Aufgaben und qualifizierten Menschen als kontraproduktiv. Hier bietet sich auch ein Vergleich mit der Physik an. Heisenberg wies in seiner Unschärferelation nach, daß man z. B. von einem Elektron *entweder* seinen Ort *oder* seinen Impuls (Geschwindigkeit und Richtung) exakt bestimmen kann. Wenn man nämlich ein Elektron zur Feststellung seines Ortes beobachten will, muß es zunächst von einem Lichtkorpuskel getroffen werden. Das verändert aber den Impuls des Elektrons. Daher gilt: je exakter man den Ort feststellen will, desto mehr verändert man den Impuls.

Ähnlich verhält es sich mit der Leistung eines Menschen in einer Arbeitsstelle. Je exakter wir die Arbeitsstelle bzw. die Aufgabe eines Mitarbeiters festlegen und beobachten, um so mehr stören wir ihn bei seiner Leistung. Je mehr geregelt, kontrolliert und eingegriffen wird, um so geringer ist die Leistung, insbesondere, wenn es um Kreativitätsleistung und um die Lösung komplexer Probleme geht.

Zur Optimierung und Steuerung eines komplexen Zusammenwirkens qualifizierter Menschen in Richtung auf ein Unternehmensziel oder eine gestellte Aufgabe greifen die mechanistischen Betriebswirtschaftsmodelle nicht mehr, oder sie reduzieren die Leistung drastisch. Um selbstorganisierende Teams auf ein Ziel zu orientieren, braucht man eine „Unternehmensverfassung", wie sie in Kapitel 8 dargestellt wird. Spielregeln, Rahmenbedingungen und ein Verhaltenskodex wirken wie Leitplanken in einem dynamischen Unternehmen.

Solche Umbruchzeiten machen unsicher und verbreiten Angst – bis ein oder mehrere Modelle gefunden sind, mit denen man wieder gelernt hat, umzugehen. Vielleicht läßt sich mit dem Modell des Unternehmens als sozialer Organismus, der zur bewußten Metamorphose fähig ist, das Geschehen in einem Unternehmen angemessener beschreiben. Vielleicht lassen sich Analogien aufzeigen, die uns Mut machen und Orientierung geben. Vielleicht sprechen wir in Zukunft mehr von Verbindungsstellen als von Schnittstellen, mehr von Verknüpfung als von Abteilung und mehr von verantwortlich als von zuständig. Vielleicht läßt sich das Zitat von Taylor dann neu formulieren: „Bisher stand die Organisation und das System an erster Stelle. In Zukunft wird die Persönlichkeit an die erste Stelle treten."

8. Organisationsmodelle für vitale Unternehmen

„Die wichtigste Aufgabe ist, die statische Konstruktion der Abteilungen zu ersetzen
durch ein dynamisches Gleichgewicht wechselseitiger Beziehungen."
Jürgen Fuchs

Das „Koexistenzmodell" für Stabilität und Wandel

Wie führt man in komplexen Systemen? Wie fördert man Kreativität in der Ordnung? Wie hält man Dynamik und Spontaneität auf Kurs? Die klassischen Organisationsmodelle des industriellen Zeitalters sind und waren geprägt durch statische Strukturen wie Fließbänder und Stab/Linie- oder Matrixorganisation. Sie hatten die Aufgabe, Sicherheit in die Geschäftsabwicklung zu bringen. Dabei hatte man ungelernte oder angelernte Menschen im Auge, die straff geführt, exakt geplant und häufig kontrolliert werden mußten. Manager und Organisatoren dachten und handelten von oben nach unten und in der „geschobenen Wertekette", bei dem die Konstruktion und der Einkauf bestimmend waren und der Kunde das letzte Glied der Kette: als Abnehmer des Standard-Produktes. Als ein Ergebnis haben wir heute zu straff geführte, stetige Prozesse und zu lasch geführte Projekte für die Innovation. Linienmanagement wird trainiert, Projektmanagement wird häufig vernachlässigt, besonders im Top-Management.

Die Vorstellungswelt in den Köpfen und Herzen der Manager und Mitarbeiter ist heute noch stark von der frühindustriellen Arbeitswelt beeinflußt. Die Bilder von Fließband, Unternehmensmaschinerie und Uhrwerk haben sich sogar in die Dienstleistungsunternehmen eingeschlichen und prägen das Verhalten der Menschen. Wir alle verhalten uns gemäß unserer inneren Bilder, die wir gelernt und die wir gelebt haben und mit denen wir erfolgreich waren. Schule, Eltern, Nachbarn, Kollegen, Chefs und Freunde sind dabei starke Einflußfaktoren.

Wenn wir unser Verhalten und das der Mitarbeiter ändern wollen oder müssen, brauchen wir zuerst neue Bilder der Unternehmensrealität, die erfolgversprechende Perspektiven aufzeigen. Mit dieser neuen Wahrnehmung (was wir als wahr annehmen) kann sich dann das Verhalten der Menschen ändern.

Von der Natur können wir neue Bilder gewinnen. Wir können von ihr lernen. Sie hat lebendige Organismen entwickelt, in denen die Organe gut zusammenarbeiten, Effektivität und Effizienz keine Fremdworte sind, in denen es keine Schnittstellen gibt, sondern nur Verbindungsstellen, und wo zentral oder dezentral keine Gegensätze sind, sondern eine sinnvolle Ergänzung. Diese Bilder gilt es jetzt auf die Unternehmenswelt zu adaptieren.

Der gegenwärtige Paradigmawechsel vom Anbieter- zum Käufermarkt mit schnellen Innovationszyklen macht eine Umgestaltung der Organisationsstrukturen notwendig:

– von der *„geschobenen"* zur *„gezogenen"* Wertekette,
– von der *statischen* Organisation zur *lernenden* Organisation,
– von *mechanistischen* zu *kybernetischen* Unternehmensmodellen,
– von interner *Plan- und Budgetwirtschaft* zur internen *Marktwirtschaft,*
– vom Denken in *Produkten* zum Denken in *Kundennutzen*.

Schließlich kommen die Aufträge nicht mehr „von oben", vom Chef, sondern „von der Seite" – vom Kunden, entlang der Wertschöpfungskette bzw. des Geschäftsprozesses.

Bei den dynamischen Märkten wird das wirtschaftliche Überleben zum dominanten Ziel. Dazu müssen das Unternehmen, seine Menschen und die Geschäftsprozesse, mit welchen die Menschen verbunden werden, fit, flexibel und auf Kundennutzen ausgerichtet sein. Die Organisationsstruktur darf diese Eigenschaften nicht verhindern, sondern soll die Potentiale der Menschen mobilisieren, unnütze Tätigkeiten minimieren. Sie soll die dauernde Weiterentwicklung der Menschen und der Prozesse fördern: als lernende Organisation. Lernen vom und für den Kunden!

Jeder Mitarbeiter, jeder Kunde, jeder Mensch, jede Kundenbeziehung braucht Stabilität *und* Wandel. Hektisches Umorganisieren führt zu Verunsicherung, zerstört menschliche Netze und Kundenbindungen. Zu viel Statik aber schläfert ein, läßt Menschen in Routine erstarren, lähmt die Reaktionsfähigkeit auf Kundenwünsche und verschüttet menschliche Potentiale.

„Organisationen sind soziale Gebilde, die

– dauerhaft ein Ziel verfolgen,
– eine formale Struktur aufweisen, mit deren Hilfe Aktivitäten der Mitarbeiter auf das verfolgte Ziel ausgerichtet werden sollen" (Kieser/Kubicek 1983).

Welche Organisationsmodelle ermöglichen die Koexistenz von Statik und Wandel? Welche Strukturen erlauben die Koexistenz von stetigen Tätigkeiten und diskontinuierlichen Projekten, von Phasen der kontinuierlichen Anpassung des sozialen Organismus und Phasen der Metamorphose, des Umbruchs? Einen Weg zur lernenden Organisation zeigt das *Koexistenzmodell*, das die stetigen Aufgaben der Leistungserbringung und die Projektaufgaben zur Umgestaltung des Unternehmens voneinander trennt, aber gleichzeitig auch miteinander verbindet. In diesem Buch können nur einige Facetten davon skizziert werden. In konkreten Beratungsprojekten beschäftigt man sich vertiefend damit.

Das Modell erhebt nicht den Anspruch, die komplexe Unternehmensrealität exakt abzubilden. Es erlaubt aber die gesamtheitliche Darstellung des Unternehmens mit seinen Leistungszentren und seinen wesentlichen Leistungsflüssen als *„Leistungslandkarte"*. Es macht den Menschen klarer, wo ihr Leistungsbeitrag für die Kunden ist und zeigt Alternativen zum Begriff „Stelle": Rolle im Team, Aufgabe im Leistungszentrum und

Beitrag zur Leistung für den Kunden. Es legt weniger Wert darauf, zu zeigen, *was die Menschen wie tun*, sondern *was das Ergebnis ist:* der Output, die Leistung, der Kundennutzen. Das Modell beschreibt die Geschäftsprozesse als „Menschenkette", die Hand in Hand arbeitet – sowohl bei kontinuierlichen „Reproduktionsprozessen" (z. B. in Vertrieb und Produktion) als auch bei stärker diskontinuierlichen „Innovationsprozessen" (z. B. in der Produktentwicklung oder der Organisationsentwicklung).

Stetige Prozesse: Autonomie statt Monotonie

> „Jeder Mensch hat das Bedürfnis, von anderen Menschen
> als wichtig betrachtet zu werden und etwas zu tun, was einen Nutzen hat."
> John Schindler

Das Unternehmen erbringt seine Leistung für den Kunden als ein Verbund von Leistungszentren, die sich durch ihre Leistungen für externen und internen Kunden definieren. Dabei geht der Impuls zur Leistungserbringung immer vom Kunden aus (Prinzip der gezogenen Wertekette). Es ist geradezu sündhaft, etwas zu tun, ohne zu wissen, für wen und was es kostet.

Ein Geschäftsprozeß, z. B. die Abwicklung eines Kundenauftrages, wird vom Kunden ausgelöst. Der Kunde ist der wirkliche Arbeitgeber: Er gibt die Arbeit. Der Kundenimpuls bringt eine Menschenkette in Bewegung, die jetzt etwas für den Kunden unternimmt, weil „es beim Kunden brennt", weil er eine Maschine braucht, weil er eine Order (engl.: Befehl) gibt, weil er Geld braucht oder den Versicherungsschutz für sein Auto. Eigentlich sollte es normal und natürlich sein, daß die Menschenkette in dem Geschäftsprozeß „Kundenauftragsabwicklung" Hand in Hand arbeitet, daß die Kette keine unnötigen Schleifen oder Knoten hat und daß ohne Verschwendung von Zeit, Menschen, Material und Geld gearbeitet wird.

Grundsätzlich entsteht Mehrwert in einem Geschäftsprozeß durch vier Kategorien von Tätigkeiten der Menschen:

– Wenn sie *Produkte veredeln*, z. B. aus Stahlblech einen Kotflügel pressen, aus Einzelteilen eine Waage zusammenbauen, aus einem leeren Stück Papier einen Brief machen oder aus einem Formular einen gültigen Versicherungsvertrag.

– Wenn sie *Produkte näher zum Kunden bringen*, z. B. Reifen an das Montageband, Apfelsinen zum Supermarkt oder das Paket an die Haustür.

– Wenn sie *Dienstleistungen am Kunden erbringen*, wenn sie ihm mit Rat und Tat zur Seite stehen, z. B. als Arzt, Lehrer, Finanzberater, Zugbegleiter oder Stewardeß.

– Wenn sie etwas Neues, Innovatives kreieren, z. B. neue Produkte, neue Fertigungsprozesse, neue Dienstleistungen oder neue Abläufe.

Am Beispiel der Feuerwehr lassen sich diese vier Kategorien bildhaft darstellen:

- Der Mann am Fluß *veredelt*, wenn er den leeren Eimer voll macht.
- Die anderen bringen den vollen Eimer *näher zum Kunden.*
- Der letzte löscht das Feuer. Er erbringt die *Dienstleistung direkt am Kunden.*
- Der Erfinder der Feuerwehrpumpe erbrachte eine Innovationsleistung.

Um Werte zu schaffen, brauchen die Menschen noch

- Sachmittel (z. B. Maschinen, Computer oder auch ein Flugzeug),
- Finanzmittel,
- Infrastruktur, d. h. Gebäude, Telefon und Straßen, aber auch eine soziale Infrastruktur, wie Unternehmenskultur, Spielregeln, Rituale oder Organisation.

Der Schlüssel zum Erfolg liegt bei den Managern und Organisatoren, wenn sie sich nicht nur dem Kapitalgeber, sondern auch dem Kunden und dem Mitarbeiter gegenüber verantwortlich fühlen. Sie können die Wertschaffungskette optimal gestalten, um den Kundenwunsch zu erfüllen. Sie können den Menschen im Unternehmen die Möglichkeit zur höheren Wertschaffung und damit zur eigenen Wertsteigerung geben. Sie können dies aber auch verhindern.

Das klassische Organisationsprinzip „divide et impera" hat zwar vielen Managern eine Existenzgrundlage gegeben. Heute aber behindert es den Wertschaffungsprozeß, führt zu Blindleistungen und zur Verschwendung von Zeit, Geld und Menschen. Durch Organisationsanweisung und Stellenbeschreibung werden die Menschen dazu gebracht, ihre Position oder Abteilung wie Erbhöfe zu verteidigen und gemäß ihres Amtes oder ihrer Zuständigkeit zu reden und zu handeln. Eifersüchtiges Bewachen der Schnittstellen, endlose Diskutiermeetings und „Schaukämpfe" sind die Folge. Daraus resultiert eine extrem teure Abwicklung der Geschäftsprozesse – mit vielen Blindleistungen, die der Kunde allerdings immer weniger bereit ist, zu bezahlen.

Diese *Leistungslandkarte* erleichtert den Überblick über das ganze Unternehmen und macht seine Leistungszentren als „Centers of Competence" und die Hauptleistungsprozesse transparent. Sie zeigt den Zusammenhang, d. h., wie die Leistungszentren und die Kunden zusammenhängen. In dieser Leistungserbringungs-Organisation wird das Geld verdient, das in Form von Projekten, z. B. Entwicklung eines neuen Produktes, wieder investiert oder als Dividende ausgeschüttet wird. Die Leistungserbringungs-Organisation optimiert ihre Prozesse selbst im Sinne von KVP (Kontinuierliche Verbesserungsprozesse) nach drei Prinzipien:

- Do the right things! (Blindleistungen und Verschwendung vermeiden)
- Do the things right! (Optimierung der Tätigkeiten)
- Do it once! (Doppelarbeiten vermeiden)

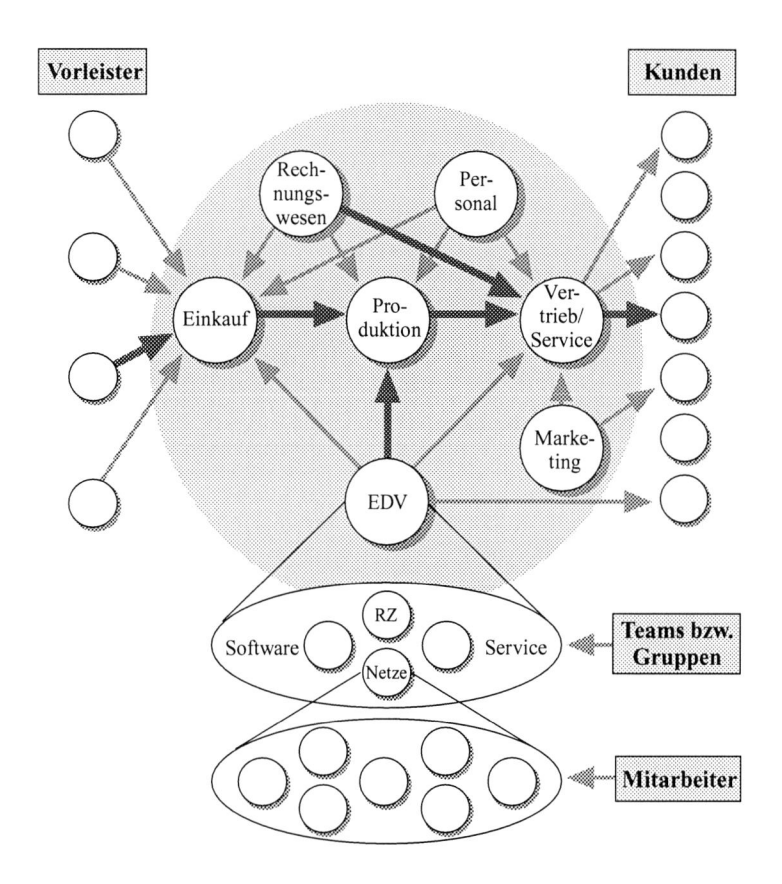

Das Unternehmen als Verbund von Leistungszentren, gestaltet nach dem Prinzip der Selbstähnlichkeit.

Stellen Sie sich bitte einmal vor, Ihr Kunde gibt seinen Auftrag ab und geht mit Ihnen durch Ihr Unternehmen. Er schaut zu, welchen Weg sein Auftragsschreiben durchläuft bzw. wie es liegenbleibt; er sieht, was alles an sinnvollen und sinnlosen Tätigkeiten ausgelöst wird. Stellen Sie sich vor, er sieht jetzt, wer alles abzeichnet, mitzeichnet, genehmigt, nachfragt, rückfragt, ablehnt, zuständig ist (ständig zu), und wie sein Auftrag beim Streit der Abteilungen liegenbleibt, obwohl er seine Ware dringend braucht. Und stellen Sie sich auch noch vor, er wird sich bewußt, daß er das und die alle bezahlen muß. Wenn er dann sieht, wie lustlos die Menschen an seinem Auftrag arbeiten, der ihm doch so wichtig ist – für *seinen* Kunden, wird er dann noch ihr Arbeitgeber bleiben?

Machen Sie doch diesen Gedankengang, bevor Ihnen Ihr Kunde sagt, daß Sie zu teuer sind, weil Sie Ihre Prozesse nicht optimiert haben und weil Ihre Mitarbeiter nicht wissen, für wen sie was warum tun und ob es wirklich vom Kunden gewollt und honoriert wird.

Die Leistungslandkarte macht klar, wo durch wen Werte für wen geschaffen und Leistungen erbracht werden. Sie ist ein guter Einstieg auf der Suche nach Blindleistungen und erleichtert allen Mitarbeitern den Überblick über ihr Unternehmen.

Zu jedem Leistungszentrum gibt es einen *Leistungskatalog*, aus dem seine Leistungen, Kunden und Leistungsvereinbarungen bezüglich Qualität, Zeit, Service-Level und Preisen hervorgehen. Er schafft und erleichtert Transparenz, Qualitäts- und Kostenbewußtsein. Bei allem, was im Unternehmen geschieht, muß jeder einem Kunden ins Auge sehen.

Leistungs-zentrum	Leistung	Kunden	Leistungs-vereinbarungen	Preise
Personal-admini-stration	Verträge erstellen	alle Leistungs-zentren	48-Stunden-Service	50,– DM pro Vertrag
	Gehalts-abrechnung	alle Leistungs-zentren	bis 28. jeden Monats	2,– DM pro Mitarbeiter
			Änderungen innerhalb 24 Std.	
	usw.			

Beispiel für einen Leistungskatalog

Innovationsprojekte: Gelenkte Metamorphose

Alle größeren Veränderungsaktivitäten sollten in Form von Projekten innerhalb einer *eigenen* Projektorganisation abgewickelt werden. Projekte brauchen einen Auftraggeber als „Bauherrn". Sie sind zeitlich begrenzt, haben einen klaren Projektauftrag und ein festes Projektbudget. Ein Projektleiter als „Manager auf Zeit" leitet das Projekt. Die Mitarbeiter werden aus den Leistungszentren für definierte Aufgaben in definierten Projekt-Rollen abgeordnet. Das heißt, die Leistungszentren sind die *„Heimatorganisation"* für die Mitarbeiter, die in Projekten arbeiten. Sie besetzen für die Dauer des Projektes keine Stelle, sondern übernehmen Aufgaben und Rollen. Größere Veränderungsaktivitäten, die in solchen Projekten abgewickelt werden, sind z. B.:

– Entwicklung und Einführung neuer Produkte,

– Entwicklung und Einführung neuer EDV-Systeme,

– Entwicklung und Einführung neuer Entgeltsysteme,

– Eröffnung oder Änderung von Vertriebsniederlassungen,

– Gründung von Tochtergesellschaften,

- Umgestaltung der Leistungslandkarte (Umorganisation),
- Entwicklung und Einführung neuer Führungsprinzipien,
- Veränderung von Geschäftsprozessen, die mehrere Leistungszentren gravierend betreffen,
- große Marketingkampagnen.

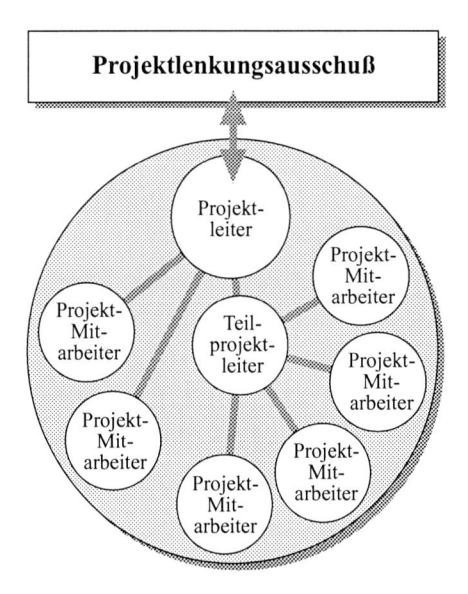

Ein Projekt ist „Hierarchie auf Zeit" mit Rollen, die temporär besetzt werden.

Gesteuert wird ein Projektleiter durch einen Projektlenkungsausschuß, in dem die Auftraggeber vertreten sind. Initiiert werden Projekte entweder von der Geschäftsleitung oder den Leistungszentren, d. h. von der Leistungserbringungs-Organisation. Sie sind die „Hausherren", die auch für die Umsetzung der Projektergebnisse verantwortlich ist. Die Geschäftsleitung priorisiert die Projekte und steuert das Projektportfolio.

Die Projekte lassen sich organisatorisch in thematische Gruppen zusammenfassen, z. B.:

- Produktentwicklung,
- Organisationsentwicklung,
- Personalentwicklung,
- Marktentwicklung.

Die Mitarbeiter in den Projekten haben ihre *„Heimat"* entweder in eigenen Entwicklungseinheiten, die *nur Projekte* machen, z. B. Forschung und Entwicklung,

Softwareentwicklung, Aus- und Weiterbildung, oder werden *aus den Leistungszentren* abgeordnet mit einem Zeitanteil von mindestens 60 Prozent. Die beauftragenden Leistungszentren sind im Lenkungsausschuß vertreten.

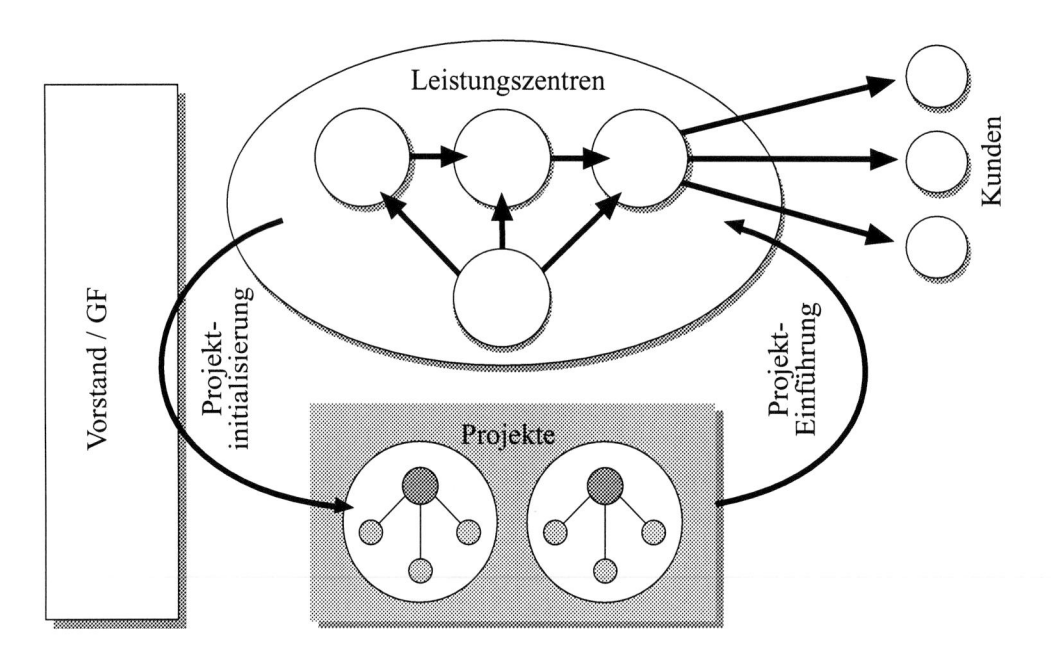

Besetzung der Projektgruppen aus den Leistungszentren

Das Koexistenzmodell

„Es ist in jedermanns Macht, über alles, was Menschen trennt, Brücken zu bauen."
Hans Margolius

Die Unternehmensleitung ist die wesentliche Klammer zwischen der
- Leistungserbringungs-Organisation und der
- Unternehmensentwicklungs-Organisation.

Sie sorgt für Orientierung, Kontinuität und Stabilität, indem sie Visionen aufzeigt und Werte verkörpert. Sie gestaltet die Zukunft und die Veränderung durch Innovationsprojekte. Sie praktiziert dort professionelles Projektmanagement und greift ins „Tagesgeschäft" nicht mehr ein. Gestalten statt verwalten!

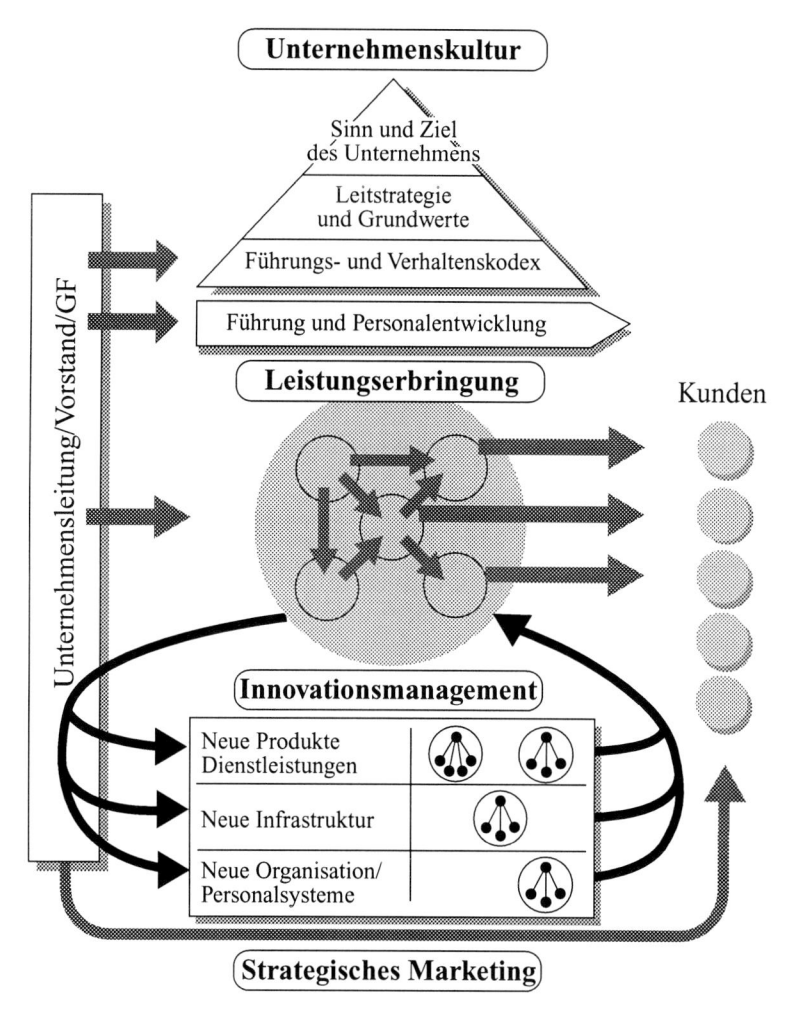

Das Koexistenzmodell: geordneter Wandel des Unternehmens und die Kernaufgaben der Unternehmensleitung

Die *Leistungserbringungs-Organisation* ist der Teil des Unternehmens, in dem die eigentliche Wertschaffung geschieht. Sie ist konsequent an kundenorientierten Prozessen ausgerichtet und weitgehend in Teams mit Ergebnisverantwortung organisiert. Hier hat die klassische Linienorganisation weiterhin ihre Existenzberechtigung, allerdings nicht die „Titel-Hierarchie", sondern die „Verantwortungs-Hierarchie" als Teamsprecher, Leiter eines Leistungszentrums oder Geschäftsführer eines Unternehmens. Starre Stellenstrukturen weichen jetzt den selbstorganisierenden Teams. Es hat sich bewährt, daß die Teamsprecher auf Zeit gewählt werden mit Amtsperioden von ca. zwölf Monaten. Nach maximal zwei Amtsperioden dürfen sie nicht wiedergewählt werden, da sonst eine zu starre Hierarchieebene entsteht.

In der *Unternehmensentwicklungs-Organisation* geschieht professionelles Innovationsmanagement in Form von Projekten. Hier sind die wichtigsten Entwicklungsprojekte, die das gesamte Unternehmen betreffen, zusammengefaßt für Markt-, Produkt-, Organisations- und Personalentwicklung.

Die wesentlichen Vorteile der Koexistenzorganisation sind:

— *Transparenz* der Leistungsprozesse und der Entwicklungsprojekte,
— geregeltes Miteinander der „Linienorganisation" der Leistungszentren und der „Projektorganisation" durch *Management auf Zeit* und Abordnung der Mitarbeiter,
— straffes Projekt-Controlling *aller Projekte* in einem Unternehmen,
— flexible Personalentwicklung und *Karrierewege* über Linien- und Projektrollen,
— *klare* Auftraggeber- und Auftragnehmerbeziehungen auch bei Projekten.

Die Koexistenzorganisation ermöglicht einerseits die Optimierung der Leistungserbringungsprozesse mit dem Ziel, kostengünstig und kundengerecht Leistungen zu erbringen. Andererseits schafft sie die Voraussetzung für das optimale und transparente Investieren in die Weiterentwicklung des Unternehmens mit dem Geld, das die Leistungserbringungs-Organisation erwirtschaftet hat.

Das Koexistenzmodell beschreibt ein Unternehmen gemäß den Grundmustern dynamischer Systeme:

— Das Prinzip der Selbstähnlichkeit

   Im Kleinen wie im Großen finden wir ein und dasselbe fraktale Grundmuster. Bei dem Unternehmen ist das „Unternehmersein" das bestimmende Grundmuster, das wir beim Mitarbeiter, Team, Profit-Center, bei der GmbH und beim Konzern wiederfinden.

— Das Prinzip: Alles im Verbund

   Die Leistungsketten und die Leistungslandkarten zeigen, wie alles im Verbund für den Kunden zusammenwirkt.

— Das Prinzip der Evolution

   Alle dynamischen Systeme, ob in der Natur, Soziologie, Wirtschaft oder Politik, befinden sich in einem evolutionären Prozeß in Richtung größerer Komplexität. Dabei wechseln Zeiten der Ruhe mit kleinen Veränderungen ab mit Zeiten der Umbrüche. Im Koexistenzmodell eines Unternehmens wird dieses Prinzip durch eine professionelle Steuerung der Innovationsprozesse und durch das organische Zusammenwirken der beiden Organisationsformen unterstützt.

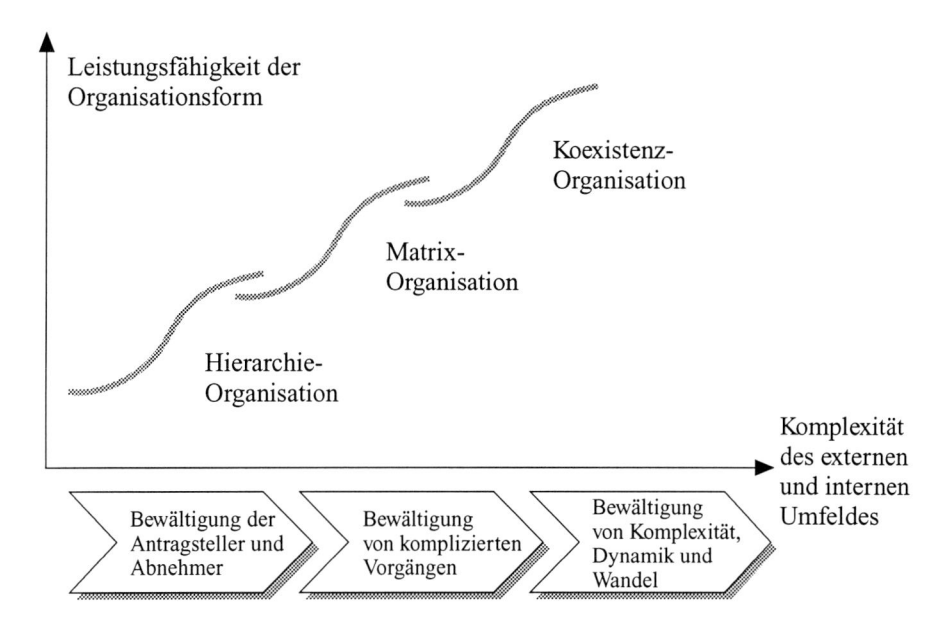

Organisationsform im Wandel und für den Wandel

Die „Wertschaffungskette"

> „Eine Leistung, die nicht vom Kunden honoriert wird, ist keine Leistung."
> Jürgen Fuchs

Porter beschreibt ein Unternehmen als „eine Ansammlung von Tätigkeiten, durch die seine Produkte entworfen, hergestellt, vertrieben, ausgeliefert und unterstützt wird" (Porter 1985). Hier kommt der Begriff „Kunde" gar nicht vor, und das Produkt wird in einer „geschobenen Wertschöpfungskette" an den Markt gebracht. Diese Definition und das Bild vermitteln den Eindruck, daß die Gewinnspanne von den nachgelagerten Aktivitäten aufgezehrt wird. Dies entspricht häufig auch der Realität, da viele Unternehmensteile Werte abschöpfen, statt Werte zu schaffen, insbesondere wenn sie als Gemeinkosten auf wertschaffende Bereiche umgelegt werden.

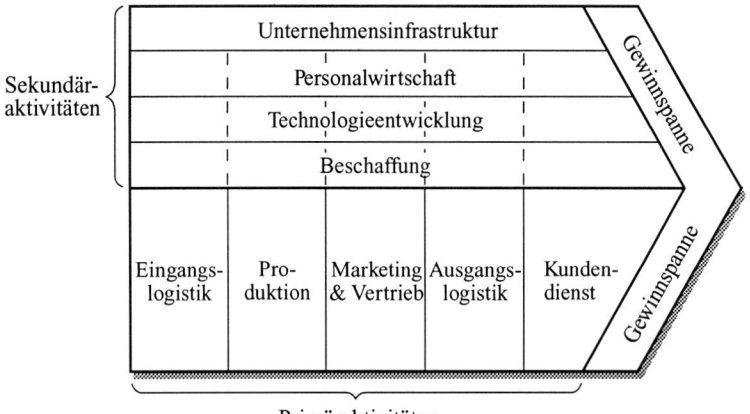

"Jedes Unternehmen ist eine Ansammlung von Tätigkeiten, durch die sein Produkt entworfen, hergestellt, vertrieben, ausgeliefert und unterstützt wird." (Porter, 1985)

"Die Wertekette" nach Porter

Für ein kundengetriebenes dynamisches Marktumfeld ist diese Wert(ab)schöpfungskette meines Erachtens nicht mehr geeignet. Vielleicht hilft eine neue Darstellung und Definition einer *Wertschaffungskette,* die aufzeigt, wo und wie Werte geschaffen werden:

Ein Unternehmen ist ein Verbund von Leistungszentren, die für ihre externen und internen Kunden Leistungen erbringen. Die Leistungszentren definieren sich durch ihre Leistungen für ihre Kunden.

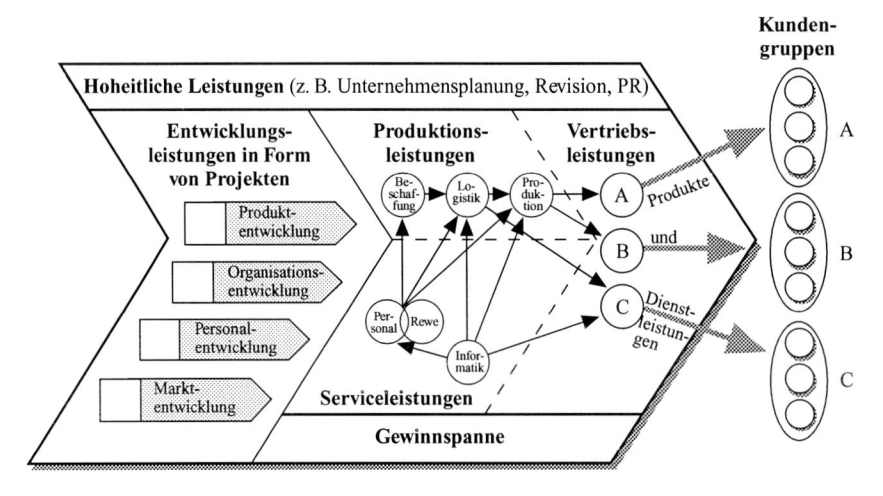

"Die kundenorientierte Wertschaffungskette"

Die Leistungen innerhalb eines Unternehmens lassen sich in fünf Kategorien einteilen:

- *Vertriebsleistungen* sind Leistungen, die die Kundenwünsche und die Fähigkeiten des Unternehmens zum Nutzen beider zusammenführen. Verkaufen heißt erkennen, was der Kunde braucht, und Wege finden, damit er es von uns bekommt.
- *Produktionsleistungen* sind Leistungen, die innerhalb des Erstellungsprozesses von Produkten und Dienstleistungen erbracht werden.
- *Serviceleistungen* sind Leistungen, die die anderen Prozesse durch (interne) Dienstleistungen unterstützen.
- *Hoheitliche Leistungen* sind Leistungen, die vom Gesetzgeber oder Kapitalgeber gefordert werden, bzw. Leistungen, die zu den Kernaufgaben des Vorstandes und der Geschäftsleitung gehören (z. B. Unternehmensplanung und Steuerung, Revision, Public Relations).
- *Entwicklungsleistungen* sind Leistungen, die der Weiterentwicklung des Unternehmens dienen und nicht in den KVP-Prozessen erledigt werden, weil sie z. B. das ganze Unternehmen betreffen, sehr komplex sind oder ein bestimmtes Volumen überschreiten (siehe z. B. Projektaufgaben).

Die ersten vier Leistungsarten werden eher als stetige Prozesse gestaltet. Für die Innovationsprozesse empfiehlt sich die Projektorganisation.

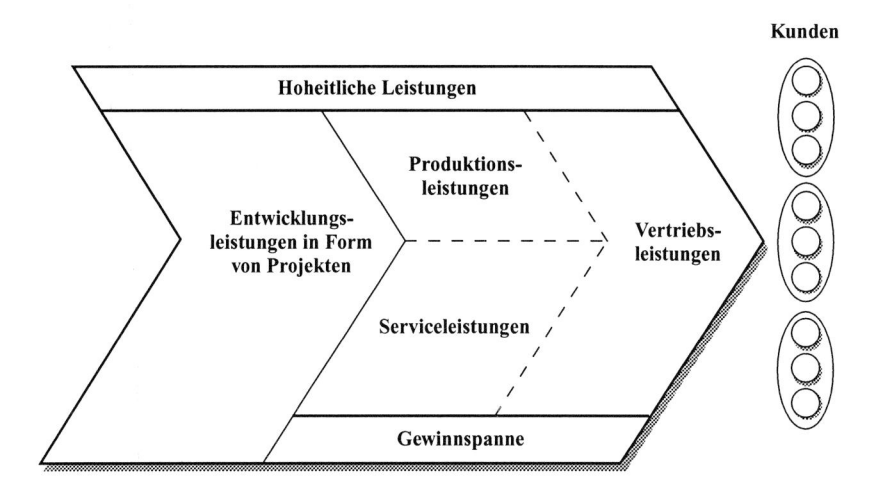

„Leistungskategorien"

Die Unternehmensverfassung

> „Habe ich die Teile in der Hand,
> so fehlt mir doch das geistig' Band."
> Goethe

Wie gelingt es, daß alle Menschen im Unternehmen das Gleiche für sinnvoll erachten? Wie kann das Zusammenspiel der Leistungserbringungs-Organisation und der Entwicklungs-Organisation geregelt werden? Wie steuert man das Zusammenwirken von Geschäftsleitung und Management, Management und Mitarbeiter, Mitarbeiter und Kunde? Wie schafft man die Ausrichtung des lernenden Unternehmens mit seinen Menschen auf ein gemeinsames Ziel hin? Führungskonzepte, die auf Befehl und Gehorsam oder Anweisung und Kontrolle beruhen, sind für ein stabiles Marktumfeld geeignet. In dynamischen Situationen sind sie ungeeignet und samt der bürokratischen Strukturen zu teuer geworden. Sie nutzen nicht die Potentiale der Mitarbeiter und versagen bei mündigen Kunden und mündigen Mitarbeitern. Wie läßt sich ein Unternehmen aber noch führen, lenken und steuern? Wie geschieht Management von Dynamik und Wandel?

Wenn in den Unternehmen Plan- und Kommandowirtschaft abgelöst wird durch mehr interne Marktwirtschaft, brauchen wir wieder Elemente der ehemaligen Dorfgemeinschaft, Zünfte oder Elemente von demokratischen Führungsstrukturen, z. B. Ehrenkodex, Sinnorientierung, transparente Unternehmensziele, für die es sich lohnt zu arbeiten. Den Mitarbeitern und besonders den Kunden muß klar sein, welchen Sinn und Nutzen ein Unternehmen am Markt hat. *Wer Leistung fordert, muß Sinn bieten.*

Zu Zeiten von Taylor und Ford galt:

> Ein Unternehmen ist eine *Organisation*,
> die Güter und Dienstleistungen schafft mit dem Ziel,
> hohe Gewinne mit dem *eingesetzten Kapital* zu erwirtschaften.
> „Der *Mensch* ist Mittel."

Beim Wandel in eine kundenorientierte Know-how- und Dienstleistungsgesellschaft gilt für ein Unternehmen eine neue Definition:

> Ein Unternehmen ist eine *Gemeinschaft von Menschen*,
> die Güter und Dienstleistungen schaffen, mit dem Ziel,
> hohe Gewinne zu erwirtschaften *durch ihr Vermögen*,
> den Kunden mit Produkten und Service zu begeistern.
> „Das *Kapital* ist Mittel."

Ein Unternehmen als eine Gemeinschaft von Menschen braucht eine organisierte Kooperation und Spielregeln, die das Miteinander der Menschen fördern. Wenn wir zu mehr Demokratie in der Arbeitswelt kommen und die Feudalherrschaft des

Managements durch mehr Selbstbestimmung ersetzt wird, braucht man eine *Unternehmensverfassung*. Die Elemente einer solchen Verfassung sind in der folgenden Abbildung dargestellt.

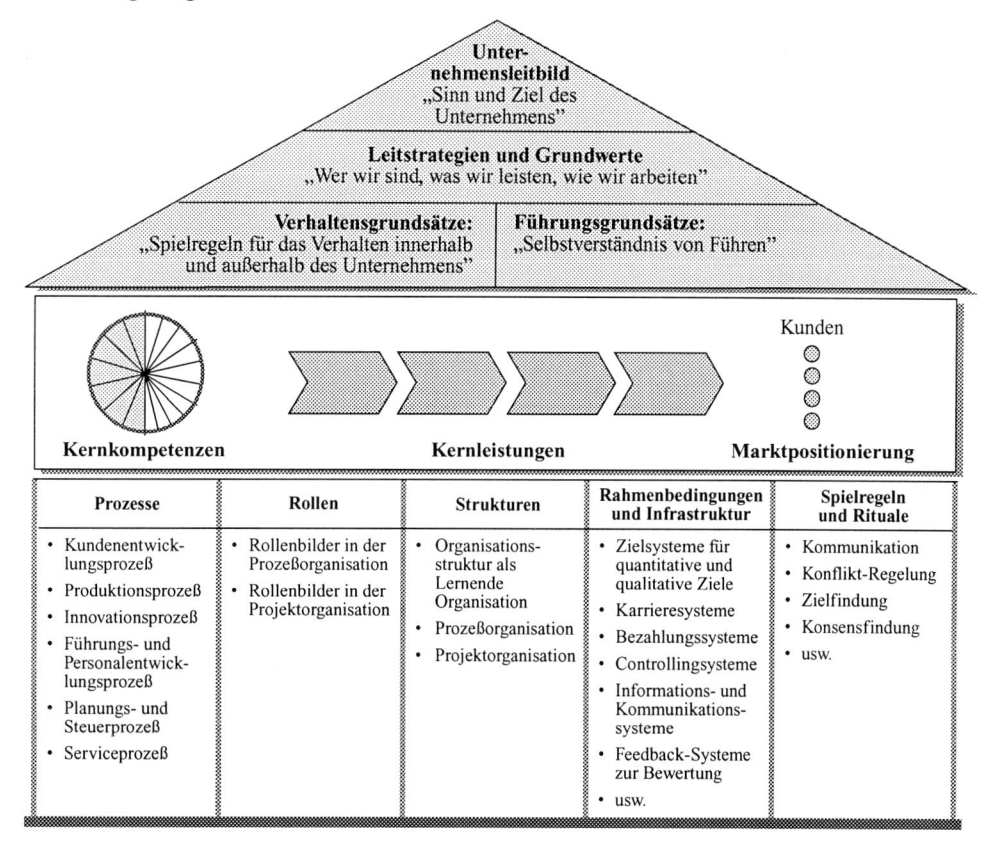

```
                    Unter-
                 nehmensleitbild
                "Sinn und Ziel des
                  Unternehmens"
              Leitstrategien und Grundwerte
          "Wer wir sind, was wir leisten, wie wir arbeiten"
      Verhaltensgrundsätze:          Führungsgrundsätze:
   "Spielregeln für das Verhalten      "Selbstverständnis von Führen"
   innerhalb und außerhalb des Unternehmens"
```

				Kunden
Kernkompetenzen		Kernleistungen		Marktpositionierung

Prozesse	Rollen	Strukturen	Rahmenbedingungen und Infrastruktur	Spielregeln und Rituale
• Kundenentwicklungsprozeß • Produktionsprozeß • Innovationsprozeß • Führungs- und Personalentwicklungsprozeß • Planungs- und Steuerprozeß • Serviceprozeß	• Rollenbilder in der Prozeßorganisation • Rollenbilder in der Projektorganisation	• Organisationsstruktur als Lernende Organisation • Prozeßorganisation • Projektorganisation	• Zielsysteme für quantitative und qualitative Ziele • Karrieresysteme • Bezahlungssysteme • Controllingsysteme • Informations- und Kommunikationssysteme • Feedback-Systeme zur Bewertung • usw.	• Kommunikation • Konflikt-Regelung • Zielfindung • Konsensfindung • usw.

Unternehmensverfassung für vitale Organisationen

Das Unternehmen als ganzes *ist* eine Persönlichkeit und *hat* eine Persönlichkeit: zuverlässig, schnell, mutig, überheblich, umweltfreundlich, abweisend, glaubwürdig, innovativ, bürokratisch oder kundenfreundlich.

Dieses Firmenimage strahlt nach innen und außen gleichermaßen. Es wird nicht durch CI-Prospekte geprägt, sondern durch Personen und Persönlichkeiten. Es ist dann authentisch, wenn es oben wie unten, sowohl im Umgang mit Mitarbeitern als auch mit Kunden, identisch gelebt wird – als Corporate Identity, als Identität einer Persönlichkeit.

Die Persönlichkeit wechselt man nicht wie ein Hemd. Eine CI-Kampagne macht noch keinen neuen Menschen. Die Persönlichkeitsmerkmale des Unternehmens, z. B.:

- Verhalten der Menschen,
- Belohnungssysteme,
- Organisationsstrukturen,
- Führungsverhalten,
- Informations- und Kommunikationssysteme,
- Verhalten gegenüber Kunden und Lieferanten,

müssen zusammenpassen. Die Persönlichkeit nach innen sollte dieselbe sein wie nach außen. Sonst ist sie nicht authentisch, sondern gespalten. Mediziner nennen das Schizophrenie.

Heute ist zu beobachten, daß fast alle Unternehmen *Teile* solcher Verfassungen formulieren und auch einführen. Aber nur wenige haben das Gesamtgebilde konsequent durchdacht, stimmig gemacht, gemeinsam mit der sogenannten Basis entwickelt und zum Leben erweckt. *Typische Schwachstellen* sind:

- Bezahlungsmodelle, bei denen die Stelle honoriert wird und nicht die Person,
- Karrieremodelle, bei denen Führen automatisch mehr wert ist als Ausführen. Der Wert von Know-how, Persönlichkeit, Leistung im Team wird heute zu wenig geachtet,
- Anreizsysteme, die die Konfrontation fördern, nicht die Kooperation,
- Controlling-Systeme, die kontrollieren, statt Orientierung und Selbststeuerung zu erleichtern,
- fehlende Kommunikations-Rituale, die das Zusammengehörigkeitsgefühl stärken,
- fehlende Anreize zur Job-rotation auf allen Ebenen. Reisen bildet – auch im eigenen Unternehmen. Reisen dient der Völkerverständigung – auch im eigenen Unternehmen. Werdegang heißt: Gehen und dabei werden!
- fehlende „Leistungslandkarten", in denen die Rollen und Aufgaben der Leistungszentren oder Bereiche im Gesamtverbund des Unternehmens für jeden erkennbar werden,
- fehlende Kompetenzregelungen für die Projektorganisation als „Management auf Zeit", z. B. Unterschriftsvollmachten für Projektleiter.

Wir erleben seit Jahren, daß viele Reorganisations- bzw. Reengineeringprojekte scheitern. In den USA wurden die sogenannten *„ungeschriebenen Gesetze"* dafür verantwortlich gemacht. In Deutschland behindern nicht nur die ungeschriebenen, sondern besonders die *geschriebenen*, unternehmensinternen Gesetze den Erfolg: Bezahlungssysteme, Karrierrichtlinien, Vorschriften über Statussymbole oder Stellenbeschreibungen.

Eine *Unternehmensverfassung* schafft die *„Leitplanken"*, gibt die *Orientierung* und beschreibt die gemeinsamen *Ziele*, damit bei aller Selbstorganisation, Selbstverantwortung und bei allen schöpferischen Freiräumen noch Ordnung im dynamischen Chaos herrscht. In dem Maße, wie die interne Marktwirtschaft der horizontalen Geschäfts- und Leistungsprozesse eingeführt ist und sich selbst steuert, kann auf die vertikalen Eingriffe von oben immer mehr verzichtet werden. Die Adelsherrschaft des Managements wird durch Marktwirtschaft ersetzt. Die tote Unternehmensmaschinerie wird zu einem lebendigen Organismus.

Die neue Sicherheit

„Wer des Lebens Sinn kennt, erfüllt seine Pflichten.
Wer des Lebens Sinn nicht kennt, hört nicht auf, zu fordern."
Laotse

Die klassischen Strukturen hatten die Aufgabe und den Sinn, Sicherheit in der Geschäftsabwicklung zu geben, insbesondere, wenn Produkte mit ungelernten Menschen erstellt werden sollten. Max Weber beschreibt 1921 dieses Verfahren als den „regelgebundenen Betrieb von Amtsgeschäften".

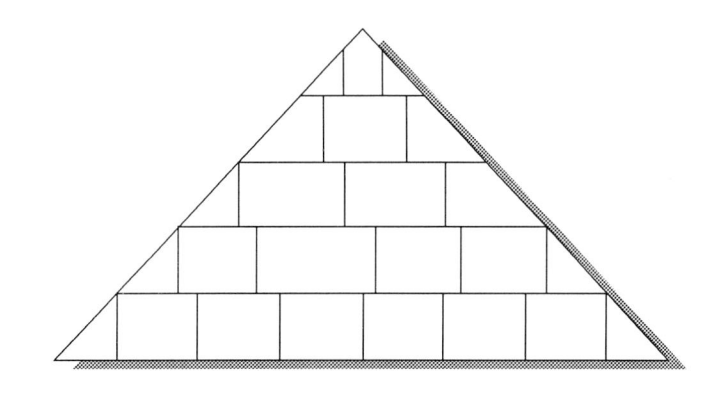

Sicherheit durch feste Strukturen und Lenkung

– Zuständigkeiten
– Organisations- und Arbeitsanweisungen
– Abteilungen
– Stellen und Stellenbeschreibungen
– Organigramm
– Management mit Anweisung und Kontrolle

Die alte Sicherheit in der Geschäftsabwicklung

Die „neue Sicherheit" nutzt die Fähigkeiten qualifizierter Menschen zum Mit-Denken, Mit-Handeln, Mit-Entscheiden und Mit-Unternehmen. Durch Leitplanken, Ziele und Visionen können sich die Menschen gemeinsam ausrichten, wie kleine Magneten oder die Autofahrer auf einer Autobahn.

Die heutigen „Blindleistungen" lassen sich stark reduzieren, wenn wir

- die Prinzipien der Selbstorganisation fördern,
- Organisationsstrukturen einführen, die die „innere Intelligenz" des Systems aktivieren,
- Geschäftsprozesse nicht als Folge von *Tätigkeiten* beschreiben, sondern als Kette von *Leistungen* zwischen und innerhalb von Leistungszentren.

Führen heißt jetzt, Menschen zu befähigen, mit Unsicherheit zu leben und diese für sich und andere zu nutzen.

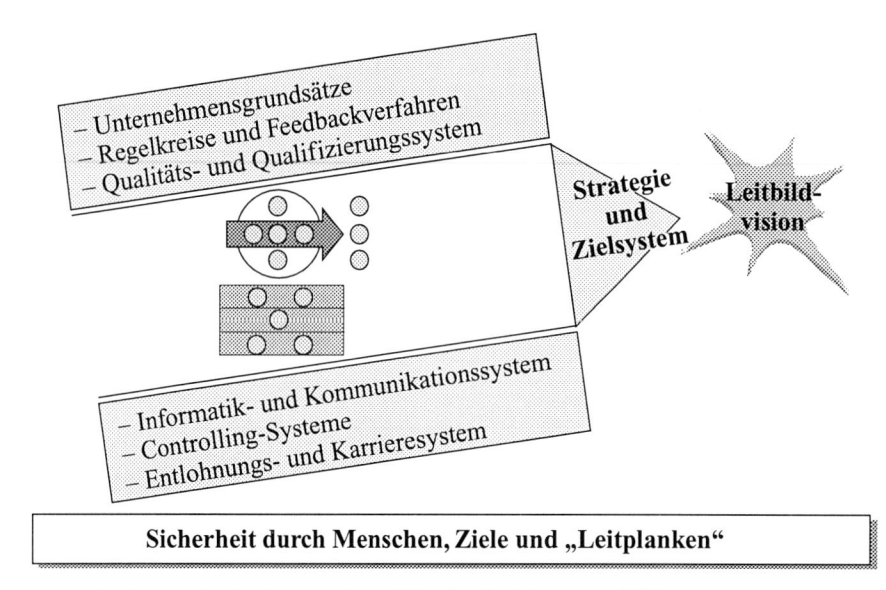

- Unternehmensgrundsätze
- Regelkreise und Feedbackverfahren
- Qualitäts- und Qualifizierungssystem

Strategie und Zielsystem

Leitbildvision

- Informatik- und Kommunikationssystem
- Controlling-Systeme
- Entlohnungs- und Karrieresystem

Sicherheit durch Menschen, Ziele und „Leitplanken"

– Orientierung des Denkens und Handelns durch Visionen, Leitbilder und Grundsätze
– Verantwortlichkeiten in Teams, Leistungszentren und Projekten
– Leistungsoptimierung durch externe und interne Kunden-/Lieferantenbeziehungen

Die neue Sicherheit

Wege des Wandels

> „Die Unternehmen müssen sich von ‚einem Jahrmarkt der Eitelkeiten'
> zu einem ‚Marktplatz der Leistungen' entwickeln,
> damit sich die Menschen entfalten können – wie Schmetterlinge."
> Jürgen Fuchs

Es wäre eine Illusion zu glauben, daß man ein Unternehmen kurzfristig vom Kopf auf die Füße stellen kann und daß es dann auch noch in Richtung Kunde zu laufen beginnt. Wir dürfen aber auch nicht tatenlos zusehen, wie wir an unserer unternehmensinternen und externen Bürokratie ersticken und am Weltmarkt Boden verlieren. Wir brauchen eine Vision vom neuen Unternehmen, nicht vom neuen Menschen. Es genügt, wenn wir die „Nach-17.00 Uhr-Fähigkeiten" unserer Mitarbeiter vor 17.00 Uhr aktivieren. Dazu empfehlen sich ein paar Wege, die in der folgenden Abbildung dargestellt sind.

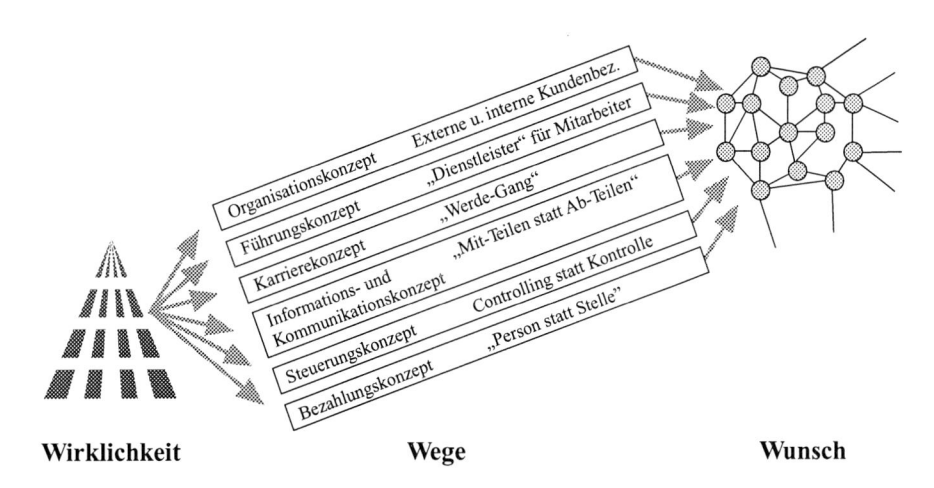

Wirklichkeit — **Wege** — **Wunsch**

- Organisationskonzept — Externe u. interne Kundenbez.
- Führungskonzept — „Dienstleister" für Mitarbeiter
- Karrierekonzept — „Werde-Gang"
- Informations- und Kommunikationskonzept — „Mit-Teilen statt Ab-Teilen"
- Steuerungskonzept — Controlling statt Kontrolle
- Bezahlungskonzept — „Person statt Stelle"

Wege zu einem vitalen Unternehmen

Für den Erfolg auf diesem Weg sind drei Themen besonders wichtig:

– *Führung und Hierarchie*

– *Karriere*

– *Informationssysteme*

1. *Die Führungskräfte bekommen jetzt auch Kunden:* die Mitarbeiter. Führen ist eine Dienstleistung. Hierarchie ist Dienst in Über- und Unterordnung und muß von dorther verstanden werden. Sie ist nicht einfach legitimiert durch eine starre *Hierarchie der Macht*, sondern ist erst hilfreich innerhalb eines Sozialgebildes, wenn jede einzelne Position sich auf die andere hin als ein sinnvoller Dienst

ausweist. Dann ist die Überordnung nicht mehr Macht, sondern vielmehr sinnvoller Dienst für das Ganze und kann als Hilfe *für* und *in* der eigenen Rolle des Mitarbeiters verstanden und akzeptiert werden. Manager sollen das Humanvermögen verwenden, nicht verschwenden. Sie sollen es aktivieren, nicht amputieren. Sie haben die Aufgabe, für aktivierende Rahmenbedingungen zu sorgen. Der Mensch braucht nun einmal ein Umfeld, in dem er sich wohlfühlt und das ihm Mut macht, das ihm Sicherheit und Geborgenheit vermittelt, um sich mit Freude auf seine Aufgaben konzentrieren zu können. Er muß spüren, daß man ihn als Person und Persönlichkeit respektiert, um seinen Kunden und Kollegen mit dem gleichen Repekt begegnen zu können. Dann kann sich auch eine hohe Identifikation mit dem Team, dem Unternehmen und seiner Arbeit entwickeln.

	Personal = **Untergebene**	Personal = **Arbeitnehmer**	Personal = **Organisationsmitglieder**
Mitarbeiterbeteiligung	Dienstweg	Verträge	Beratung/Konsens
Personalbewegung	Aufstieg innerhalb eines Funktionsbereichs (Ochsentour)	Einstellungen und Entlassungen nach Bedarf	Lebenslange Beschäftigung, vertikale und laterale Bewegungen
Bezahlungssystem	Anforderungsgerechte Bezahlung	Leistungsgerechte Bezahlung	Bezahlung nach Seniorität und Fähigkeiten, Erfolgsbeteiligung
Arbeitsorganisation	Hohe Arbeitsteilung, Integration durch Hierarchie	Arbeitsaufträge an einzelne oder Gruppen	Ganzheitliche Aufgaben, Selbstabstimmung in Gruppen

Drei Sichten des Personals

2. *Karriere im schlanken Unternehmen* muß eine neue Bedeutung bekommen. Bisher hatte die Hierarchie eine Doppelrolle. Zum einen war sie als Organisationsmittel für die (ungelernten) Menschen notwendig. Zum zweiten war sie für die Darstellung von Lebenskarriere ge- bzw. mißbraucht worden, zumindest bei ungelernten Bauern und Söldnern.

Für die Bauern war es der entscheidende Karriereschritt, „Meier" zu werden, d. h. von der Leibeigenschaft zum Pachthof, der Meierei. Der Name Meier leitet sich aus dem lateinischen ab von „major", der Größere, und stufte sich in

Halbmeier, Meier und Vollmeier. Der Vergleich zu den heutigen Stufen „Stellvertretender Direktor", „Abteilungsdirektor" und „Volldirektor" bietet sich an.

Bei den Soldaten wollte man „Major" werden, mit allen Macht- und Statussymbolen.

In Zukunft wird Karriere *entkoppelt* werden von der organisatorischen Rolle. Karriere wird nur machen, wer Nutzen stiftet für Kollegen und Kunden, wer seine Kompetenz marktfähig hält – für den externen und internen Markt. Die Bezahlung und die Statussymbole sind an der Kompetenzentwicklung einer Person als Persönlichkeit auszurichten, nicht mehr an der Hierarchiestufe.

Die Doppelrolle der Hierarchie muß aufgelöst werden und der Mensch danach bezahlt werden, was übrigbleibt, wenn der Titel, der Dienstwagen, die Büromöbel und das Amt entzogen werden. Heute spielt man noch viel zu häufig den Hauptmann von Köpenick in den Unternehmen: Der Mantel zählt, nicht der Mensch.

Für die *Karriere als Werde-Gang* müssen die Manager „ihre" Mitarbeiter auch loslassen, gehen lassen. Lehr- und Wanderjahre werden gefordert und gefördert. Der Personalbereich und die Manager befördern dann die Menschen nicht nach oben, sondern in das nächste Projekt, in den Nachbarbereich oder in das andere Vorstandsressort. Durch Bewegung innerhalb des Leistungszentrums, entlang der Leistungskette und auch in andere Leistungszentren lernen sie das Unternehmen als Ganzes begreifen und sammeln Er-Fahrungen. Sie erweitern ihren Gesichtskreis – nicht durch Aufstieg, sondern durch Bewegung. Job-rotation als Jogging fürs Gehirn. Wer sicher ist, etwas zu sein, hat aufgehört, etwas zu werden.

3. *Informationssysteme sollen die Autonomie fördern, nicht die Monotonie.* Die traditionellen Informationssysteme in den Unternehmen haben häufig die tayloristischen Strukturen „elektrifiziert" und dadurch „betoniert". Heute behindert die Software in vielen Unternehmen die Restrukturierung, weil sie auf Zentralrechnern mit „dummen Terminals" für „dumme Bediener" entwickelt worden ist: eine Folge der traditionellen „Master-slave-Architekturen" der Informatik. Dabei zeigt sich die Software als gar nicht soft, weil sie die Menschen, die Strukturen und die Abläufe fest und starr zementiert hat. Heute zeichnen sich zwei Lösungswege aus der Softwarekrise ab:

– die PCs und „Client-Server-Architekturen" und

– Internet- bzw. Intranetlösungen.

Die *Client-Server-Architekturen* bringen viel Computerpower an den Platz des Benutzers. Durch grafische Oberflächen erhöhen sie den Benutzer-Komfort und erleichtern den Zugang des Menschen zu Informationen. Internet und Intranet unterstützen die menschliche Kommunikation durch Electronic Mail und komfortable Netzverbindungen. Sie helfen, daß der kundige Kunde auch kundige Mitarbeiter als Gegenüber bekommt. Der Benutzer kann sich langsam aus der Bevormundung der

Programmierer befreien, die ihm bisher sagten, was er zu wissen und was er wie einzutippen hatte: als Bediener, der dem Computer diente.

Bei Client-Server-Architekturen ist der PC des Benutzers der Client, d. h. der *Kunde* für den Großrechner, der jetzt zum Server wird – zum *Dienstleister.* Hier liegt noch eine gigantische mentale Neuorientierungsaufgabe für die klassischen EDV- bzw. Informatikbereiche. Sie bekommen jetzt Kunden.

Auch bei der Programmierung der Softwareentwicklung zeichnet sich ein neuer Weg zur Flexibilität und Produktivität ab: die *objektorientierte Entwicklung.* Die bisherige Programmierweise war hierarchisch konzipiert. Ein Zentralprogramm rief spezielle Programme auf, und diese wieder Unterprogramme. Die Funktionsbäume waren streng hierarchisch aufgebaut, und alles mußte vorbedacht und vorgedacht werden. Die Daten waren in hierarchischen Datenbanken gespeichert. Die EDV-Landschaft war ein Abbild der Organisationsmuster in der Fabrik.

Die Objektorientierung ist nicht nur eine Methode der Software-Entwicklung in Form *vernetzter Module.* Objektorientierung ist ein neues Denkmuster und ein neues Verfahren zur Komplexitätsreduzierung: nicht hierarchische Zerlegung in kleinste Schritte, die linear hintereinander ablaufen, sondern vernetzte Zerlegung in autonome „Objekte", die sich durch ihren Output definieren und die miteinander kommunizieren, *was* sie voneinander erwarten bzw. erhalten.

In den klassischen EDV-Programmen stand das *Wie* als Handlungsanweisung im Vordergrund. Das erhöhte dramatisch die Komplexität der Software, weil alle Fälle vorgesehen werden mußten. Gleichzeitig sank die Flexibilität, und die Anpassungskosten explodierten, so daß heute der Wartungsaufwand über 60 Prozent der Personalkapazität in den Softwareabteilungen der Unternehmen bindet.

Objektorientierte Programme haben das gleiche Grundmuster, wie die organischen Organisationsmodelle in der Natur und im Unternehmen. Die Leistungslandkarte in Kapitel 8 zeigt das Bild einer *objektorientierten Organisation.*

Komplexität kann man wirkungsvoll nur dadurch reduzieren, daß man die Komplexität erhöht und den einzelnen Bausteinen, Organen oder Leistungszentren nicht vorschreibt, wie sie zu arbeiten haben, sondern was von ihnen erwartet wird. Dann haben sie die Chance zur Selbstorganisation, Selbstoptimierung und Selbststeuerung. Die Komplexität der Gesamtsteuerung sinkt, wenn die Regelkreise der Kommunikation zwischen den Objekten als schnelle Feedback-Mechanismen wirken können. Nutzen wir doch die „innere Intelligenz" der Systeme.

Die Geschäftsprozesse in den Unternehmen lassen sich durch angemessene Software und Hardware wirkungsvoll unterstützen. Client-Server-Architekturen und Objektorientierung sind kein technischer Selbstzweck, sondern zeigen uns den natürlichen Weg vom Geschäftsprozeß zum Softwareprogramm und vom Taylorismus zum Organismus.

Die ersten Schritte

> Es ist nicht genug, zu wissen, man muß es auch anwenden.
> Es ist nicht genug, zu wollen, man muß es auch tun.
> J. W. v. Goethe

Auf der Welt sind wir mit unseren Bemühungen zur Vitalisierung und Reanimation der Unternehmen nicht alleine. Es zeichnen sich heute drei Alternativen ab:

1. In Amerika setzt man mit viel Energie und vielleicht auch mit Erfolg auf radikales Business Reengineering und zerschlägt bürokratische, tayloristische Strukturen. Kein Stein bleibt auf dem anderen. Die kraftvolle Sprache von Michael Hammer verdeutlicht das Verfahren („Es wird Blut fließen"). Das Buch von Hammer und Champy ist Weltbestseller der Managementliteratur.

   Bei diesem revolutionären Ansatz spielen menschliche Netze zwischen Kunden und Mitarbeitern, zwischen den Mitarbeiter untereinander und zwischen Management und Mitarbeitern keine große Rolle. Vielleicht waren die Strukturen aber auch so verfilzt, daß nur noch das Schwert die Knoten der alten Geschäftsprozesse zerschlagen konnte.

2. In Japan hat sich das Prinzip von „Kaizen", dem kontinuierlichen Verbesserungsprozeß, bewährt, bei dem das Know-how der Menschen an der Basis bewußt aktiviert wird. Jeder arbeitet daran, seinen Job besser zu machen und für seinen Kunden noch mehr Nutzen zu stiften. Dieses evolutionäre Prinzip ist in Japan vielleicht deswegen erfolgreich, weil die heutigen Strukturen weniger tayloristisch und bürokratisch sind, so daß man sie nicht erst zerschlagen mußte. Japan hatte das Glück, Taylor und Ford weitgehend „verpaßt" zu haben. Toyoda, Gründer der Firma Toyota, hat nach dem Besuch in Detroit Ende der 50er Jahre gesagt: „Diese Strukturen können wir uns nicht leisten. Die vielen Büromenschen sind mir zu teuer. Bei uns muß jeder mitdenken." Außerdem sind die Japaner gruppengeübt und gruppenerfahren: privat, in der Firma und auch im Urlaub.

3. Sollen wir Deutschen jetzt die „Gruppenkultur" der Japaner kopieren oder die revolutionären Ansätze der Amerikaner? Wir sollten die anderen nicht kopieren, sondern kapieren. Wir sollten erkennen, welche Strukturen, Organisationsmuster und Führungskonzepte unserer Kultur adäquat sind. Wir sollten uns auf *unsere Stärken* besinnen: Unternehmertum und Bürokratie.

   Nachdem wir in den letzten 40 Jahren erfolgreich versucht haben, das Unternehmertum in den Unternehmen durch Bürokratie zu zähmen, brauchen wir nur unsere Stärken zu tauschen:

   – *weniger Bürokratie,*
   – *mehr Unternehmertum.*

Dann können wir auch unser einziges Vermögen nutzen: die bestausgebildete Arbeitsgeneration seit Menschengedenken.

Machen wir den Menschen Mut, über sich und auch über uns hinauszuwachsen.

– Ent-decken wir die Mitarbeiterpotentiale!

– Ent-fesseln wir die Menschen!

– Ent-wickeln wir die Fähigkeiten, damit sich die Menschen

- ent-puppen und

- ent-falten – wie ein Schmetterling!

Nehmen wir ihnen die Angst vor der Freiheit, die Angst vor dem Fehler, die Angst vor dem Neuanfang und die Angst vor der Metamorphose. Damit die Menschen mit dem Alter wertvoller werden – wie zu Zeiten des Handwerks, der Zünfte und der Klöster. Erfahrung und Lebensweisheit sind Werte, die wir schätzen und entwickeln sollten.

Die beiden Grafiken zeigen die Wirkungskreisläufe von *Mut* oder *Angst,* von Vertrauen oder Mißtrauen, von Offenheit oder Intransparenz und von Mit-Teilen oder Ab-Teilen.

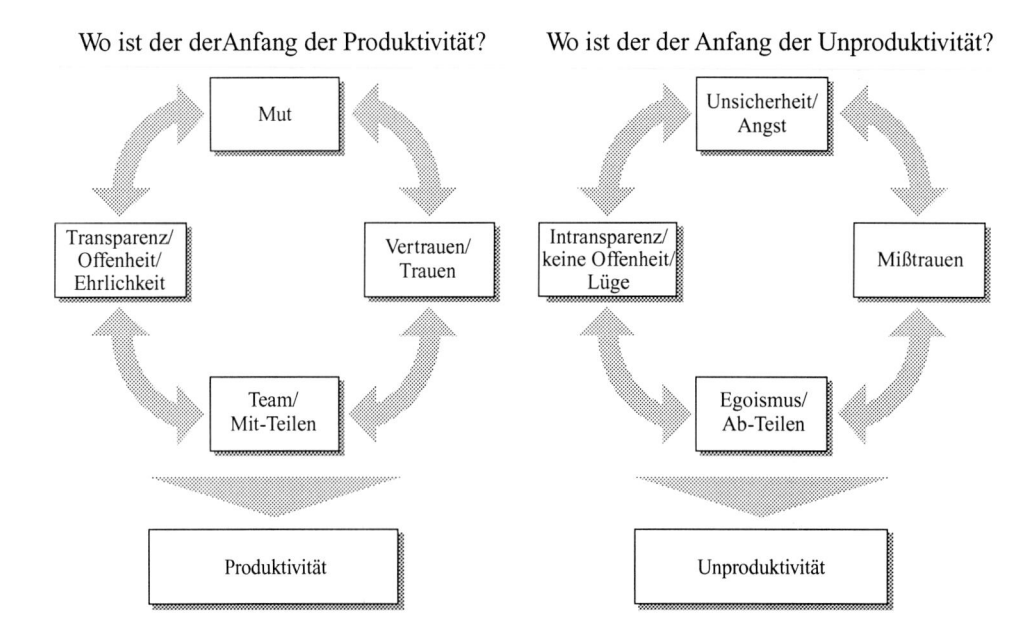

Wo ist der der Anfang der Produktivität?   Wo ist der der Anfang der Unproduktivität?

```
         Mut                                    Unsicherheit/Angst
    ↗         ↘                              ↗                  ↘
Transparenz/    Vertrauen/             Intransparenz/            Mißtrauen
Offenheit/      Trauen                 keine Offenheit/
Ehrlichkeit                            Lüge
    ↖         ↙                              ↖                  ↙
       Team/Mit-Teilen                         Egoismus/Ab-Teilen
              ↓                                       ↓
        Produktivität                           Unproduktivität
```

Kreisläufe

Die Zeit ist vorbei, als im ersten Lebensdrittel gelernt wurde, im zweiten Lebensdrittel gearbeitet und im dritten der Ruhestand oder die Arbeitslosigkeit kam. Lebenslanges Lernen hält fit.

Die Zeit ist vorbei, als man glaubte, Menschen und ihre Arbeit exakt messen zu können. Menschen kann man nicht messen – nur ihre Körpergröße und ihr Gewicht. Ihr Vermögen und ihre Leistung kann man nur abschätzen und einschätzen. Dazu müssen wir sie aber zunächst schätzen und als Mensch schätzen lernen.

Die Zeit ist auch vorbei, als man glaubte, Mitarbeiter motivieren zu können. Motivieren kann sich jeder Mensch nur selbst – zu seinem nächsten Schritt, zu seiner nächsten Tat, zu seiner nächsten Idee. Die anderen können ihm durch ein angstfreies Umfeld Mut dazu machen.

Dazu brauchen wir eine *Revolution im Denken* und eine *Evolution im Handeln*. Wenn wir unsere Blickrichtung um 180 Grad gedreht haben – von unserer Innensicht hin zum Kunden –, können wir Schritt für Schritt das ganze Unternehmen drehen: *mit* den Menschen und nicht gegen die Menschen, *mit* dem Betriebsrat nicht gegen den Betriebsrat, *mit* dem Management und nicht gegen das Management. Indem wir nicht über *Zuständigkeiten* diskutieren, sondern über *Verantwortlichkeiten*, indem wir nicht erst die *Schnittstellen* festlegen und das Problem abgrenzen, sondern indem wir die *Nahtstellen*, Verbindungsstellen und die *Zusammenhänge* aufdecken.

Erfolgreiches Vitalisieren und Mobilisieren geschieht meist in vier Phasen:

1. Die erste Phase ist die „Revolution des Denkens". Sie ist gekennzeichnet durch

    – ganzheitliche Darstellung des Unternehmens mit seiner *Leistungslandkarte* für die internen und externen Kunden,

    – Anpassung der *Rahmenbedingungen*, insbesondere

      - Steuerungs- und Controlling-Systeme,

      - Bezahlungs- und Belohnungssysteme,

      - Arbeitszeitmodelle,

      - Karrieremodelle, insbesondere der *Gleichrang von Fach- und Führungsaufgaben*.

2. Die zweite Phase sind pilothafte, evolutionäre Schritte, d. h. das Ausprobieren des Neuen auf Testfeldern.

3. Die dritte Phase ist Schaffung einer *Unternehmens-Verfassung* mit den Erfahrungen der Testpiloten. Die Verfassung darf nicht von oben verordnet werden, sondern muß Abbild der gelebten Kultur sein – sonst bleibt sie nur Papier, und „Papier kann kein Feuer stoppen" (chinesisches Sprichwort).

4. In der vierten Phase wird das *ganze* Unternehmen erfaßt und gemeinsam mit dem Menschen weiterentwickelt. Das Unternehmen als Gemeinschaft für die Menschen bewegt sich nur dann auf den Kunden zu, wenn jeder Mensch diese Schritte vollzieht: wie bei einem Fischschwarm, der vor einem Hindernis seine Richtung

ändert. Erst wenn jeder Mitarbeiter zu seinem Kunden freundlich ist und dessen Wünsche ernst nimmt, bewegt sich der Schwarm in die richtige Richtung.

Bei dieser Bewußtseins- und Verhaltensänderung helfen kleine Hinweise, z. B.:

– Behandeln Sie jeden Kunden so, wie Sie als Kunde z. B. im Restaurant behandelt werden wollen.

– Stellen Sie sich als Chef immer die Frage, ob Sie Ihr eigener Mitarbeiter sein wollten.

– Lächeln Sie am Telefon:
  Der Kunde merkt, ob

  - Sie es ehrlich meinen,

  - Sie ihm helfen wollen,

  - er Ihnen zur Last fällt,

  - Sie gerne mit ihm sprechen,

  - er Ihnen ungelegen kommt.

  Er wird gerne mit Ihnen sprechen, wenn Sie am Telefon lächeln – und nicht nur am Telefon.

Die Revolution des Lächelns

> „Viel Kälte ist unter den Menschen,
> weil wir nicht wagen, uns so zu geben, wie wir sind."
> Albert Schweitzer

Lächeln kann bekanntlich Berge versetzen. Manchmal hat man allerdings das Gefühl, daß die lachenden Gesichter in den Geschäftsberichten geliehene Fotomodelle sind. Vielleicht gelingt die Gratwanderung zwischen Revolution und Evolution mit Kundenfreundlichkeit und Menschenfreundlichkeit, mit Achtung vor den Mitarbeitern, vor den Kunden und Lieferanten, mit einem gelebten und lebendigen Ehrenkodex und besonders mit Ehrlichkeit. Vielleicht erspart uns die Revolution des Lächelns die Revolution der Radikalkurven und des Cost Cuttings.

Ein Lächeln:

– Es kostet nichts und bringt viel ein.

– Es bereichert den Empfänger und den Geber.

– Es ist kurz und die Erinnerung daran oft unvergänglich.

- Keiner ist zu reich, um darauf verzichten zu können.
- Keiner ist so arm, daß er es sich nicht leisten könnte.
- Es bringt Glück und ist ein Zeichen von Freundschaft.
- Es bekommt erst dann seinen Wert, wenn es verschenkt wird.

Die Kunden werden entscheiden: Entweder schaffen wir den mentalen Turn-around und der Kunde fühlt sich bei uns wohl. Oder er wendet sich ab und wir müssen die Fabriken, Werke und Büros und Niederlassungen schließen. Entweder das Management und der Betriebsrat fördern den Turn-around – oder der Kunde entläßt sie. Denn schließlich haben wir alle nur einen Arbeitgeber: unsere externen und internen Kunden. Und die geben als kundige Kunden die Arbeit dorthin, wo sie Leistungen bekommen, die ihren Preis wert sind, und wo sie als Kunden gern gesehen sind.

> „Ich kann menschlich verstehen, warum Unternehmer
> nicht gerne Verantwortung an Mitarbeiter abgeben.
> Das ist viel schwerer, als Geld abzugeben.
> Aber sie werden lernen müssen, daß ihre Unternehmen
> mit Kooperation viel besser laufen."
> Reinhard Mohn

Literatur

BEER, S.: Diagnosing the System of Organisations, Chichester, New York 1985

BEER, S.: The Viable System Model, Chichester, New York 1989

BINNIG, G.: Aus dem Nichts: über die Kreativität von Natur und Mensch, München, Zürich 1990

CAPRA, F.: Wendezeit, Bern, München, Wien 1986

DE BONO, E.: Die positive Revolution, Düsseldorf, Wien 1994

FROMM, E.: Die Furcht vor der Freiheit, München 1991

FUCHS, J.: Das biokybernetische Modell: Unternehmen als Organismen, 2. Auflage, Wiesbaden 1994

GOMEZ, P./ZIMMERMANN, T: Unternehmensorganisation, Frankfurt, New York 1992

GRÄSSLE, A.: Quantensprung, München 1993

HAMMER, M./CHAMPY, J.: Business Reengineering, Frankfurt, New York 1994

KIESER, A./KUBICZEK, H.: Organisation, Berlin, New York 1983

KIRCHNER, B.: Benedikt für Manager: die geistigen Grundlagen des Führens, Wiesbaden 1994

LUHMANN, N.: Legitimation durch Verfahren, Berlin 1969

LUHMANN, N.: Soziale Systeme, Frankfurt 1993

MANDELBROT, B.: Die fraktale Geometrie der Natur, Basel 1983

MATURANA, H./VARELA, F.: Der Baum der Erkenntnis. Die biologischen Wurzeln des menschlichen Erkennens, Bern, München 1992

MOLCHO, S.: Körpersprache als Dialog, München 1988

NEFIODOW, L.: Der fünfte Kondratieff, Wiesbaden 1990

OFW: Die Ressource Mensch im Mittelpunkt innovativer Unternehmensführung, Wiesbaden 1993

PETERS, T.: Jenseits der Hierarchien, Düsseldorf 1993

PINCHOT, G.: Intrapreneuring, Wiesbaden 1988

PORTER, M.: Wettbewerbsvorteile, Frankfurt 1985

DIE REGEL DES HEILIGEN BENEDIKT, Beuron

SCHEER, A-W.: Wirtschaftsinformatik, Berlin, Heidelberg, New York, Tokio 1994

SMITH, A.: Wohlstand der Nationen (Nachdruck), München 1988

TAYLOR, F.W.: The Principles of Scientific Management, New York 1911, Deutsche Fassung: Die Grundsätze wissenschaftlicher Betriebsführung, München, Berlin 1919

VESTER, F.: Neuland des Denkens: Vom technokratischen zum kybernetischen Zeitalter, München 1984

VESTER, F: Denken, Lernen und Vergessen, München 1992

WEBER, M.: Wirtschaft und Gesellschaft. Tübingen 1980

Teil 2:

Das vitale Unternehmen: Beispiele, Barrieren, Lösungswege

1. Führen bei Lufthansa – Führung im Wandel
   Hemjö Klein

2. Porsche: Ein Unternehmen wird fit
   Wendelin Wiedeking

3. Karriere ohne Hierarchien
   – Wie man im 21. Jahrhundert Karriere macht
   Jürgen Fuchs

4. Den Wandel menschlich gestalten – Aspekte fortschrittlichen Personalmanagements am Beispiel der Deutschen Bank
   Heinz Fischer/ Silvia Steffens-Duch

5. Der Mensch rückt in den Mittelpunkt: Gruppenstrukturen und Entgeltsysteme für vitale Unternehmen am Beispiel der Audi AG
   Andreas Schleef

6. Die Entdeckung der Mitarbeiter:
   Ein Unternehmen steuert sich selbst
   Johann Tikart

7. Festo auf dem Weg zum Lernunternehmen
   Ulrich Höschle/Peter Speck

8. Business Reengineering
   – ein Weg in die Arbeitswelt der Zukunft
   Ulrich Klotz

9. Die Restrukturierung der Unternehmensprozesse:
   Die Neuentdeckung des Menschen
   Lothar Fohmann

10. Die Informatik: Job-Killer oder Job-Knüller?
    Jürgen Fuchs

Führen bei Lufthansa – Führung im Wandel

Hemjö Klein

1. Dienstleistung heißt „Dienen" und „Leisten"
2. Die Bedeutung der sozialen Kompetenz für unser Führungsverständnis
   - Kommunikation
   - Gemeinsame Ziele
   - Teamgefühl
   - Innovative und kreative Unruhe
   - Konstruktive Konfliktlösungsfähigkeit
   - Vertrauen
3. Unsere neue Definition von Führung
4. Widerstände gegen Veränderungen im Führungsverständnis
5. Wege zu einem neuen Führungsverständnis
6. Was können wir aus vorangegangenen Reorganisationen lernen?
   - Die ungeschriebenen Regeln
   - Das interne Wertsystem
7. Welches sind die nächsten Schritte?

Hemjö Klein, geboren 1941 in Lindlar, ist seit 1. Juni 1993 Mitglied des Vorstandes der Deutschen Lufthansa AG und zuständig für Marketing. Hemjö Klein begann 1960 bei der Deutschen Lufthansa mit der Ausbildung zum Luftverkehrskaufmann. Danach war er als Führungsnachwuchs im In- und Ausland eingesetzt und nahm anschließend verschiedene Funktionen wahr, bis er im März 1975 Geschäftsführer der Tochtergesellschaft Lufthansa Service GmbH wurde. Von November 1981 bis 1982 war er Vorstandsmitglied für das Ressort Marketing und Vertrieb der Neckermann Versand AG. Danach wechselte er zur Deutschen Bundesbahn, wo er als Vorstandsmitglied für den Unternehmensbereich Personenverkehr der Deutschen Bundesbahn/Deutschen Reichsbahn verantwortlich war.

1. Dienstleistung heißt „Dienen" und „Leisten"

Fliegen, der uralte Menschheitstraum, ist inzwischen zu einer Selbstverständlichkeit geworden, wenn es darum geht, Menschen zueinander zu bringen oder Waren zu transportieren. Mit dem zunehmenden Wachstum des Luftverkehrs haben sich aber auch die Bedingungen und Herausforderungen dieser Branche entscheidend gewandelt. Die technologische Entwicklung, der wirtschaftliche Druck des immer stärker werdenden Wettbewerbs und der allgemeine Wertewandel in der Gesellschaft beeinflussen die Erfolgsvoraussetzungen für die zweite Hälfte der neunziger Jahre ganz entscheidend. Luftverkehr ist *Dienstleistung* mit Betonung auf beidem, auf *„Dienen"* und *„Leisten"*. Der Zukunftsanspruch von Dienstleistung scheint allseits verstanden. Allzu häufig allerdings fällt der Schwerpunkt immer noch einseitig auf „Leisten"; Dienen kommt zu kurz. Wenn vielfach Service immer noch als ein Zusatznutzen angesehen wird, den man sich leisten kann, wenn es einem gut geht, hat Dienstleistung heute in ihrer Wertigkeit längst existentielle Bedeutung erlangt.

Damit wird klar, daß die Menschen, mit denen wir unser Geschäft betreiben, im Mittelpunkt unserer Anstrengungen nach ständiger Verbesserung unserer Qualität stehen. Die Qualität unserer Dienstleistung entscheidet sich immer wieder, jeden Tag viele tausend Male, in der Begegnung unserer Mitarbeiterinnen und Mitarbeiter mit unseren Kunden. Um das Bewußtsein dafür zu wecken und die dazu notwendige Einstellung zu fördern, nutzen wir Lufthansa-weit Total Quality Management als Führungsinstrument, mit dem Ziel: jedem Mitarbeiter das zu vermitteln und zu ermöglichen, was unverzichtbar ist für seinen persönlichen Erfolg und damit den Erfolg des Unternehmens: Selbstbewußtsein und Selbstwertgefühl, nicht aber die sprichwörtliche Arroganz. Der Schlüssel zur Professionalität in Dienstleistungsunternehmen liegt heute nicht mehr in der Dienstvorschrift oder dem definierten Standard, sondern darin, daß alle Mitarbeiter selbständig wie Kunden denken und handeln.

Das ist der eine Grund, warum wir uns bei Lufthansa ganz besonders intensiv mit dem Thema Führung beschäftigen. Der andere Grund ist ein wirtschaftlicher: Alle Produktionsfaktoren sind in den letzten 100 Jahren billiger geworden mit Ausnahme der menschlichen Arbeit. Gleichzeitig ist dieser Produktionsfaktor aber sowohl qualifizierter als auch sensibler geworden, ein Umstand, der die Anforderungen im Bereich der Personalführung enorm komplexer hat werden lassen. Das Wort von der sozialen Kompetenz und Intelligenz als zentraler Schlüsselqualifikation heutiger Führungskräfte macht die Runde, und jeder versucht, sich seinen Reim darauf zu machen.

2. Die Bedeutung der sozialen Kompetenz für unser Führungsverständnis

Für uns bei Lufthansa bedeutet soziale Kompetenz die gelungene Kombination aus selbständigem Handeln und der Fähigkeit zur Kooperation. Unsere Führungskräfte sollen in der Lage sein, Visionen in Strategien und Strategien in konkreten Handlungsentscheidungen umzusetzen, Gestaltungsspielräume kreativ und kundenorientiert auszunutzen und vor allem durch ihr eigenes Handeln Vorbilder für ihre Mitarbeiterinnen und Mitarbeiter zu sein. Der Manager von heute ist weniger Komponist und mehr Dirigent.

Gleichzeitig erwarten wir von ihnen aber auch die Fähigkeit und den Willen zu hilfsbereitem, solidarischem Handeln. Gelungene Zusammenarbeit setzt sowohl Verstehen als auch Verständigung voraus. Verstehen erfordert Sensibilität, Respekt und Menschlichkeit; Verständigung setzt Aktivität und den Willen, sich um wirklich tragfähige Kompromisse zu bemühen, voraus. In dem folgenden Beitrag sollen unsere Bemühungen zur Verbesserung unserer sozialen Kompetenz verdeutlicht werden.

Wir haben sechs Erfolgsfaktoren definiert für unseren Weg zu einem starken und lebendigen Führungsverständnis:

- Kommunikation,
- gemeinsame Ziele,
- Teamgefühl,
- innovative und kreative Unruhe,
- konstruktive Konfliktlösungsfähigkeit,
- Vertrauen.

Kommunikation

Quantität und Qualität der Kommunikation sind nicht wechselseitig voneinander abhängig. Andererseits gilt aber auch, daß mit einer Verstärkung der Kommunikation die Informationen nicht automatisch besser werden. In der Regel ist ein funktional-formales Führungssystem aus sich heraus gar nicht in der Lage, das Informationsbedürfnis der Beteiligten angesichts dynamischer Veränderungen zu befriedigen. Daher wollen wir die ohnehin *vorhandene informelle Kommunikation* im Unternehmen enttabuisieren, konsequent fördern und konstruktiv nutzen. Wir brauchen mehr funktions- und hierarchieübergreifend organisierte Informationsveranstaltungen, die kürzer, effizienter, aber auch offener und weniger formal sein sollen als in der Vergangenheit.

Information und persönliches Know-how sind keine Bunkerware mehr. Sie stehen allen offen und ohne Nachweis der Legitimation zur Verfügung. Wer wissen will, kann wissen.

Gemeinsame Ziele

Jede Mitarbeiterin und jeder Mitarbeiter ist insbesondere dann zu erhöhten Anstrengungen bereit, wenn ihre bzw. seine persönlichen Ziele mit denen des Unternehmens weitgehend übereinstimmen. Diese *Übereinstimmung* zu erzielen ist eine der wichtigsten und gleichzeitig schwierigsten Aufgaben von Führungskräften. Folgende Faktoren sind dabei wichtig:

— *Wertewandel:* Ein tayloristisch-funktional organisiertes Unternehmen kann die Ansprüche der Beschäftigten an Eigenverantwortung, Selbstorganisation und Einbindung in die strategischen und operativen Prozesse nicht erfüllen.
— *Qualifikation:* Die verfügbare Qualifikation der Mitarbeiterinnen und Mitarbeiter ist in den letzten Jahren stetig gestiegen. Dies ermöglicht mehr Verantwortung und Kompetenz auf den „unteren Ebenen".
— *Identifikation:* Die Menschen stellen heute höhere Anforderungen an die Sinnhaftigkeit der Aufgaben, die sie leisten sollen. Das schließt auch gesellschaftliche Aspekte mit ein (Umweltschutz etc.).

Die gewünschte Bindung der Mitarbeiterinnen und Mitarbeiter „mit Herz und Verstand" an „ihre Lufthansa" kann nur über eine gemeinsam entwickelte und getragene Vision gelingen.

Teamgefühl

Teamgefühl entsteht nur in einem Klima ohne Bereichs- und Zuständigkeitsegoismen. Diese Egoismen oder „Bannmeilen", wie wir sie intern nennen, entwickeln sich meistens aus Ängsten heraus, aus Ängsten vor Arbeitsplatz-, Status- oder Einflußverlust. *Man kann diesen Ängsten nur mit Perspektiven abhelfen.* Je individueller und natürlich auch je positiver die Perspektive, desto besser hilft sie. Perspektiven gestalten gehört deswegen ebenso wie Kommunikation zu den wichtigsten Führungsaufgaben. Perspektiven gestalten und *Teamgefühl* fördern birgt aber auch eine ungeheure Gefahr in sich: die Gefahr, sich im Team einzuigeln und Bereichsmauern, also unsere Bannmeilen, wieder aufzubauen. Das, was man eigentlich verhindern möchte, würde dadurch sogar noch verstärkt.

Dagegen kann man wirkungsvoll mit *Prozeßverantwortung* vorbeugen. Funktionen lassen sich „einmauern", Prozesse nicht. Wir haben uns natürlich auch gefragt, ob das ganze Thema „Prozeßorientierung", das ja zur Zeit in aller Munde ist, vielleicht nur eine vorübergehende Modeerscheinung ist, die uns auch nicht nachhaltig hilft, besser zu werden, wie einige der Vorgängertrends. Letztlich sind wir aber zu der Überzeugung gekommen, daß wir durch die Verbesserung unserer Prozesse wirklich entscheidende Fortschritte in Qualität und Effizienz erwarten, denn bei uns ist ja sogar das Produkt, das wir unseren Kunden anbieten, ein Prozeß, nämlich die Beförderung vom Ausgangs- zum Zielort.

Innovative und kreative Unruhe

Die sich wandelnde Struktur der Lufthansa ist nicht das Ende des Prozesses, sondern der Prozeß selbst. Führungskräfte und Mitarbeiter/-innen vermissen die augenscheinliche Sicherheit eines stabilen Organigramms. Unsere Aufgabe ist es jetzt, ihnen *Sicherheit in der Dynamik* zu geben. Das wird ebenfalls erst durch prozeßorientierte Strukturen und gemeinsame Ziele ermöglicht. Wir müssen verdeutlichen, daß innovative und kreative Unruhe in unserem dynamischen Wettbewerbsumfeld ein entscheidender Faktor der Überlebenssicherung ist. Ohne sie, aber auch ohne die neu zu definierende *„persönliche Sicherheit in der Prozeßorganisation"* kann aus all den notwendigen Veränderungsaktivitäten keine Veränderungskultur wachsen. Weder die einschlägige Literatur noch die aktuelle Forschung hat bisher einen gangbaren Lösungsweg aufzeigen können, wie diese neue Art von Sicherheit in der Prozeßorganisation aussehen könnte und wie man sie erreicht. Hier sind neue Ideen und Vorschläge gefragt.

Konstruktive Konfliktlösungsfähigkeit

Veränderungen beinhalten auch Konfliktpotential. Von der Bereitschaft und Fähigkeit der Beteiligten, diese Potentiale offen, aber auch fair und respektvoll „auf den Tisch zu legen", hängt die Wahrscheinlichkeit von konstruktiven und tragfähigen Lösungen ab. Die Lösung eines Konfliktes ist nicht das alleinige Ziel, der Weg dorthin prägt die Führungskultur. Eines dürfen wir dabei niemals vergessen: *Wie wir miteinander umgehen, so erlebt uns letztlich auch der Kunde.* Konfliktlösungen dürfen keine Sieger und Besiegte hinterlassen, sondern müssen alle ein Stückchen weiter nach vorne bringen. Nur so können sich eine positive Streitkultur entwickeln und aus dem Konflikt am Ende Synergie entstehen.

Vertrauen

Ohne ein starkes gegenseitiges Vertrauen, sowohl in vertikaler wie auch horizontaler Richtung, kann kein Team erfolgreich sein, weder im Sport noch in der Politik oder in der Industrie. Mißtrauen erzeugt nämlich auch Redundanzen, bremst die Prozesse und produziert damit automatisch Ineffizienz. In der Führung muß es heißen: Kontrolle ist gut, Vertrauen ist besser. Vertrauen schenken kann man nur, wenn man sich nicht bedroht fühlt. Veränderungen sind aber für eine funktionale Organisation bedrohlich; sie bedrohen Zuständigkeiten. Wir müssen deswegen *„Zuständigkeit für eine Funktion"* durch *„Verantwortung für einen Prozeß"* ersetzen.

3. Unsere neue Definition von Führung

Früher bedeutete Führen Arbeiten vorzubereiten, sie zu verteilen, das Tagesgeschäft zu steuern und den Erfolg zu kontrollieren. Heute und in Zukunft bedeutet *Führen: Entwickeln von Fähigkeiten*. Führungskräfte müssen die Rahmenbedingungen schaffen, die es Menschen mit unterschiedlicher Begabung, Ausbildung und unterschiedlichem Potential ermöglicht, ihre Aufgaben selbständig und effizient zu erfüllen und unseren Kunden eine professionelle und gleichzeitig herzliche Dienstleistung zu bieten. Das erfordert drei unterschiedliche Führungsdimensionen:

die strategische: Zukunft antizipieren und Perspektiven gestalten;

die emotionale: Teamgefühl fördern und vertrauensvolle Zusammenarbeit in den Prozessen entwickeln;

die dynamische: den Wandel zu einem Bestandteil der unternehmerischen Existenz machen und die Entwicklung zu weitgehend selbstgesteuerten Teams fördern.

Diese drei Führungsdimensionen erfordern ein verändertes Anforderungsprofil. Dabei tritt neben der strategischen Kompetenz vor allem die in der Einleitung erwähnte soziale Kompetenz in den Vordergrund.

Man kann keine Prozesse managen, wenn man die Organisation, der man „vorgesetzt" ist, als „meinen Laden", die Mitarbeiterinnen und Mitarbeiter als „meine Leute", die Arbeitsergebnisse als „meine Leistung" und die Zielerfüllung als „meine persönliche Verantwortung" betrachtet. In einem hoch vernetzten System entspricht die Funktion des Chefs nicht mehr derjenigen des dynamischen Machers und Einzelkämpfers, sondern viel eher der eines Trainers, Coaches und Beraters. Professor Dr. Hilb vom Institut für Personalmanagement an der Hochschule St. Gallen spricht deswegen statt von Vorgesetzten von *„Vorgenetzten"*, statt von Mitarbeitern von *„Mitunternehmern"* und statt von Leitungsspanne von „*Vertrauensspanne*". Um das zu erreichen, müssen wir aus Machern Vormacher machen. Dazu brauchen wir starke Persönlichkeiten, an denen sich Mitarbeiterinnen und Mitarbeiter orientieren und von denen sie lernen können.

4. Widerstände gegen Veränderungen im Führungsverständnis

Alle unsere heutigen Führungskräfte haben mindestens einen „Karriereschritt" in der „alten" Führungskultur hinter sich. Da nichts so sehr verhaltensprägend ist wie der Erfolg, ist es sehr schwer, sich selbst und den anderen Führungskräften nahezubringen, daß in Zukunft andere Verhaltensmuster erfolgreicher sein werden als in der Vergangenheit. Das gleiche gilt unter dem bereits beschriebenen Aspekt der Sicherheit. Abkehr von funktional-hierarchischen Strukturen bedeutet zwangsläufig auch den Verlust oder zumindest eine Abschwächung von tradierten Statussymbolen. Weil (Status-) Symbole ein nicht zu unterschätzender Teil von Führungskultur sind, bedeutet ein ersatzloser Verlust gleichzeitig auch einen kulturellen Einschnitt.

Speziell bei diesem Thema dürfen wir aber auch gesellschaftliche Entwicklungen der letzten Jahre und Jahrzehnte nicht aus dem Auge lassen: Die allgemeine Wohlstandsentwicklung hat bei dem zugleich vorhandenen Bedürfnis der Menschen nach Individualisierung und Differenzierung dafür gesorgt, daß Statussymbole zwar offiziell als weniger wichtig eingestuft werden, sie sich inoffiziell aber immer subtiler und feingliedriger entwickelt haben. Daran haben insbesondere die Konsumgüter- und die Automobilindustrie einen nicht unbeträchtlichen Anteil gehabt, und auch wir in der Airlinebranche wissen natürlich, daß die rote Bordkarte neben dem Komfort auch einen „imagebildenden" Effekt unter den Mitreisenden verspricht.

Gerade weil aber das Statusimage nicht nur in der Gesellschaft, sondern auch innerhalb der Kollegenschaft in einem Unternehmen nach wie vor eine stark differenzierende und damit sehr wichtige Bedeutung hat, müssen wir uns vor einer ideellen Abwertung von Führungspositionen in acht nehmen. Veränderungen, die von den Betroffenen als persönliche Abwertung empfunden werden, lösen naturgemäß extrem starke Widerstände aus. Es muß uns deswegen gelingen, den Wertewandel im Unternehmen so transparent zu gestalten, daß für jeden Mitarbeiter die Veränderung von Führung und die Zunahme ihrer Bedeutung erkennbar und nachvollziehbar wird.

5. Wege zu einem neuen Führungsverständnis

Einen Einstellungswandel in der Führung kann man nicht machen oder anordnen, er muß sich entwickeln. Das kann er aber nur, wenn er gewollt und gefördert wird und wenn die Voraussetzungen geschaffen werden. Dazu gehört vor allem die *Weiterentwicklung der geschriebenen und ungeschriebenen Spielregeln* im Unternehmen. Entscheidend ist die *gemeinsame* Betrachtung dieser beiden Ordnungsfunktionen, denn es nützt nichts, z. B. Teamarbeit als bevorzugte Form der Arbeitsorganisation nur in Absichtserklärungen, Leitlinien o. ä. zu apostrophieren, solange das ungeschriebene Gesetz, daß die besten „Einzelkämpfer" befördert werden, nicht ebenfalls sichtbar und nachvollziehbar geändert wird. Eine weitere Voraussetzung für den Einstellungswandel ist die Weiterentwicklung der Parameter für den externen und internen Erfolg und natürlich auch, wie bereits beschrieben, die Anpassung der tradierten Symbole.

Herkömmliche Beobachtung kennt Aufwand und Ertrag als Indikatoren für das Ergebnis. Qualität kommt dabei häufig zu kurz. Was nicht gemessen wird, wird nicht getan. Deshalb hat Lufthansa Qualität als dritte Ergebnissäule neben Aufwand und Ertrag im gesamten Unternehmenscontrolling eingeführt. Die Ergebnissäule Qualität wird heruntergebrochen auf insgesamt zehn Produkt- und Servicekomponenten, die zusammengefaßt als „Costumer Service Index" Kriterien von Image, Kundenpräferenz und Benchmark des Wettbewerbs berücksichtigen. Der CSI wird monatlich erstellt und liefert Daten für alle Bereiche, die direkt Dienstleistungen für unsere Kunden erbringen. Jeder Bereich hat für jeden einzelnen dieser Qualitätsparameter Zielwerte, die monatlich bzw. kumuliert für das Gesamtjahr erreicht werden müssen. Aus dem Vergleich der Ist- mit den Zielwerten kann jeder Servicebereich individuelle Maßnahmen ableiten und kurzfristig umsetzen. Der Grad der Zielerreichung, über das Gesamtjahr gesehen, ist im übrigen ein entscheidender Faktor in der Diskussion über eventuelle zusätzliche Bonuszahlungen oder sonstige Incentives.

Als Ergänzung zu diesem bereits etablierten Meßsystem nach außen wollen wir jetzt geeignete Instrumente zur *Bewertung unserer Servicequalität nach innen* entwickeln, d. h., wir wollen die Leistungen in der Zusammenarbeit und vor allem die Führungsleistung nachvollziehbar messen. Hier wird es sicher schwieriger sein, objektive Kriterien zu finden, die bereichsübergreifend vergleichbar sind und aus denen man im Vergleich zwischen Ist- und Zielwerten Maßnahmen zur Verbesserung ableiten kann. Erste Überlegungen, u. a. mit der Hochschule St. Gallen, zur Entwicklung eines *„Leadership Quality Index"* haben stattgefunden, und wir sind zuversichtlich, bereits im kommenden Jahr mit einem Probelauf beginnen zu können. Was die Zusammenarbeit innerhalb des Unternehmens über Bereichsgrenzen hinweg angeht, haben wir bereits gute Erfahrungen mit der flächendeckenden Einführung von Qualitätsgruppen gemacht. Allein im Bereich Passage sind innerhalb von einem Jahr nach dem Startschuß 48 Qualitätsgruppen und 13 Problemlösungsgruppen entstanden, die sich mit der Verbesserung von Abläufen und Verfahren beschäftigen.

Für den Erfolg aller Bemühungen wird es sehr wichtig sein, die beiden Wandlungsprozesse, den der Struktur und den der Führungseinstellung, gemeinsam zu betrachten und zu entwickeln. Moderne Führung in überholten Strukturen wird genauso wenig funktionieren wie der Versuch, moderne Strukturen mit dem Führungsverständnis der Vergangenheit zum Erfolg bringen zu wollen.

6. Was können wir aus vorangegangenen Reorganisationen lernen?

Eine aktuelle, internationale Studie der Unternehmensberatung ADL spricht davon, daß erfahrungsgemäß ca. 70 Prozent aller Veränderungsansätze in Unternehmen am mehr oder weniger offenen Widerstand der Belegschaft scheitern. Alle Wellen neuer Managementansätze seit Beginn der 80er Jahre wie One-Minute-Management, Teamwork, Process Reengineering, Customer Focus und Learning Company haben stillschweigend eine quasi automatische Verhaltensänderung in der Belegschaft vorausgesetzt und dabei diesen Prozeß in seiner Komplexität deutlich unterschätzt. Gegen Ende der 80er Jahre begann dann das allgemeine Nachdenken über das Thema „Unternehmenskultur" als möglichen Schlüssel zur Lösung der Umsetzungsprobleme bei Veränderungsprozessen. Unternehmenskultur entsteht aus der Verbindung und gemeinsamen Wirkung der offiziellen Leitbilder mit den „ungeschriebenen Gesetzen". Die erwünschte, stabile Balance eines Unternehmens kann somit nur dann erreicht werden, wenn die „geschriebenen" Regeln, wie z. B. Führungsgrundsätze, Leitlinien oder Verhaltensinitiativen, mit den „ungeschriebenen" Regeln übereinstimmen.

Die ungeschriebenen Regeln

Wenn sich unsere Erneuerungsbemühungen also nicht im Sande vieler Vorgängerprogramme verlaufen sollen, dann müssen wir uns einige wichtige Fragen stellen: Ist unser wichtigstes Ziel, die Zufriedenheit unserer Kunden, auch wirklich von jedem einzelnen verinnerlicht? Ist es gelungen, die Verbindung zwischen diesem Ziel und seinen bzw. ihren persönlichen Zielen herzustellen? Ist dieses Ziel auch in die ungeschriebenen Verhaltensregeln integriert worden? Falls nein, wie können wir das bewerkstelligen?

Um diese Fragen beantworten zu können, müssen wir uns, auch wenn das nicht sehr progressiv klingt, zunächst intensiv mit uns selbst befassen. Wir müssen herausfinden, wie die ungeschriebenen Regeln in unserem Unternehmen aussehen und an welchen Punkten sie sich von der erwünschten Form unseres künftigen Unternehmensorganismus unterscheiden. Das Bild unseres *ungeschriebene Regelwerks* wird im wesentlichen von *drei Kräften* bestimmt, auf die wir uns bei der Untersuchung konzentrieren:

- *Motivierende Kräfte* beschäftigen sich mit der Frage: „Was ist wichtig?", dazu gehören also Laufbahnmodelle ebenso wie monetäre und nicht-monetäre Anerkennungen. Ungeschriebene Regeln zeigen Wege auf, wie diese Anreize auf möglichst einfache Art und Weise erreicht werden können.

- Die zweite Kraft hängt mit der *direkten Führung* zusammen; die Vorgesetzten, ihre Führungssysteme und -stile sind naturgemäß besonders dazu angetan, Wechselwirkungen mit den ungeschriebenen Regeln auszuüben. „Leitsätze", wie „den Chef immer zufriedenstellen", „für jeden Fehler immer eine passende Ausrede parat haben" oder „Einzelleistung wird eher honoriert als Teamleistung", könnten „ungeschriebene Antworten" auf bestimmte Ausprägungen von Führung sein.

- Außerdem wirkt noch eine dritte Kraft im Unternehmen: *Verhalten innerhalb der Kollegen und Kolleginnen.* Bereichsegoismen könnten zum Beispiel im negativen Fall das Ergebnis solcher Interaktionskräfte sein. Ungeschriebene Regeln als Reaktion auf diese Kräfte würden dann Mittel und Wege zur Errichtung und Sicherung der bereits beschriebenen „internen Bannmeilen" aufzeigen.

Das interne Wertsystem

Den drei beschriebenen Kräften stehen auf der anderen Seite Werte zur Seite, die den ungeschriebenen Regeln die Unterscheidung in „gut" oder „schlecht" ermöglichen. Die aus unserer Sicht wichtigsten dieser Werte sind

- die Zusammengehörigkeit,
- die Reaktionsfähigkeit,
- die Stabilität und
- die Ergebnisorientierung.

Der Wert „Zusammengehörigkeit" basiert auf einer hohen Sensibilität sowohl gegenüber Kunden als auch gegenüber den Kolleginnen und Kollegen. Wichtig sind Teamwork, Einbeziehung aller Mitarbeiter und möglichst weitgehender Konsens. Das Wir-Gefühl basiert auf Loyalität und Tradition.

Der Wert „Reaktionsfähigkeit" setzt ein dynamisches, kreatives und unternehmerisch denkendes und handelndes Arbeitsumfeld voraus, in dem Führungskräfte und Mitarbeiter/-innen bewußt Risiken eingehen. Wichtig sind ein gemeinsames Verständnis und eine gemeinsame Erfahrung von Innovation. Individuelle Initiativen und Freiheitsgrade müssen gefördert werden.

Der Wert „Stabilität" entsteht durch formalisierte und strukturierte Arbeitsabläufe. Der besondere Fokus liegt auf der Effizienz und der Berechenbarkeit. Wichtig sind klare Berichtswege und unmißverständliche Regeln.

Der Wert „Ergebnisorientierung" hat für uns in den letzten Jahren aufgrund der Liberalisierung unserer Märkte und der fortschreitenden Privatisierung am meisten an Bedeutung gewonnen. Das Meßbarmachen von Zielen, sowohl in klassisch-quantitativer wie auch in der neu entwickelten qualitativen Form des bereits erwähnten CSI (Customer Service Index), ist eine wichtige Voraussetzung, um den jeweiligen Grad der Zielerreichung messen zu können.

7. Welches sind die nächsten Schritte?

Wenn wir die Kräfte und Werte, die unsere ungeschriebenen Regeln beeinflussen, „erforscht" haben, werden wir gemeinsam mit den Führungskräften und Mitarbeitern/innen zunächst ein *Wunschbild des neuen Lufthansa-Organismus* zeichnen, das sowohl nach außen wie nach innen den Erwartungen unserer Kunden entspricht und das gleichzeitig genügend Erfolgspotentiale beinhaltet, um die Herausforderungen des sich weiter verschärfenden Wettbewerbs zu meistern. Anhand des Ist-Zustands unserer formellen und informellen Strukturen können wir dann die Vektoren der Erneuerung aufzeigen und konkrete Maßnahmen und Projekte definieren, die den Prozeß des Wandels der Lufthansa unterstützend begleiten sollen. Dabei liegt sicherlich noch eine weite Wegstrecke vor uns.

Dazu haben wir eine klare Vision: „Wir wollen eine globale, profitable Fluggesellschaft sein. Made by Lufthansa wird zum Qualitätssiegel in den Märkten." Auf dem Weg wird das Prinzip der Kundenorientierung zur Selbstverpflichtung für die Mitarbeiter der Lufthansa und ist gleichzeitig Leitfaden des Qualitätsmanagements. In der Mission des Passage Ressorts ist dies verankert. Hier heißt es u. a.:

- Wir sind ein Dienstleistungunternehmen. Unsere Arbeit bezahlt der Kunde. Ihm dienen wir, für ihn leisten wir.
- Wir sind Lufthansa: jeder von uns, jeden Tag, jederzeit, überall.
- Kundennutzen ist unser Produkt. Vor, während und nach der Reise setzen wir Maßstäbe in Qualität für unsere Kunden.

Einer der beiden zentralen Erfolgsfaktoren in unserer Branche liegt in einer *optimalen Vernetzung*, einerseits im Flugplan, um für möglichst viele Reiseanlässe das günstigste Angebot machen zu können, andererseits aber auch in den internen Prozessen, ohne die eine wettbewerbsfähige Kostenposition unerreichbar ist. Und wenn unser Erfolg im Markt von der Qualität der Vernetzung abhängt, dann gibt es keinen Anlaß anzunehmen, daß dies für den Erfolg unserer strukturellen und mentalen Erneuerung nicht gelten sollte. „Führung im Wandel" erfordert vernetztes Denken und Handeln. Sie erfordert die Verknüpfung der Restrukturierung mit dem Wandel der Einstellung zu Führung und Zusammenarbeit. Sie verlangt auch die Verknüpfung von geschriebenen und ungeschriebenen Regeln und letztlich die Verknüpfung der Ziele des Unternehmens mit den Zielen jeder einzelnen Mitarbeiterin und jedes einzelnen Mitarbeiters.

Der zweite zentrale Erfolgsfaktor liegt, wie eingangs beschrieben, in der *sozialen Kompetenz der Führungskräfte und Mitarbeiter/-innen.* Diese Kompetenz zu entwickeln und zu stärken steht in unseren Programmen zur Personalentwicklung im Mittelpunkt. Wenn man die alte Lebensweisheit: „Was Du nicht willst, das man Dir tu', das füg auch keinem andern zu" positiv formuliert, könnte das etwa so heißen: *„Behandle Deine Kunden und Kollegen immer so, wie Du selber von anderen behandelt werden willst."* Das klingt zwar recht trivial, aber im heute noch existenten Spannungsfeld zwischen geschriebenen und ungeschriebenen Regeln, zwischen Kostendruck und Servicequalität, zwischen alten und neuen Anforderungsprofilen und zwischen der alten und der neuen Lufthansa gibt es für die Verbesserung von Führung, Zusammenarbeit und damit letztlich Dienstleistung noch eine Menge zu tun. Wir sind auf dem Weg.

Porsche: Ein Unternehmen wird fit

Wendelin Wiedeking

1. Porsche 1990: ein Übernahmekandidat
2. Erfolgsfaktoren des Reengineering bei Porsche
3. Schritte zu einer vitalen Produktion
4. LEAN-Management heißt LERN-Management
5. Qualität ist, wenn der Kunde zurückkommt und nicht das Produkt
6. Kernstück der Kulturrevolution: Kommunikation und Kooperation

Dr. Wendelin Wiedeking, 1952 in Ahlen/Westfalen geboren, studierte Maschinenbau, Fachrichtung Fertigungstechnik, an der RWTH Aachen, Studienabschluß Diplom-Ingenieur, Promotion 1983. Im Oktober 1983 wurde er Referent des Vorstands Produktion und Materialwirtschaft der Dr. Ing. h.c. F. Porsche AG. Er war Projektleiter für das neue Lackier- und das neue Karosseriewerk der Porsche AG, Stuttgart. Im Oktober 1991 wurde er Vorstand Produktion und Materialwirtschaft der Porsche AG. Seit 1988 hatte er außerdem verschiedene leitende Funktionen bei der Glyco KG bzw. Glyco AG; seit 1991 ist er Vorsitzender des Aufsichtsrats. Seit August 1993 ist Wendelin Wiedeking Vorstandsvorsitzender der Porsche AG.

1. Porsche 1990: ein Übernahmekandidat

Wenn es einem Unternehmen schlecht geht, sucht man sich Rat, intern wie extern. Als Manager geht man in einer solchen Situation natürlich davon aus, daß die geladenen Experten kein Blatt vor den Mund nehmen und die Mängel und Schwächen des analysierten Unternehmens schonungslos aufdecken. Doch es kann passieren, daß das Resultat einer solchen Fehlersuche schmerzhafter ist, als man es sich von vornherein ausgemalt hatte. So erging es mir, als unser japanischer Berater Chihiro Nakao seinen ersten Rundgang durch unsere Produktion beendet hatte. „Das ist kein Produktionsunternehmen, das ist ein Speditionsunternehmen", lautete sein niederschmetterndes Fazit. Zwar sah es in unserer Firma – abgesehen vom Automatisierungsgrad – nicht wesentlich anders aus, als bei anderen Automobilherstellern in Europa, doch diese Tatsache half uns in keinster Weise. Als wir uns 1990 nach Überlebensstrategien für Porsche umsahen, war es „eine Minute vor zwölf". Es war soweit: Eines der kleinsten Automobilunternehmen der Welt wurde als Übernahmekandidat gehandelt.

Wir mußten es schaffen, aus dem „Speditionsunternehmen" Porsche wieder einen international wettbewerbsfähigen Automobilhersteller zu machen. In meinem Beitrag werde ich darstellen, wie Porsche den dramatischen Strukturwandel durch Reengineering bewältigt hat.

Es begann damit, daß neue Wettbewerber im Markt auftauchten. Dies wirkte sich besonders auf den wichtigsten Auslandsmarkt USA aus. Dort erlebte Porsche Mitte der 80er Jahre einen erhebliche Einbruch. Hinzu kam eine starke Abhängigkeit vom Dollarkurs.

Besonders schwer wog aber eine falsche Markteinschätzung: Porsche hatte eine unendliche Preiselastizität bei Sportwagen-Kunden angenommen. Die Lektion, die es deshalb zu lernen galt, hieß: auch bei hochwertigen Sportwagen gibt es eine Preis-Absatz-Funktion. Der Mythos „Porsche" war nicht länger Garant für programmierten Erfolg. Die Rezession, die nacheinander alle Teile der Triade erfaßte, tat ihr übriges. Mit einem Rekordverlust von 239 Millionen DM im Geschäftsjahr 1992/93 war der Tiefpunkt dieser Entwicklung erreicht.

Unsere Aufgabe war der wohl größte Veränderungsprozeß in der Geschichte des Unternehmens. Denn um bei Produktivität, Qualität und Lieferservice wettbewerbsfähig zu sein, half nur eine Radikalkur.

Das konsequente Umkrempeln der Porsche AG zeigt heute bereits eine Reihe von Erfolgen: Während in der Vergangenheit Neuentwicklungen immer zu 10 bis 20 prozentigen Preiserhöhungen geführt haben, ist es uns erstmals gelungen, die neuen Modelle Carrera 911 trotz eines Entwicklungsaufwandes von 500 Millionen DM zu den Preisen der Vorgängermodelle anzubieten. Beim neuen allradgetriebenen 911 Carrera 4 gingen wir sogar einen Schritt weiter: das neue Modell ist 5 000 DM billiger als sein Vorgänger. Wir geben also – und das ist unsere eindeutige Zielsetzung – das Ergebnis der gewaltigen Produktivitätssteigerungen über den Preis an unsere Kunden weiter.

Mittlerweile schlagen sich die eingeleiteten Veränderungen auch im Ergebnis nieder. Porsche arbeitet seit Mai 1994 wieder mit Gewinn. Doch dies war nicht ausreichend, um das Geschäftsjahr 1993/94 mit einem ausgeglichenen Ergebnis abzuschließen. Das planen wir für das gerade laufende Geschäftsjahr 1994/95 (1. Aug. bis 31. Juli).

2. Erfolgsfaktoren des Reengineering bei Porsche

Grundsätzlich müssen beim Patienten Voraussetzungen gegeben sein, damit die Roßkur auch anschlägt. Auf diese Erfolgsfaktoren möchte ich zunächst eingehen.

1. *Der wichtigste Erfolgsfaktor ist die Kreativität der Menschen.* Kreativität in der Bedeutung von „realitätsgerecht gegen Regeln denken und handeln". Diese Eigenschaft war bei Porsche in erfolgsverwöhnten Jahren mehr und mehr versandet. Doch die alten Denkmuster und Zusammenhänge galten nicht mehr. An ihrer Stelle mußten die „alternativen" Denkweisen im „Gehirn des Unternehmens" aktiviert werden. Kreativität mußte zur „Umgehungsstraße um das Altbekannte" werden. Hätten wir auf die US-amerikanische Reengineering-Welle gewartet, die nun auch Europa beziehungsweise Deutschland erfaßt, dann säße Porsche längst auf dem Trockenen. Deshalb hat sich Porsche bereits 1990 die Frage gestellt, ob man über die bekannten Methoden der Effizienzsteigerung hinaus nicht neue Wege finden müsse, um im Wettbewerb künftig mithalten zu können.

Wir kannten die Arbeitsweisen unserer direkten Wettbewerber. Aber die reichten bestenfalls zum Gleichziehen. Deshalb mußten eigene Kreativität und eigene Anstrengungen eingebracht werden. Was dabei heraus kam, kann man mit Fug und Recht als Reengineering bezeichnen.

– Wir haben das Unternehmen auf den Kunden ausgerichtet.

– Es geschah in rasantem Tempo, vieles zeitgleich.

– Es war ein radikales Programm mit dem Ziel, die Prozesse komplett umzustrukturieren und dadurch sprunghaft zu verbessern.

Damit Veränderungen Erfolg haben, bedarf es einer weiteren Voraussetzung, die unter der Anspannung, Neuerungen voranzutreiben, allzu leicht vergessen wird.

2. *So selbstverständlich es klingen mag – die neuausgerichteten Prozesse müssen mit der Strategie des Unternehmens in Einklang stehen.* Dies bedeutet zuerst, sich Klarheit über die Vision und die Strategie des Unternehmens zu verschaffen. Dann gilt es aber auch, dies den Führungskräften und Mitarbeitern verständlich zu machen.

Unsere Unternehmensvision ist dabei eindeutig definiert. Sie lautet: so schnell wie möglich wieder in eine Siegerposition zu kommen. Das bedeutet nicht mehr und nicht weniger, als daß wir auf allen Gebieten – von der Entwicklung über die Produktion, den Vertrieb und die Verwaltung – die besten sein müssen. Porsche will seine unangefochtene Stellung als führender Sportwagenhersteller behaupten.

3. *Reengineering muß von oben nach unten funktionieren, damit die notwendigen Veränderungen auch tatsächlich umgesetzt werden.*

Ein Unternehmen von einem arbeitsteilig, funktional ausgerichteten Gebilde zu einem prozeßgetriebenen, teamorientierten System zu transformieren, hat eine Stoßrichtung, wie man sie von den alten hierarchischen Strukturen her kennt: *Sie muß an der Unternehmensspitze anfangen* – wie bei einer Treppe, die kehrt man ja auch von oben nach unten.

Nur wenn das Topmanagement voll dabei ist und auch für die Mitarbeiter sichtbar Vorbildfunktion demonstriert, hat Reengineering eine Chance. Für das notwendige „Change Management" ist Führerschaft im wahrsten Sinne des Wortes gefordert. Von Anfang an müssen die Weichen für Verhaltensänderungen, ja für eine Anpassung der Unternehmenskultur gestellt werden. Bei Porsche bedurfte es eines regelrechten Kulturschocks, um das Unternehmen zu neuem Denken zu bewegen.

4. *Reengineering ja, aber bitte wohldosiert.*

Diese Auffassung steht im Gegensatz zu den sogenannten „Reengineering-Puristen", die nur dann von Reengineering sprechen, wenn das gesamte Unternehmen mit einem Schlag aus den Fugen gerät.

Auch wenn es oftmals den Anschein hatte, das ganze Unternehmen werde gerade von einem Erdbeben heimgesucht – die Porsche AG hat mit den Geschäftsprozessen begonnen, von denen ihre Kernkompetenzen abhängen. Porsche ist seit jeher für seine Ingenieurleistungen berühmt. Da stehen traditionsgemäß Technik und Produktion im Vordergrund.

In den Jahren des mühelosen Erfolgs wurde erst einmal eine hochkomplizierte Technik entwickelt. Dann wurde das Endprodukt zusammengesetzt. Schließlich wurde daraus der Preis für den Kunden errechnet.

Doch auf einmal war der Kunde nur noch bereit, einen bestimmten Preis zu bezahlen. Sich neu auf den Kunden auszurichten bedeutete deshalb für uns: Produktion und Kosten so zu organisieren, daß die Vorstellungen des Kunden wieder getroffen werden.

Deshalb haben wir uns nicht mit Volldampf auf alle Geschäftsprozesse gleichzeitig gestürzt, sondern mit einer schlankeren Produktion angefangen. Dabei hatte Porsche als Kleinserienhersteller allerdings ein Handicap. Wegen der geringen Stückzahlen konnte nicht „auf Teufel komm raus" automatisiert werden. Roboter und „lean production" für Unikate reimte sich einfach nicht. Nicht hohe Investitionen waren also der Schlüssel zum Erfolg, sondern allein andere Prozesse. Porsche mußte zwangsläufig versuchen, fast ausschließlich über intelligentere Vorgehensweisen die Produktion zu optimieren.

3. Schritte zu einer vitalen Produktion

Welche Maßnahmen haben wir im Rahmen des Reengineering-Prozesses in der Produktion eingeführt? Das „Kind" hat zunächst einen Namen bekommen. Wir sprechen vom „Porsche-Verbesserungs-Prozeß", kurz „PVP". Am Anfang stand die Aufgabe, die Führungskräfte von der Notwendigkeit zur Veränderung zu überzeugen. Es ging darum, ihnen bewußt zu machen, daß radikale Einschnitte unausweichlich sind. Die Signale im Markt deuteten alle darauf hin: Porsche lief Gefahr, nicht mehr wettbewerbsfähig zu sein. Das galt vor allem im Vergleich zu den Japanern. Weinerlichkeit an den Tag zu legen war kein Konzept, ebensowenig Jammern über den verlorenen Mythos. Vielmehr war angesagt, herauszubekommen, woraus dieser Abstand resultierte – und das am besten gleich vor Ort.

Das Porsche-Topmanagement hat sich dort umgesehen, wo die besten Fertigungsmethoden und Fertigungsorganisationen bereits existierten – bei Toyota und etlichen anderen japanischen Automobilherstellern. Wir haben alles aufgeschrieben, was als lernenswert aufgefallen war, und abends im Hotel darüber diskutiert.

Das war „Benchmarking by walking around". Heraus kam ein detaillierter Vergleich aller Produktionsabläufe und -methoden. Das Ergebnis war für Porsche nicht gerade schmeichelhaft: zu aufwendig produziert, aber auch schon zu kompliziert entwickelt.

Deshalb haben wir genau das gemacht, was die Japaner früher taten, als sie sich in den USA und Europa die besten Ideen abschauten. Wir haben allerdings nicht den Fehler anderer Automobilmanager gemacht, die in Japan durch die Produktionsanlagen gelaufen sind, alte Maschinen gesehen und milde gelächelt haben. Mit den Prozessen, d. h, dem Miteinander der Menschen, haben sie sich nicht im Detail auseinandergesetzt. So erkannten wir die Gründe, warum die Japaner uns Europäer in der Produktionstechnik so weit abhängen konnten. Wir haben die Erkenntnisse in einem Katalog zusammengefaßt, der in Zuffenhausen ehrfurchtsvoll „die Bibel" genannt wird – nicht von ungefähr, denn die darin enthaltenen Gebote wurden peinlichst umgesetzt.

Das war aber nur der Anfang. Nach dem Topmanagement wurde das mittlere Management im Schneeballsystem geschult. Einige ausgewählte Manager flogen zu mehrwöchigen Schulungen nach Japan. „Porsche goes east" blieb aber nicht auf Orientierungsreisen beschränkt. Auch heute noch reisen Porsche-Ingenieure immer wieder nach Japan, um weitere Rationalisierungsreserven aufzudecken: wie unsere Menschen vernünftiger arbeiten können. Dieses intensive Studium der japanischen Vorgehensweise hat sich mehr als ausgezahlt. Porsche verfügt über den zur Zeit aktuellsten und umfassendsten Detailvergleich aller bedeutenden japanischen Automobilwerke was Qualität, Produktivität und Lieferservice angeht.

Das Reengineering von oben nach unten haben wir voll beherzigt. Viele Meister wurden in dem geschult, was Porsche aus Japan mitgenommen hatte, also vor allem in der Notwendigkeit zu permanenter Verbesserung. Sie wurden zu *Kaizen-Trainern* ausgebildet und führen mittlerweile die Schulungen der Werker eigenverantwortlich durch.

Nachdem das Bewußtsein der gesamten Führungsmannschaft für die anstehenden Aufgaben geschärft war, wurde ein ganzes Bündel von Maßnahmen eingeleitet, das sich schnell kostenreduzierend ausgewirkt hat.

Da ist zunächst die Cost-Center-Struktur. Porsche hatte vor der Restrukturierung eine klassische, stark zentralistische Aufbauorganisation in der Fertigung. Seit August 1992 werden die Fertigungsbereiche wie Rohbau/Lackiererei, Fahrzeugmontage, Aggregate und Fremdfahrzeuge wie eigenständige Unternehmen geführt. Sie haben nun die Gesamtverantwortung für Aufgaben der Planung, Fertigung, Logistik und der Qualitätssicherung übernommen.

Diese neuen Strukturen fördern mehr Unternehmertum, mehr Verantwortung vor Ort und mehr sich selbst regelnde Prozesse. Weil wir daran geglaubt haben, daß sich diese neuen „Werte" durchsetzen, wurden die Hierarchieebenen von sechs auf vier verringert. Die Anzahl der Führungskräfte konnte damit um 38 Prozent reduziert werden. Entscheidungswege wurden so massiv beschleunigt, viele Abläufe wurden effizienter und schneller.

Gleichzeitig wurde die arbeitsteilige Ablauforganisation in der Fertigung völlig zerlegt und neu in Segmente aufgeteilt, um die Komplexität zu beherrschen. Es ist gewiß nicht übertrieben, wenn ich sage: in der Produktion steht heute kein Stein mehr wie vor eineinhalb Jahren, und nicht nur das – kein Werker arbeitet heute noch an dem Platz, den er vor eineinhalb Jahren hatte.

Bevor wir der kontinuierlichen Verbesserung das Hauptaugenmerk widmen konnten, mußte zunächst einmal alles radikal umgebaut werden. Erst Revolution im Denken und in den Strukturen, dann Evolution im Handeln. Sonst bleiben noch so engagiert durchgeführte Verbesserungen reine „Ausbesserungen".

Eine weitere Maßnahme war deshalb die Einführung der Teamarbeit in der Produktion. Der Prozeß der kontinuierlichen Verbesserung funktioniert sonst nicht. Denn es ist ungemein wichtig, die Mitarbeiter auf allen Ebenen und aus allen Unternehmensbereichen einzubinden.

Keiner kennt die Probleme am Arbeitsplatz besser als derjenige, der tagtäglich damit umzugehen hat. Und gerade diese immense Erfahrung gilt es, für Verbesserungen im

Arbeitsablauf zu aktivieren, um Produktivität und Arbeitsqualität zu steigern. Kaizen heißt für den Mitarbeiter: er muß seine Arbeitsabläufe permanent optimieren, das heißt, auf jede Verbesserung folgt eine weitere Verbesserung.

Um den Mitarbeitern das schmackhaft zu machen, hat Porsche sie in mehr als 17 000 Stunden zu diesem Thema geschult. 46 Prozent aller im Produktionsbereich Beschäftigten wurden bis heute bereits von ihren direkten Vorgesetzten zwei Tage lang in Kaizen unterwiesen – ein gewaltiges internes Trainingsprogramm.

Ziel von Porsche war es, die Produktionskosten um 30 Prozent zu reduzieren, um wieder in die Gewinnzone zu kommen. Die Resultate des „PVP" haben dieses ehrgeizige Ziel sogar übertroffen:

– Die Führungskräfte im Produktionsbereich wurden um 38 Prozent reduziert.

– Die Fertigungszeit beim 911er wurde bereits um mehr als 34 Prozent verringert.

– Im Produktionsbereich kommen wir bei den direkten Mitarbeitern mit 30 Prozent weniger aus, bei den indirekten Mitarbeitern mit 27 Prozent.

– Die Produktionsbestände konnten durch neue Methoden wie Just in Time/One piece flow, Kanban, um 50 Prozent gesenkt werden. Das spart 100 Millionen DM.

– Für die Produktion werden jetzt neun Prozent, für das Lager sieben Prozent weniger Fläche benötigt. Diese Flächen werden nun an andere Unternehmen vermietet.

Wenn Reengineering Quantensprünge in der Produktivität zur Folge haben soll, dann hat Porsche das mit dem Porsche-Verbesserungs-Prozeß erreicht. Diese Maßnahmen haben wesentlich mehr bewirkt, als „ein bißchen Lean Production hier, ein bißchen Lean Management dort". Sie führten zur Konsolidierung von Porsche und bringen uns wieder in den Kreis der wettbewerbsfähigen Automobilhersteller zurück.

4. LEAN-Management heißt LERN-Management

Am Anfang stand „Porsche goes east". Wir fuhren nach Japan. Kurz darauf begann eine Gegenbewegung: „Japan goes west". Immer wieder kommen „Lehrer" aus Japan in die Porsche-Produktion. Denn den Mitarbeitern müssen die Augen geöffnet werden. Es passiert selten, daß Mitarbeiter morgens aufwachen und sagen: „Es ist mir unbedingt nach Kaizen."

Vor allem am Anfang ist es sinnvoll, Berater aus Fernost zu holen, um das „Trägheitsmoment der Ungläubigen" zu überwinden. Aber es gab auch noch einen anderen Grund, Know-how aus Fernost zu holen: Porsche hatte viel zu lernen, aber nicht genügend Zeit, alles allein umzusetzen.

So wurde eine Gruppe von Japanern ins Haus geholt. Darunter waren die beiden aus meiner Sicht wohl besten Produktionsexperten der Welt. Sie hatten schon bei Toyota revolutionäre Verbesserungen eingeleitet. Man muß sich das einmal vor Augen führen: da kommen eines Tages Fremde in ein Unternehmen wie Porsche, spazieren durch die Produktion und erklären, daß alles, was getan wird, ziemlich daneben ist – aber nicht auf schwäbisch, auf deutsch, oder vielleicht noch auf englisch, sondern auf japanisch und dann mit Dolmetscher. Das ist hart. Die Ablehnung auf allen Ebenen war zunächst einmal gewaltig.

Für die letztliche Akzeptanz der Japaner bei den Werkern war aber eines entscheidend: sie haben nicht vom grünen Tisch aus erklärt, wie sie effizienter produzieren, sondern sie haben gemeinsam mit den Werkern vor Ort Defizite festgestellt – und was genauso wichtig ist, sie auch gemeinsam beseitigt. Das war keine Kaizen-Berieselung, sondern das waren echte „Kaizen-Workshops".

Wir erkannten, daß nur eine ständig lernende Organisation wettbewerbsfähig sein kann. Deshalb ist die Frage „Was kann Porsche von wem lernen?" nicht Eingeständnis eigener Unzulänglichkeit, sondern Basis für weitere Verbesserungen.

Wenn nichts beim Althergebrachten bleiben soll, dann sind *neue Ideen* gefragt. Doch nichts lähmt den Ideenfluß der Mitarbeiter so sehr wie eine schleppende Bearbeitung ihrer Verbesserungsvorschläge. Solange bei Porsche ein Vorschlag bürokratisch geprüft werden mußte und jeder Fachbereich darin auch noch eine Verunglimpfung der eigenen Arbeit sah, fand das Betriebliche Verbesserungs-Vorschlagswesen wenig Akzeptanz.

Einen regelrechten Motivationsschub brachte eine neue, interne Incentivekampagne. Verbesserungsvorschläge können nun auch direkt beim Meister eingereicht werden. Der Meister und ein Prüfer aus einem anderen Cost-Center beurteilen den Vorschlag. Jeder umgesetzte Vorschlag bringt zunächst 100 Mark und Punkte – ganz unabhängig davon, welche Prämie der Einreicher letztendlich dafür bekommt. Zwischen Einreichen des Verbesserungsvorschlags und der Auszahlung dieser (ersten) Prämie an der Kasse vergehen heute nicht mehr als zwei Wochen. Am Jahresende winken den fleißigsten Punktesammlern eine Weltreise oder eine Harley Davidson.

Aufgrund dieses neuen Systems und der dadurch zunehmenden Sensibilität der Mitarbeiter für ständige Verbesserungen ist die Zahl der Verbesserungsvorschläge von 40 auf mehr als 2 000 pro Monat explosionsartig angestiegen. Damit ist Porsche in der vom deutschen Institut für Betriebswirtschaft jährlich herausgegebenen Rangliste des Vorschlagswesens in der Sparte der Automobilhersteller von einem Nobody auf Platz eins im Jahr 1993 vorgeprescht.

5. Qualität ist, wenn der Kunde zurückkommt und nicht das Produkt

Kosten um jeden Preis herunterzudrücken, ohne dabei auf die Qualität zu achten, verbessert die Wettbewerbssituation nicht. „Wer zu spät an die Kosten denkt, ruiniert sein Unternehmen. Wer immer zu früh an die Kosten denkt, tötet die Kreativität." Porsche hat sich immer schon zu höchster Qualität verpflichtet, aber auch da gibt es wesentliche Steigerungsmöglichkeiten.

Dieses Ziel kann nur dann erreicht werden, wenn alle beteiligten Funktionen – von der Entwicklung, Produktion, über den Einkauf, Finanz- und Rechnungswesen bis hin zum Vertrieb – schon flexibel in die Produktentwicklung einbezogen werden. Das heißt konkret: mit der Tradition, zunächst ein Auto zu entwickeln, dann zu fertigen und schließlich dem Vertrieb zu übergeben, wird Schluß gemacht. Diese als „Simultaneous Engineering" bekannte Vorgehensweise hat Porsche mittlerweile in wesentlichen Punkten bereits umgesetzt.

Das neue Modell 986, besser bekannt unter dem Namen „Boxster", das 1996 auf den Markt kommt, wird eine Entwicklungs- und Erprobungszeit von weniger als vier Jahren haben. Das sind japanische Maßstäbe mit Porsche-Qualität.

Porsche hat es sich zum Ziel gesetzt, nur noch Fahrzeuge ohne jeden Fehler während des Produktionsdurchlaufs zu produzieren. Dafür wurde das sogenannte „Null-Fehler-Programm" aufgelegt. Jeder Fehler soll dort abgestellt werden, wo er entstanden ist. Auch diese Veränderung muß sich zunächst in den Köpfen der Mitarbeiter abspielen. Porsche hat deshalb seine Werker intensiv geschult. Sie müssen für die Folgekosten der Fehler, wie Nacharbeit oder Gewährleistungskosten, sensibel werden. Darüberhinaus müssen sie nachvollziehen, welche negativen Kundeneffekte sich aus den Fehlern ergeben.

Basis für konstante Qualität sind eindeutige Standards. Porsche hat sie in Bildern anschaulich festgelegt, damit der Werker selbständig über gute oder schlechte Arbeit entscheiden kann. Mit Hilfe eines neuen Fehlerrückmeldesystems bleiben Fehler nicht länger anonym. In jeder Meisterei, jeder Arbeitsstation wurden Schautafeln mit Diagrammen angebracht, auf denen das Feedback zur geleisteten Qualität abgelesen werden kann. Das betrifft Daten aus den diversen Kontrollstellen genauso wie Daten aus dem Produktaudit oder aus dem Feld. Diese sogenannten Meistertafeln machen sichtbar, wie aktiv jede Meisterei daran arbeitet, Fehler systematisch zu vermeiden.

Die Mitarbeiter haben so einen hohen Informationsstand, was ihre Vorgaben und die tatsächlichen Rückmeldungen angeht. Vor jedem Schichtwechsel kommt die Meisterei zusammen, um die aktuelle Situation zu besprechen.

Doch nicht nur die eigenen Mitarbeiter sollen strikt auf Qualität achten: Da bei Porsche die eigene Wertschöpfung ungefähr 20 Prozent ausmacht, war es nur konsequent, unsere Zulieferer gleichfalls auf die hohen Qualitätsanforderungen einzuschwören. Um die Fehlerraten zu reduzieren, wurden Lieferantentreffen eingeführt. Über gemeinsame Projektteams und klare Zielvereinbarungen konnten wir bereits gute Erfolge verzeichnen.

Porsche wird soweit gehen, komplette Arbeitsvorgänge auszulagern und auch die Entwicklung dafür abgeben. Solange davon nicht die eigenen Kernkompetenzen berührt werden, schrecken wir vor solchen Schritten nicht zurück. Denn daraus sollen sich weitere Synergieeffekte ergeben, die sowohl für den Lieferanten wie auch für den Kunden von Vorteil sind. In dieser engen Zusammenarbeit sieht Porsche einen zentralen Erfolgsfaktor für die Zukunft. Und in dieser Intensität soll sie künftig nur noch mit 300 Lieferanten betrieben werden. Bisher waren es 900 Lieferanten.

6. Kernstück der Kulturrevolution: Kommunikation und Kooperation

Wer Veränderungen einleiten will, muß erkennen, welch gewichtige Rolle die Kommunikation dabei spielt. Das gilt für Führungskräfte genauso wie für Mitarbeiter. Es hat sich als viel wirkungsvoller herausgestellt, die Mitarbeiter in den Informationsfluß miteinzubeziehen, als sie zu kontrollieren. Die Devise lautet: aus Betroffenen Beteiligte machen.

Einer der folgenreichsten Unterschiede zwischen japanischen und deutschen Unternehmen betrifft die Kommunikation innerhalb des Unternehmens. Auf die Frage „Wie steht's?", antwortet der deutsche Manager mit einem flapsigen „Alles unter Kontrolle". Der Japaner, entsprechend der Kaizen-ldee, würde sagen: „Alle wissen Bescheid", auch über gravierende Veränderungen im Unternehmen.

Mitarbeiter konsequent über Strategien, Ziele und Sachentscheidungen zu informieren, wird bei Porsche sehr ernst genommen. Das ist „Chefsache", weil so selbst ungeliebte Entscheidungen eher akzeptiert werden. Dafür muß aber auch deutlich sein, weshalb das unternehmerische Interesse nicht unbedingt mit dem Interesse des einzelnen Mitarbeiters vereinbar ist.

Fortschrittliche Fertigungsmethoden allein reichen nicht aus: Reengineering muß auch darin bestehen, innovative Strategien zu verfolgen – zum Beispiel Kommunikation und Kooperationen mit anderen Herstellern. Aus dem Blickwinkel der Automobilindustrie geht Porsche ganz neue Wege. Von Mitte der 90er Jahre an wird BMW für Porsche Karosserieteile in Eisenach pressen – auf Werkzeugen, die BMW Eisenach derzeit gerade dafür fertigt.

Porsche arbeitet bereits seit längerem mit Großserienherstellern zusammen, um Teilekomponenten zu übernehmen. Es gibt also absolut keine Berührungsängste mit anderen Unternehmen der Branche.

Wir stellen im Gegenzug unser Know-how in der Fertigung von Kleinserien zur Verfügung. Meines Wissens sind wir weltweit der einzige Hersteller, bei dem drei verschiedene Fabrikate vom Band laufen: Porsche, Mercedes 500E und Audi-Porsche Avant RS2, eine Gemeinschaftsentwicklung von Porsche und Audi.

Welchen Stellenwert hat nun nach all diesen Erfahrungen Reengineering in unserem Unternehmen? Reengineering wird vielfach als Methode angesehen, die Kosten zu senken. Das ist allerdings viel zu kurz gegriffen.

Reengineering soll auch eine stärkere Kundenorientierung zur Folge haben. Das bedeutet für uns, innovative Produkte auf den Markt zu bringen. Porsche gestaltet deshalb sein Fahrzeugprogramm gerade um. 1996 werden wir ein neues Modell auf den Markt bringen, das schon als Studie von den Fachleuten höchste Anerkennung bekommen hat: das ist der sogenannte „Boxster". Diese Designstudie demonstriert, wie ein Sportwagen im mittleren Preissegment Mitte der 90er Jahre aussehen soll, um neue Käuferkreise zu erobern. Bereits ein Jahr nach dem Boxster wird das zweite neue Fahrzeug, das preislich und leistungsmäßig höher positioniert sein wird, präsentiert werden.

Diese beiden neuen Modellreihen werden die Säulen unserer künftigen Produktpolitik bilden. Was Sie vielleicht überraschen mag: Porsche ist bereits jetzt in der Lage, festzulegen, zu welchem Preis diese beiden Sportwagen in drei bis vier Jahren angeboten werden: der Boxster zum Beispiel soll zwischen 70 000 und 80 000 Mark liegen. Und da schließt sich der Kreis wieder: Konsequentes, erfolgreiches Reengineering der Geschäftsprozesse ist der Garant dafür, daß dieser Preiskorridor dann auch wirklich eingehalten werden kann.

Porsche war bisher Sinnbild für überlegene, technische Kompetenz und sah innovative Produkte als wichtigsten Wettbewerbsfaktor an. Aufgrund der Erfolge mit dem Porsche-Verbesserungs-Prozeß kommt eine neue Kernkompetenz dazu – die *organisatorische Leistungsfähigkeit*, Kosten- und Flexibilitätsvorteile zu erzielen. Diese Erkenntnisse bringt Porsche mittlerweile auch bei seinen Zulieferern ein. Darüberhinaus ist es geplant, auch anderen, branchenfremden Unternehmen diese Leistungen anzubieten.

Wir haben deshalb eine eigene Beratungsgesellschaft, die *Porsche Consulting*, gegründet. Sie gibt das Know-how, das Porsche zum Beispiel im Bereich der schlankeren Produktion erworben hat, an Dritte weiter. Für Porsche hat sich so aus Reengineering und Restrukturierung sogar ein vollkommen neues Geschäftsfeld ergeben.

Hans-Dietrich Genscher hat einmal gesagt: „Nicht Organisation, sondern Zukunftsfähigkeit ist alles." Porsche will „zukunftsfähig" sein, indem es die Kundenorientierung ausbaut, die Kosten in den Griff bekommt, die Organisation der Prozesse weiter optimiert und die Mitarbeiter zu „Botschaftern der Marke Porsche" macht.

Karriere ohne Hierarchien –
Wie man im 21. Jahrhundert Karriere macht

Jürgen Fuchs

1. Einführung
2. Entkopplung von Hierarchie und Karriere
3. Die neue Karriere: Kompetenzentwicklung
4. Synchronisierung von Unternehmensstrategie und Personalentwicklung
5. Know-how-Karriere: Lern- und Wandeljahre
6. Lebenskarriere ohne Stellenkegel: Werde-Gang statt Lauf-Bahn
7. Das neue Führen: Dienstleisten
8. Ernennungen: Einen Schritt weiter, nicht eine Stufe höher
9. Gehaltsfindung: Person statt Stelle
10. Qualitätsmanagement der Personalprozesse
11. Karriere bei Porsche: Flexibilität ist Trumpf
12. Know-how-Karriere als Shareholder Value

1. Einführung

Hierarchieebenen reduzieren – und was heißt dann Karriere? Die notwendige organisatorische Verschlankung hat in vielen Unternehmen zu einer Orientierungskrise der Personalentwicklung geführt: Welche Karrieremöglichkeiten und Motivationsanreize können den Leistungsträgern im Unternehmen noch geboten werden, wenn es die herkömmlichen Titel, Treppchen und Statussymbole auf einmal nicht mehr gibt? Wie sehen mögliche Alternativen aus? Das Wiesbadener Beratungsunternehmen CSC Ploenzke praktiziert schon seit einigen Jahren erfolgreich ein Personalentwicklungskonzept, das Hierarchie und Karriere voneinander trennt. Karriere heißt wertvoller werden, nicht aufsteigen. Inzwischen wird dieses Modell auch in anderen Unternehmen praktiziert. So setzt Porsche konsequent auf Job-Rotation am Band, um das Know-how der Mitarbeiter zu steigern.

Die Schlankheitskuren, die zahlreiche Unternehmen in den vergangenen Jahren vollzogen haben, gelten oft als erfolgreich: Flach und flexibel sollten die Organisationsstrukturen sein. Und tatsächlich hat die gewünschte Vereinfachung administrativer und operativer Prozesse in vielen Fällen auch für eine größere Beweglichkeit am Markt und für den Abbau von Overhead gesorgt.

Die Promotoren solcher „Lean Management"-Konzepte haben dabei jedoch häufig einen wichtigen Punkt übersehen: Die geschäftspolitisch gewollte Abflachung der Hierarchiestufen erzeugte ein personalpolitisches Vakuum. Denn Unternehmenshierarchien erfüllen in der Regel zwei Funktionen: Sie bilden einerseits die Führungs- und Entscheidungsstrukturen in der Unternehmensorganisation ab. Andererseits markieren sie den Orientierungsrahmen für die Lebenskarriere der Menschen. Wenn es aber statt acht plötzlich nur noch drei Hierarchieebenen gibt, sehen viele Mitarbeiter ihre Entwicklungschancen schwinden – Karriere hieß ja schließlich Aufstieg.

2. Entkopplung von Hierarchie und Karriere

Die entstandene Motivationslücke kann geschlossen werden, wenn Hierarchie und Karriere konsequent entkoppelt werden. Die Merkmale von Karriere sind dann nicht mehr der Erwerb eines wohlklingenden Titels oder einer ranghöheren Position, erkennbar an größerem Büro, Schreibtisch oder Auto, sondern die wachsende Fähigkeit, immer komplexere Aufgaben zu bewältigen.

Das kann dann so klingen: „Bei CSC Ploenzke haben Sie Karriere gemacht,

> wenn man Sie fragt,
> wenn man Ihren Rat holt,
> wenn man Ihnen Informationen gibt,
> wenn man Ihnen traut und viel zutraut,
> wenn man Ihnen viel Spielraum
> (Raum zum Spielen) läßt,
> wenn man Ihnen viel Verantwortung überträgt!
>
> Kurz, wenn Sie gefragt sind
> – bei Ihren Kunden und Kollegen."

Wandel des Karriereverständnisses

Alt	Neu
Karriere hieß früher: Groß werden durch Aufstieg auf einer Leiter zu Lasten anderer.	Karriere heißt in Zukunft: Groß werden durch Wachsen der persönlichen Kompetenz zum Nutzen anderer.
In traditionellen Unternehmen gab es für Karriere nur eine Richtung – nach oben, auf einer Leiter mit vielen Sprossen und Teilsprossen, damit man in seinem Leben möglichst viele Beförderungserlebnisse generieren konnte. Man mußte Menschen unter sich bekommen – und zwar möglichst viele. Gute Fachleute wurden in Führungsaufgaben gezwängt, damit man ihnen ein angemesseneres Gehalt geben konnte. Denn für produktive Aufgaben war per Tarif nicht so viel Geld vorgesehen. Das Ergebnis waren häufig Menschen, die nicht als echte Führungskräfte und auch nicht mehr als Fachexperten ihr Geld wert waren und dann den Lean-Prozessen zu Tausenden zum Opfer fielen und fallen.	Das Ziel einer Know-how-Karriere ist, wertvoller zu werden durch marktfähige Kompetenz, d.h. durch Mehrfachqualifikation, kommunikative Kompetenz und Bereitschaft zur Eigenverantwortung. Die Mitarbeiter müssen einsehen, daß die einzige Arbeitsplatzsicherung ihr marktfähiges Know-how und ihre Teamfähigkeit sind. Alt wird man von selbst – es gilt, wertvoller zu werden. Dazu genügt es nicht mehr, eine Ausbildung zu machen und dann seinen Job darauf auszurichten. Das Leben ist jetzt zu lang geworden für einen Beruf. In Zukunft wird jeder drei bis sechs Berufe oder komplexere Berufskombinationen während seines Lebens erlernen und erleben müssen.
	Die Unternehmen können im Zeitalter von Dynamik und Wandel keine Sicherheit mehr geben für einen lebenslangen Arbeitsplatz. Sie sind aber verpflichtet, Rahmenbedingungen zu schaffen für lebenslanges Lernen und eine Know-how-Karriere: „Life-long Employability" statt „Lifelong Employment".

Das Klettergeschick auf der Karriereleiter wird durch eine Know-how-Karriere ersetzt.

3. Die neue Karriere: Kompetenzentwicklung

Das Bild, das hinter herkömmlichen Karrieremodellen steht, ist geprägt von der Leiter, auf der Mitarbeiter im Laufe ihres Berufslebens Sprosse um Sprosse höher steigen. Das neue Karrieremodell verwendet die Metapher der Fläche: Die Entwicklung vom Spezialisten zum Multi-Experten bedeutet „Fläche gewinnen". Karriere versteht sich als Kompetenzentwicklung, als Wachstum durch Mehrfachqualifikation und kommunikative Kompetenz. Diese Karriere braucht keinen Stellenkegel mehr, da jeder seine individuelle Karriere macht, wenn er wertvoller wird. Die konsequente Umsetzung dieses Karrieremodells führt letztlich dazu, daß man auf starre lineare Karrierewege verzichten kann. Die Erfahrung zeigt, daß auch das Konkurrenzverhalten im Unternehmen abnimmt, weil es im Unternehmen viel Platz für wertvolles Know-how gibt. Man schielt nicht mehr auf das nächste Treppchen oder verschwendet seine Energie damit, die Kollegen als Konkurrenten auszustechen.

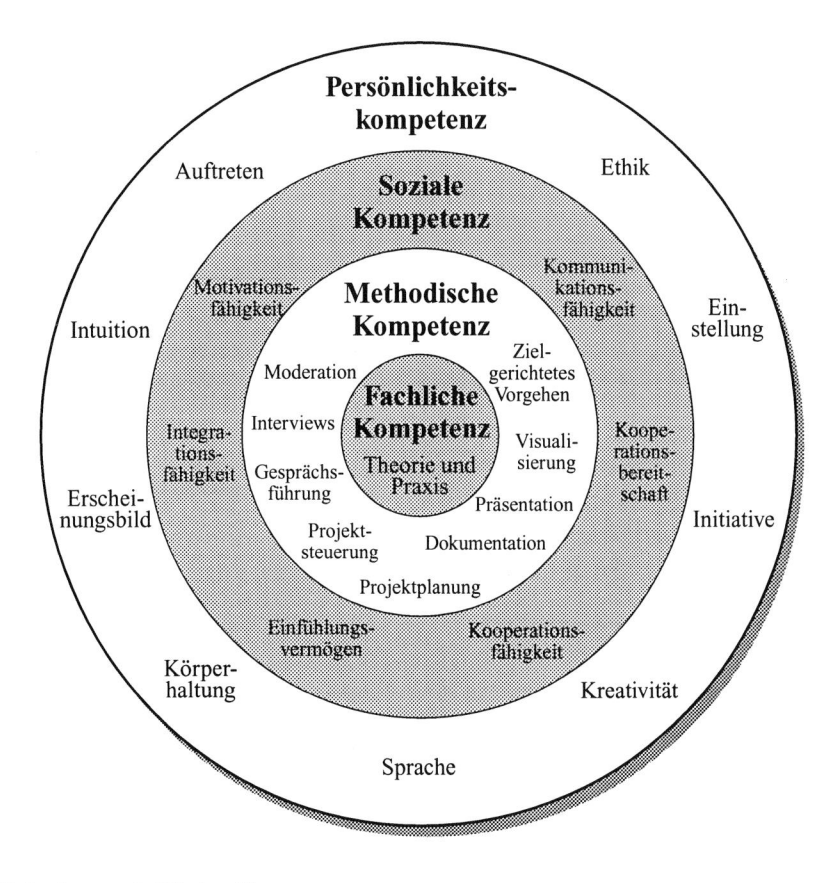

Das „Schalenmodell" der Kompetenz

Die vier „Schalen" beschreiben wesentliche Kompetenzen von Menschen. Alle vier sind gleichwertig, auf die gelungene Verzahnung kommt es an. Im Zentrum steht die fachliche Kompetenz, die sich durch Job-Rotation und Training erweitern und ändern läßt. Wenn sich zwei Menschen begegnen, „berühren" sich die Kompetenzschalen von außen nach innen. Wir beschreiben diese Tatsache mit den Worten: „Können sie sich riechen? Stimmt die Chemie? Können sie miteinander reden?" Die Begriffe in diesen Schalen leiten sich aus dem Selbstverständnis eines Unternehmens, seinem Leitbild und seiner Kultur ab. Sie beschreiben die „Unternehmenspersönlichkeit", zu der der Mensch als Repräsentant des Unternehmens passen muß. Sowohl bei dem Unternehmen als auch beim Menschen lassen sich die äußeren Schalen nur wenig verändern. Sie können sich aber entfalten und an Profil gewinnen.

4. Synchronisierung von Unternehmensstrategie und Personalentwicklung

Mitarbeiter und Unternehmen stehen jetzt beide vor der Aufgabe, dafür zu sorgen, daß die Know-how-Karriere nicht in eine Sackgasse von Wissen führt, das der Markt nicht braucht und nicht honoriert. Dazu muß einerseits der Mitarbeiter die Bereitschaft haben, seine Fähigkeiten an den Anforderungen des Marktes immer wieder zu orientieren und dauernd dazuzulernen. Andererseits muß das Unternehmen den Mitarbeitern auch die Orientierung geben, welches Know-how in Zukunft in diesem Unternehmen für seinen Markt gefragt sein wird und welches nicht mehr.

Karriere als zukunftsorientierte, marktfähige Know-how-Entwicklung verlangt also eine starke Verzahnung von Unternehmensstrategie und Personalentwicklung. Vereinfacht läßt sich diese Synchronisation in drei Prozeßschritten darstellen:

1. Die Kernkompetenzen des Unternehmens werden in einem „Kompetenzrad" formuliert. Damit sind die Grundzüge der Tätigkeitsfelder dokumentiert, die von den Mitarbeitern wahrgenommen werden können. Gleichzeitig wird gezeigt, welche Themen durch die Mitarbeiter heute schon abgedeckt werden und welche in Zukunft beherrscht werden sollen.

2. Im Rahmen der strategischen Planung wird ein Kompetenzrad für die Zukunft beschrieben, beispielsweise mit einer Perspektive von drei oder fünf Jahren. Dabei legt das Unternehmen fest, welches Know-how in Zukunft verstärkt bzw. weniger benötigt wird. So können die Mitarbeiter frühzeitig erkennen, in welchen Themen sie sich entwickeln können. Aber auch, aus welchen Themen sie sich fortentwickeln müssen, weil sie am Markt wenig gefragt sein werden. So lassen sich frühzeitig Veränderungen im Know-how-Bedarf darstellen. Besonders bei starken technologischen Umbrüchen erhalten Unternehmen und Mitarbeiter jetzt eine längere „Vorwarnzeit" für Personalentwicklungsmaßnahmen.

3. Ausgehend von dem Gesamtbild, erarbeitet jede Geschäftseinheit und jeder Zentralbereich marktspezifische Kompetenzräder für deren externe und interne Märkte. Zwischen Führungskraft und Mitarbeiter werden dann individuelle Akivitäten zur Personalentwicklung vereinbart und deren Zielerreichung regelmäßig überprüft. Diese Entwicklungsmaßnahmen sind in erster Linie Job-Erweiterungen und Job-Rotation, die den Gesichtskreis vergrößern. Geeignete Aus- und Weiterbildung kann die Entwicklungswege dann gegebenenfalls unterstützen.

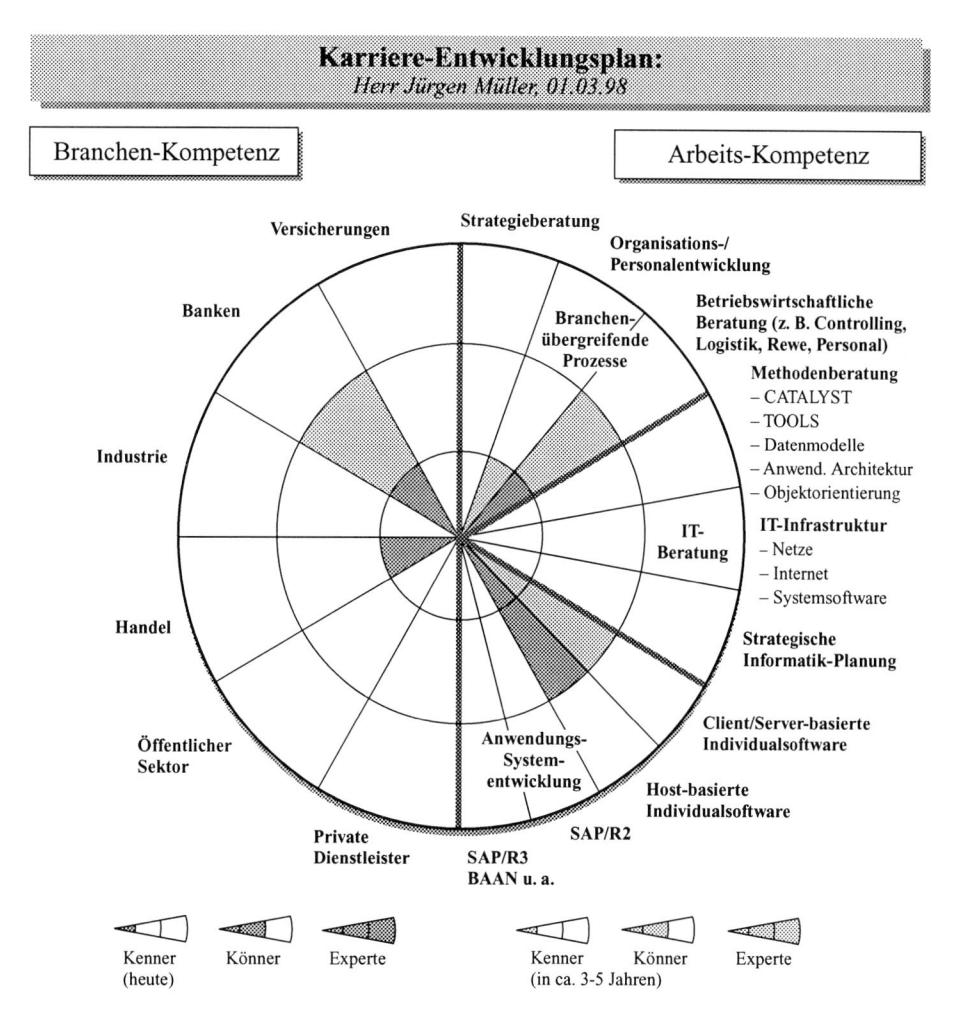

Karriere-Entwicklungsplan:
Herr Jürgen Müller, 01.03.98

Branchen-Kompetenz | Arbeits-Kompetenz

Versicherungen, Banken, Industrie, Handel, Öffentlicher Sektor, Private Dienstleister

Strategieberatung, Organisations-/Personalentwicklung, Betriebswirtschaftliche Beratung (z. B. Controlling, Logistik, Rewe, Personal), Methodenberatung (CATALYST, TOOLS, Datenmodelle, Anwend. Architektur, Objektorientierung), IT-Infrastruktur (Netze, Internet, Systemsoftware), Strategische Informatik-Planung, Client/Server-basierte Individualsoftware, Host-basierte Individualsoftware, SAP/R2, SAP/R3 BAAN u. a., Anwendungs-Systementwicklung, IT-Beratung, Branchenübergreifende Prozesse

Kenner, Könner, Experte (heute) | Kenner, Könner, Experte (in ca. 3-5 Jahren)

Karriere bei CSC Ploenzke heißt „Fläche bekommen"

Das neue Karriereverständnis „Fläche" setzt voraus, daß das Unternehmen seinen gewünschten Kompetenz- und Fähigkeitsbedarf heute und in Zukunft für die Mitarbeiter transparent macht. Dazu bietet sich das Bild eines „Speichenrads" an, in dem die einzelnen Segmente die für das Unternehmen wichtigen fachlichen Kompetenzen beschreiben. Auf diese Weise wird gewährleistet, daß Mitarbeiter und Führungskräfte eine gemeinsame Orientierung haben, was marktfähiges Wissen bedeutet und wie dieses konsequent weiterentwickelt werden kann. Und der Mitarbeiter wird fähig, immer komplexere Prozesse zu beherrschen und Gesamtzusammenhänge wahrzunehmen und zu gestalten.

Die Grundarchitektur der Kompetenzräder ist immer gleich. Auf der linken Seite des Rades steht die Kunden-Kompetenz, d. h. das Know-how in den Kernprozessen der externen oder internen Kunden dieser Organisationseinheit. Auf der rechten Seite wird das Arbeits-Know-how dargestellt, über das die Mitarbeiter verfügen sollen. Ein solches Blatt ist Bestandteil der Unterlagen für das jährliche Beratungs- und Fördergespräch zwischen Mitarbeiter und Führungskraft und wird dazu benutzt, die mittelfristige Karriereplanung zu besprechen. Dazu wird dokumentiert, in welchem Segment der Mitarbeiter sich zur Zeit befindet und welche Segmente in den nächsten drei bis fünf Jahren durchlaufen werden sollen. Zur groben Unterscheidung wird festgehalten, ob der Mitarbeiter Kenner, Könner oder Experte in diesem Themengebiet ist oder werden soll.

Zukünftige Kompetenzentwicklung einer Organisationseinheit
Kundennachfrage: stark wachsend ++, wachsend +, neutral 0, sinkend -, stark sinkend --

Kunden-Kompetenz
(Kernprozesse der Kunden)

Arbeits-Kompetenz
(Produkte, Prozesse und Arbeitsmittel)

- Personal rekrutieren −
- Personalintegration 0
- Gehaltsabrechnung 0
- Personal-Entwicklung +
- Führungskräfte-Entwicklung ++
- Kulturmanagement +
- usw.

- Arbeitsrecht 0
- Versicherungsrecht 0
- Vertragsrecht −
- EDV-Systeme: +
- Vertragsverwaltung −
- Management von Trainings +
- Trainings −
- usw.

Das „Kompetenzrad" eines Personalbereichs – heute und morgen

Jedes Unternehmen und jede Organisationseinheit entwickelt ein solches Kompetenzrad spezifisch für sich, um den Mitarbeitern Orientierung bei ihrer fachlichen Karriere zu geben. Abbildung 3 zeigt beispielhaft ein Kompetenzrad für den Personalbereich eines Unternehmens, der sich als Dienstleister für seine Kunden versteht.

5. Know-how-Karriere: Lern- und Wandeljahre

Dieses Personalentwicklungskonzept fördert bei den Mitarbeitern nicht nur die Mehrfach-Qualifikation, sondern auch Kreativität, Initiative, Lernfähigkeit und den Mut zu Neuem. Denn Karriere heißt Wachstum der gesamten Persönlichkeit. Durch dauerndes Lernen und ständigen Wandel von Aufgaben, Tätigkeiten und Teams wächst die Kompetenz, möglichst ohne Karriereknick, weil Beförderung zur Inkompetenz und tödliche Routine vermieden werden können.

Diese Vorteile bekommt man nicht geschenkt. Das Unternehmen muß in Einarbeitung und Schulung investieren. Und der Mitarbeiter muß bereit und fähig sein, sich schnell in ungewohntem Umfeld zurechtzufinden und auch Fehler zu riskieren, um Erfahrungen zu sammeln. Unternehmen und Mitarbeiter dürfen keine Angst vor Veränderung haben, sondern die Veränderung als das einzig Stabile anerkennen und die Chancen sehen, die in jeder Umgestaltung liegen. Wenn beide Partner die Anstrengung des „Brain Jogging" akzeptieren, verbreitet das Durchlaufen dieser Lern- und Wandeljahre nicht nur die fachliche Basis, sondern fördert auch die Entwicklung der für das Leben so wichtigen Sozial- und Persönlichkeitskompetenz. Fachliche und menschliche Fähigkeiten zusammen machen die ganze Persönlichkeit aus – das, was man spürt, wenn man einem Menschen begegnet.

Ein Kernstück dieses Karrierekonzepts ist die Erkenntnis, daß der Mensch nur durch dauernde Änderung und stetigen Wandel lernbereit und lernfähig bleibt. Dazu muß er immer wieder sein Spezialistentum aufgeben und auf neuem Gebiet zunächst „Anfänger" werden. Er muß vergessen können, um Neues zu lernen. Er muß sich von liebgewordenen Umgebungen und Kollegen trennen, um wieder neue menschliche Netze zu knüpfen. Aber er bekommt auch etwas dafür: Er wird auf mehreren Gebieten und zu mehreren Themen Spezialist. Er wird zum Experten mit viel Spezialwissen und mit fundierten Erfahrungen. Ein Experte ist einer, der viele Experimente gemacht hat, der viel Experience gesammelt hat und dadurch Expertise gewonnen hat – und dieser Mensch ist viel wert bei seinen Kunden und Kollegen. Er kann plötzlich Zusammenhänge sehen, die ein Spezialist nie erkennen würde. Er bekommt im wahrsten Sinne des Wortes Überblick und dadurch die Chance zu Kreativität und Innovation, zu Ideen und assoziativem Verständnis. Er ist in der Lage, komplexere Aufgaben wahrzunehmen und komplexere Prozesse im Unternehmen oder bei seinen Kunden zu gestalten. Er verfügt über ein weitgefächertes Spektrum von Eindrücken, Erlebnissen, Wissen und Erfahrung und ist Teil eines menschlichen Netzes geworden, das ihn anregt und in das er sich auch mal „fallen lassen kann". Er verliert die Angst vor der Veränderung und bekommt den Mut zu lebenslangem Lernen.

6. Lebenskarriere ohne Stellenkegel: Werde-Gang statt Lauf-Bahn

Alt wird jeder von selbst. Es gilt wertvoller zu werden für die externen und internen Kunden. Um dies zu fördern, gibt es bei CSC Ploenzke keine formalen Laufbahnen, sondern „Perspektivgruppen", die einerseits eine langfristige berufliche Perspektive und andererseits individuelle Entwicklungswege aufzeigen sollen. Durch die Form der Darstellung wollen wir insbesondere Karriereperspektiven aufzeigen für den Großteil der Mitarbeiter, die nicht Führungskraft, sondern Experte werden wollen. So fördern wir die Gleichrangigkeit von Fach- und Führungsaufgaben. Die Perspektivgruppen ergeben sich durch die Rollenanforderungen im CSC-Konzern und geben einen groben Rahmen, in welchem sich individuelle Karrieren im Konzern gestalten können. Dabei steht die Verbreiterung der Wissens- und Erfahrungsbasis und die Kompetenzentwicklung in marktfähigen Themen im Vordergrund. Eine Perspektivgruppe ist die Gesamtheit aller Mitarbeiterinnen und Mitarbeiter, die mit vergleichbarer Erfahrung und persönlicher Kompetenz tätig sind: Berater, Senior-Berater und Leitende Berater. Darüber hinaus gibt es Mitarbeiterinnen und Mitarbeiter, die Personal- und Kundenentwicklungsaufgaben als Führungskräfte, Projektmanager oder Managementberater wahrnehmen.

Für diejenigen Mitarbeiterinnen und Mitarbeiter, die eine Tätigkeit innerhalb der im Bild „unteren" Perspektivgruppen anstreben und denen das Management eine solche Aufgabe auch zutraut, gibt es ein spezielles Angebot. In einem zweijährigen Förderprogramm übernehmen sie in kurzer Folge unterschiedliche Aufgaben. Training-on-the-Job und ein gezieltes Seminarprogramm helfen ihnen, viele menschliche Netzwerke zu knüpfen. Die Gruppe wächst in dieser Zeit eng zusammen. Das erleichtert ihnen die spätere Übernahme von stark unternehmerischer Verantwortung in der Netzwerkorganisation, und so entwickeln sich viele Multiplikatoren der Unternehmenskultur aus eigenen Reihen.

Die Gleichrangigkeit von Fach- und Führungskräften bei CSC Ploenzke wird formell dadurch abgesichert, daß erfahrene Experten und Führungskräfte in finanziellen und sozialen Belangen gleichgestellt sind. Das heißt, sehr wertvolle Experten müssen nicht erst Führungskräfte werden, um viel Geld zu verdienen. Gemäß unserer Netzwerkphilosophie orientieren sich variable Gehaltsbestandteile für alle Mitarbeiter nicht am Ergebnis eines einzelnen, sondern am Erfolg des Teams und des ganzen

Unternehmens. Außerdem werden Führungsaufgaben nicht auf ewig vergeben. Vielmehr erhalten die Führungskräfte die Chance, nach mehrjähriger Managementtätigkeit wieder „normal" zu arbeiten, um einerseits ihr Fachwissen zu aktualisieren und andererseits ihre gesamte Erfahrung der Geschäftsleitung unserer Kunden als Managementberater weiterzugeben. Dies wird bei CSC Ploenzke zunehmend nicht mehr als sozialer Abstieg, sondern als Rollenwechsel verstanden, um mehr Fläche zu bekommen.

Ein Beispiel soll einen individuellen Karriereweg verdeutlichen:

Herr Müller wird nach seiner Juniorberaterzeit Berater und ist etwa sechs Jahre in den Themen „SAP" und „Client/Server" tätig. Als Senior-Berater bleibt er zunächst in diesem Fachgebiet, wechselt dann in die Mitarbeitergruppe, die sich mit der Branche „Handel" beschäftigt, und nach einigen Jahren zur Branche „Industrie". Als Leitender Berater durchläuft er die Themensegmente IT-Beratung und später Strategische Beratung. In circa 20 – 25 Berufsjahren hat er viele Kunden, Kolleginnen und Kollegen und eine breite Themenvielfalt kennengelernt und erfahren. Er hat Karriere gemacht, denn er ist gefragt – und bleibt gefragt.

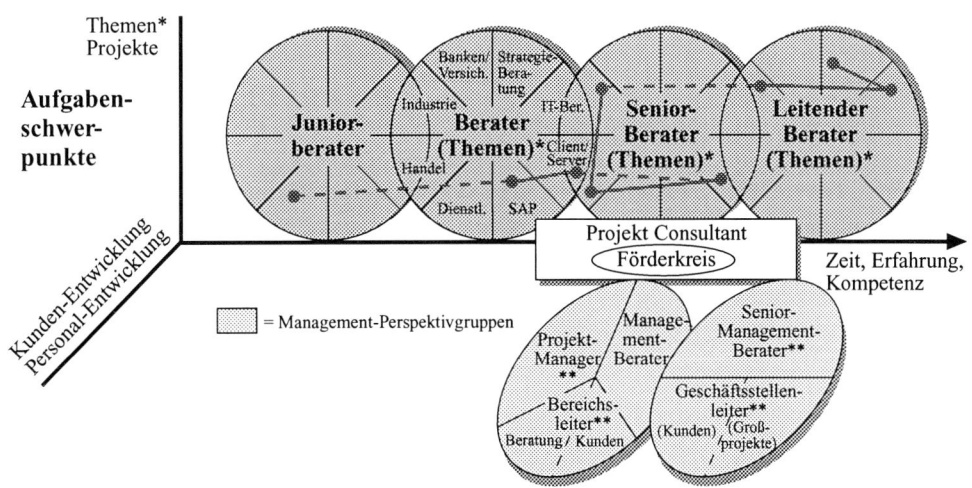

* Die Themen können dem Dienstleistungsmodell der Organisationseinheit entnommen werden (z. B. Software-Engineering, Banken, SAP, Softwareentwicklung, Client/Server usw.)

** Führungskräfte mit disziplinarischer Verantwortung

Die durchgezogenen Linien bedeuten Themenwechsel innerhalb derselben Perspektivgruppe, die gestrichelten einen Wechsel der Perspektivgruppe

Perspektivgruppen und individuelle Karrierewege ohne Stellenkegel

7. Das neue Führen: Dienstleisten

Bei CSC Ploenzke hat jeder Personalverantwortung – für sich selbst! Die Führungskräfte haben Personalentwicklungsverantwortung. Sie sollen dafür sorgen, daß die Mitarbeiter die Fähigkeiten bekommen, ganzheitliche Lösungen zu schaffen sowie ihre Persönlichkeit und ihre Sozialkompetenz zu entwickeln. Sie sind gemeinsam mit dem Mitarbeiter dafür verantwortlich, daß die Mitarbeiter zum richtigen Zeitpunkt über das richtige Know-how verfügen. In diesem Sinne sind sie für die Vermögensentwicklung der Mitarbeiter und des Unternehmens verantwortlich. Sie gestalten die Zukunft. Sie sollen nicht die Gegenwart verwalten. Sie müssen Mut haben und Mut machen, damit die Menschen über sich und über sie selbst hinaus wachsen. Die Mitarbeiter sind die Kunden der Führungskräfte, und die Führungskräfte verstehen sich als Dienstleister für die Mitarbeiter.

8. Ernennungen: Einen Schritt weiter, nicht eine Stufe höher

Die Wechsel von einer Perspektivgruppe in eine andere, z. B. die Ernennung vom Berater zum Senior-Berater, werden nach einem mehrstufigen Diskussionsprozeß vorgenommen, bei dem die Auswirkungen dieser Ernennungen auf die anderen Mitarbeiterinnen und Mitarbeiter bedacht werden. Dabei versucht das Managment abzuschätzen, ob der Mitarbeiter schon in die neue Gruppe paßt oder ob mit Abstoßeffekten zu rechnen ist.

Zur Absicherung, daß er von Mitgliedern der neuen Gruppe als gleichwertig eingeschätzt werden wird und sich dort auch wohl fühlt, versucht das Management-Team, die ganze Persönlichkeit, den Erfahrungsschatz und die Leistung des Mitarbeiters insgesamt abzuwägen, und zwar im Vergleich zu den anderen Mitgliedern der neuen Gruppe. Das ist ein sehr zeitraubender Prozeß. Er hat aber seit Einführung des Verfahrens zu einer hohen Akzeptanz bei den Mitarbeiterinnen und Mitarbeitern geführt, unter anderem weil sie spüren, daß ihre Führungskräfte sie ernst nehmen und sich ernsthaft Gedanken über ihren Wert und ihre Entwicklung machen.

Damit Personalentscheidungen, die ja das wesentliche Vermögen des Unternehmens betreffen, nicht in Willkür ausarten, arbeitet CSC Ploenzke nach dem „Viele-Augen-Prinzip" und aktiviert Regelkreise, die die Qualität der Entscheidung absichern sollen. Das Prinzip Verantwortung wird durch das der Transparenz ergänzt, d. h. alle Vorschläge zur Einstellung, Ernennung, Gehaltserhöhung und Übertragung von Aufgaben werden im gesamten Führungskreis der verantwortlichen Geschäftseinheit besprochen und entschieden. Die Diskussion wird teilweise auch auf den unternehmensübergreifenden Kreis der Geschäftsleitung ausgeweitet, wenn es um die Key-Player geht. Zu Beginn eines Jahres werden alle Mitarbeiter über die Namen der Mitglieder der jeweiligen Perspektivgruppen und über die Wechsel von einer Gruppe in die andere informiert. So erkennen sie schwarz auf weiß, welche Kolleginnen und Kollegen von ihren Führungskräften mit ihnen als gleichrangig gesehen werden.

9. Gehaltsfindung: Person statt Stelle

Das CSC Ploenzke-Personalkonzept mit der individuellen Karriere fördert die Entwicklung von Mitarbeiterinnen und Mitarbeitern als „Unikate". Vor diesem Hintergrund wird deutlich, daß jede normierte und standardisierte Gehaltsfestsetzung versagen würde. Jede Gleichmacherei wäre kontraproduktiv. Deswegen hat jede Mitarbeiterin und jeder Mitarbeiter eine individuelle Gehaltsentwicklung. Feste Gehaltsrahmen oder an Tätigkeiten gebundene Gehaltsbandbreiten gibt es nicht.

Die Zugehörigkeit zu einer Perspektivgruppe, das individuelle Gehalt und die gegenwärtige Rolle in einem Projekt sind ganz bewußt voneinander unabhängig. Tendenziell sind natürlich die erfahrenen Mitarbeiterinnen und Mitarbeiter in dem Perspektivgruppenbild weiter rechts eingeordnet und haben auch ein höheres Gehalt als Berufsanfänger. Aber dabei gibt es keine starren Regeln und Bandbreiten. So ist es völlig natürlich, daß junge Führungskräfte weniger verdienen als erfahrene Beraterinnen und Berater, die an diese jungen Führungskräfte berichten.

Fachliche, methodische, soziale und persönliche Kompetenz spielen bei der Gehaltsfindung gleichermaßen eine wesentliche Rolle. Die Führungskräfte versuchen, den ganzen Menschen, die ganze Persönlichkeit möglichst richtig und gerecht einzuschätzen. Exakt oder objektiv messen läßt sich das nicht. Wie schon Taylor nachgewiesen hat, müßte man komplexe Tätigkeiten in Trivialschritte zerlegen, damit sie objektiv meßbar werden. Aber genau solche Trivialtätigkeiten sind am Weltmarkt der Arbeit wenig wert. Deswegen entscheidet ein Führungsteam, ähnlich wie bei den Ernennungen, auch in der individuellen Gehaltsfrage in voller Verantwortung, aber nach subjektiven Einschätzungen.

CSC Ploenzke geht davon aus, daß die Mitarbeiter untereinander exakt empfinden, wer welches Gehalt wert ist. Deshalb gilt als Qualitätssicherung auch hier wieder das Prinzip der Transparenz. Gehalt ist kein Tabuthema, und alle sind aufgefordert, über ihr Gehalt zu sprechen. Das Management-Team versucht Fairneß nach bestem Wissen und Gewissen, aber ohne Gleichmacherei oder starre Regeln. Die Prinzipien Verantwortung und Transparenz können die nötigen Regelkreise in einer lebendigen und lernenden Organisation aktivieren und so die Kultur stabilisieren. Denn bei all diesem Wandeln und Wechseln brauchen die Menschen die Unternehmenskultur, die gemeinsame Vision, die Werte und die gelebten Spielregeln als Orientierungshilfen und stabile Leitplanken.

10. Qualitätsmanagement der Personalprozesse

Größere Verbindlichkeit und Glaubwürdigkeit erzielt das Personalmanagement dadurch, daß Grundsätze und Leitbilder nicht nur auf Hochglanzpapier niedergelegt sind, sondern darüber hinaus als objektivierte und nachvollziehbare Prozesse in ein unternehmensinternes Qualitätsmanagement bei CSC Ploenzke nach DIN ISO 9001 integriert sind. Das heißt nicht, neue Regelwerke einzuführen, sondern den Mitarbeitern einen Unternehmenskodex zu geben, auf den sie sich im Konfliktfall berufen können. Die vier Kernprozesse des Personalmanagements, wie strategische Personalentwicklung, Personaleinstellung und -integration, Weiterqualifizierung und Gehaltsfindung, sind in einem Qualitätsmanagementhandbuch schriftlich fixiert. Dazu genügen zwei Seiten pro Prozeß. Begleitende Leitfäden und Checklisten dienen als Arbeitshilfe für Mitarbeiter und Führungskräfte.

Nach wie vor gilt jedoch: Personalentwicklung ist kein bürokratischer Prozeß, sondern muß im Unternehmen gelebt werden. Die offene, ehrliche und faire Kommunikation zwischen Führungskräften und Mitarbeitern ist die wichtigste Voraussetzung für ein funktionierendes Miteinander im Unternehmensalltag. Ein solches Unternehmensklima existiert natürlich nirgends in Reinkultur, als Leitbild sollte man es jedoch niemals aus den Augen verlieren.

11. Karriere bei Porsche: Flexibilität ist Trumpf

Porsche in Stuttgart-Zuffenhausen versteht sich als eine Know-how-Firma, die auf das wichtigste Vermögen des Standorts Deutschlands setzt: das Wissen und die Fähigkeiten der Mitarbeiter. Dies geschieht nicht nur in den Entwicklungszentren oder bei der Porsche Consulting GmbH, die Automobilfirmen und Zulieferer bei der Einführung innovativer Fertigungsorganisationen berät, sondern auch in der Produktion der Autos selbst. Die höheren Löhne in Deutschland sind nur dann gerechtfertigt, wenn die Mitarbeiter intelligenter arbeiten, d. h. wenn sie nicht nur Trivialtätigkeiten ausführen, sondern immer größere Komplexität beherrschen können. Deshalb setzt Porsche konsequent auf Personalentwicklung in der Produktion, damit die Mitarbeiter nicht nur einfache Tätigkeiten ausüben können, sondern sogar einen ganzen Motor zusammenbauen. Ähnlich wie bei CSC Ploenzke steht hier Job-Rotation, Training-on-the-Job und eine gezielte Förderung durch die Führungskräfte im Vordergrund. Porsche betont, daß die Mitarbeiter nicht länger nur als Produktionsfaktor angesehen werden, sondern als das Kreativitätspotential des Unternehmens. In Zuffenhausen wird deshalb ein Umfeld geschaffen, in dem die Menschen es wagen, neue Wege zu gehen und über ihre Grenzen hinauszuwachsen.

Um dies zu erleichtern, setzt Porsche sehr stark auf Information, Kommunikation und Transparenz. Die wird an vielen Grafiken und Bildern sofort deutlich, wenn man die Fabrik betritt. Dabei fällt besonders ein rechteckiges Chart auf, das in allen Bereichen der Produktion zu finden ist, mit der Überschrift: MITARBEITER-FLEXIBILITÄT. In dieser Grafik stehen auf der einen Achse alle 20 – 25 Mitarbeiternamen eines Meisterbereiches und auf der anderen Achse alle Tätigkeiten, die in diesem Meisterbereich zu erfüllen sind. An den Kreuzpunkten ist markiert, ob der Mitarbeiter die notwendigen Schritte teilweise oder vollständig beherrscht oder ob vorgesehen ist, daß er in diese Tätigkeiten eingearbeitet werden soll. So ist auf einen Blick erkennbar, welche Mitarbeiter über welche Tätigkeitsbreite verfügen, welche Komplexität sie beherrschen können und wie flexibel sie sind.

Know-how-Entwicklung bei Porsche

Ein Beispiel dazu aus dem Motorenbau bei Porsche: In einem Entwicklungsplan für jeden Mitarbeiter wird festgelegt, an welchen Stationen er beim Bau des Motors wie lange tätig sein wird, so daß er nach circa zwei Jahren den gesamten Motor alleine zusammenbauen kann. Dann wird der Motor nicht mehr an den Mitarbeitern vorbei geführt wie zu Zeiten des Fließbandes, sondern der Mitarbeiter läuft mit seinem Motor an den verschiedenen Fertigungsstationen mit und baut den kompletten Motor. Jetzt ist der Mitarbeiter am Weltmarkt der Arbeit sein hohes deutsches Gehalt wert geworden. Und auf Qualitätskontrolle kann auch verzichtet werden. Denn der Mitarbeiter zeichnet sein

155

Gewerk mit seinem guten Namen. Er stanzt sein Namenszeichen in den Block. Dieses Beispiel zeigt uns den Weg in die nach-tayloristische Zeit, in der die Arbeitszerlegung und die damit verbundenen stupiden und nicht sehr wertvollen Tätigkeiten abgelöst werden durch das Erstellen von Gewerken. Es versteht sich dann von selbst, daß der Mitarbeiter mit einem ganz anderen Stolz abends nach Hause geht, wenn er drei lauffertige Motoren erstellt hat und nicht nur 148 Schrauben angezogen und 127 Bolzen festgemacht hat.

12. Know-how-Karriere als Shareholder Value

Porsche zeigt auch sehr gut, wie die Führungskräfte dafür sorgen, daß die Mitarbeiter immer wertvoller werden. Denn Führen heißt in Zukunft nicht mehr „Personalverantwortung haben". Die hat jeder Mitarbeiter selbst. Führen bedeutet: Personalentwicklungsverantwortung zu übernehmen. Eine Führungskraft hat dafür zu sorgen, daß die ihm anvertrauten Mitarbeiter mittel- und langfristig ihr Geld am Weltmarkt der Arbeit wert werden und bleiben. Dazu müssen die Führungskräfte „ihre" Mitarbeiter fördern, fordern und befördern – nicht nach oben, sondern in neue Aufgaben und neue Rollen. Reisen bildet – auch im eigenen Unternehmen! Personalentwicklung durch gezielte und aufbauende Job-Rotation, natürlich für alle Mitarbeiter, kann auch die Personalabbauwelle in Deutschland stoppen. Denn Mitarbeiter mit marktfähigem Wissen und Knowhow sind wertvoll für den Kunden, das Unternehmen und auch die Aktionäre. Personalentwicklung ist wohlverstandener Shareholer Value. Denn durch Vermarkten von Know-how und durch Aktivieren der Mitarbeiter-Potentiale läßt sich viel Geld verdienen.

Unternehmen haben eine soziale Verantwortung gegenüber ihren Mitarbeitern. Es sollte nicht mehr vorkommen, daß Banken seit zehn Jahren in Geldautomaten investieren und dann plötzlich „überrascht" sind, daß sie zu viele Kassierer haben. Auf der anderen Seite fehlen ihnen ganzheitlich qualifizierte Kundenberater. Es dürfte auch nicht mehr passieren, daß die Deutsche Telekom vor zwölf Jahren begann, die Vorteile von ISDN und computerisierten Vermittlungsanlagen zu preisen, aber gleichzeitig weiter Mechaniker und Elektromechaniker einstellte. Jetzt entdeckt sie „ganz plötzlich", daß man zigtausend Techniker abbauen muß und daß Tausende von Informatikern fehlen. Unternehmen können in Zukunft nicht mehr „lifelong employment" zusichern. Aber sie können und müssen für „lifelong employability" ihrer Mitarbeiter sorgen – nicht alleine, sondern gemeinsam mit den ihnen anvertrauten Menschen, die ihre Personalverantwortung auch wirklich übernehmen. Dieser Prozeß kann unterstützt werden, wenn wir Karriere nicht mehr als „Aufstieg" definieren, sondern als „Wertvoller-werden" am Weltmarkt der Arbeit. Denn in Zukunft geben nicht mehr die Stelle oder der Titel den Menschen Sicherheit und Status, sondern nur noch das marktfähige Knowhow und die menschlichen Netze, die helfen, dieses Know-how gewinnbringend einzusetzen und weiterzuentwickeln.

Den Wandel menschlich gestalten – Aspekte fortschrittlichen Personalmanagements am Beispiel der Deutschen Bank

Heinz Fischer/Silvia Steffens-Duch

1. Ein verändertes Umfeld beeinflußt das Personalmanagement
2. Employability ersetzt Arbeitsplatzsicherheit
3. Das Dilemma der Personalarbeit
4. Kompetenzen als Grundlage eines integrierten Personalinstrumentariums
5. Kompetenzprofile sind transparent und informativ

Heinz Fischer, geboren 1948 in Frankfurt am Main, begann seine berufliche Laufbahn 1970 bei Hewlett-Packard. Dort war er für verschiedene Funktionen wie Controlling, Finanzen und Personal verantwortlich, zuletzt als Europa-Direktor Personal in der europäischen Konzernzentrale in Genf. Seit 1996 ist er Bereichsvorstand Personal bei der Deutschen Bank AG in Frankfurt am Main.

Dr. Silvia Steffens-Duch, geboren 1948 in Berlin, studierte Betriebswirtschaftslehre an der Universität Göttingen und internationales Marketing in Berkeley. Sie begann ihre berufliche Laufbahn bei der Kienbaum Unternehmensberatung und wechselte 1986 zur Deutschen Bank AG in den Stabsbereich Kommunikation. Seit 1991 leitet sie die Abteilung Personalmarketing.

1. Ein verändertes Umfeld beeinflußt das Personalmanagement

In den letzten neun Jahren hat es in der Bankenwelt mehr Veränderungen gegeben als in drei Jahrzehnten davor. Die deutsche Wiedervereinigung war sicherlich ein Startpunkt, jedoch war sie im Kern nur eine Unternehmenserweiterung, die das Bankgeschäft im wesentlichen nicht verändert hat. Die europäische Währungsunion hingegen wird vorhandene Trends verstärken und auch qualitativ verändern. Hierauf haben wir uns einzustellen: zunehmender Wettbewerb auch durch ausländische Häuser, Konzentrationsprozesse und weitere Technologisierung. Das Bankgeschäft selbst ändert sich: Als Stichworte seien hier nur Direktbanken, Remote-Banking, Bankfilialen in Supermärkten usw. genannt.

Die Deutsche Bank hat innerhalb des Bankensektors eine Sonderentwicklung durchlaufen und ist auf dem Weg in eine neue Dimension: Durch die jüngsten, ausländischen Akquisitionen ist sie die weltweit größte Bank geworden und muß zusätzlich zu den „normalen" Strukturveränderungen ihr ungewöhnliches internationales Wachstum verkraften. Mehr als die Hälfte aller Mitarbeiterinnen und Mitarbeiter arbeitet außerhalb Deutschlands, und der Trend wird sich zugunsten des Auslands fortsetzen. Dies ist Risiko und Chance zugleich, denn Zahlen und Quoten sind nicht alles. Das Denken und Handeln der Menschen in der Bank muß auf dem Weg zu einem wirklich globalen Unternehmen noch einige Schritte zurücklegen. Die Bank und besonders das Personalmanagement haben die große Herausforderung zu bewältigen, ein globaler Finanzdienstleister mit transatlantischer Plattform zu werden und dabei die unverwechselbare Identität zu bewahren. Unterschiedliche Kulturen müssen gleichzeitig integriert werden. Im Falle der Übernahme von Bankers Trust haben wir uns das ehrgeizige Ziel gesteckt, die Stärken beider Kulturen zu verbinden – statt Reibungsverluste zu produzieren. Den Menschen, die bislang in andersartigen Unternehmenskulturen gelebt haben, soll auch in der neuen Gruppe eine Heimat geboten werden. „Banking is people business". Wir können die Zukunft nur mit – nicht gegen – die Mitarbeiter gestalten.

2. Employability ersetzt Arbeitsplatzsicherheit

Es sind unsere kompetenten und motivierten Mitarbeiterinnen und Mitarbeiter, die Veränderungen vorantreiben, die – auch und gerade in Zeiten radikalen Wandels und struktureller Brüche – einen entscheidenden Beitrag zur Wertschöpfung und zum Kundennutzen leisten. Deswegen arbeiten wir im Personalbereich daran, Mitarbeiter, die unser wichtigstes Vermögen darstellen, für die Bank zu gewinnen, zu halten und sie dort einzusetzen, wo Marktchancen genutzt werden können. Auf der anderen Seite unterliegen Funktionen Veränderungen oder werden ganz überflüssig. Bereits seit einiger

Zeit müssen wir die Tatsache akzeptieren, daß die lebenslange Arbeitsplatzsicherheit auch bei uns nicht mehr gewährleistet werden kann. Es ist unser Bestreben, den Wandel so menschlich wie möglich zu gestalten: Wenn schon eine Arbeitsplatz- oder Beschäftigungssicherheit nicht mehr garantiert werden kann, wollen wir wenigstens die Beschäftigungs*fähigkeit* (employability) wahren. Natürlich suchen wir zuerst für die vom Stellenabbau betroffenen Mitarbeiter nach Arbeitsmöglichkeiten innerhalb des Konzerns. Wenn dies erfolglos bleibt, kann verantwortungsvolle Personalarbeit hier nicht stehen bleiben. Sie muß vielmehr zumindest die Beschäftigungsfähigkeit der Betroffenen erhalten helfen. Dazu haben wir das „Deutsche Bank-Mosaik für Beschäftigung" entwickelt, dessen Lösungsmöglichkeiten auf die Flexibilität und die Bereitschaft des Mitarbeiters setzen, aktiv an der Fortsetzung der weiteren beruflichen Entwicklung mitzuwirken.

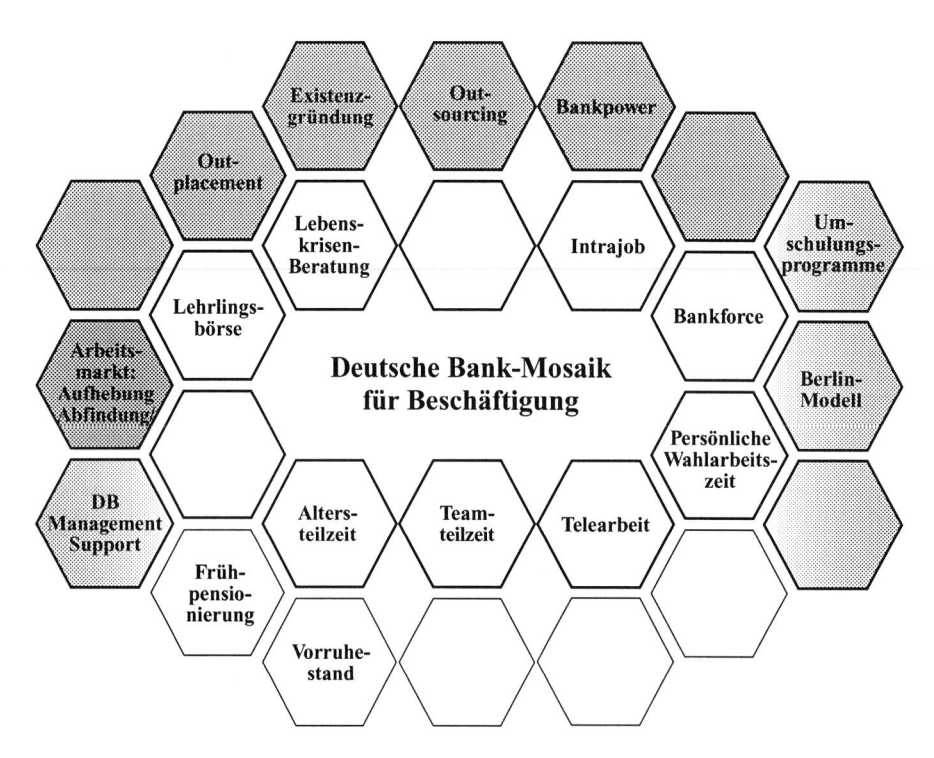

Das Deutsche Bank-Mosaik für Beschäftigung

Einige Mosaiksteine sollen nachfolgend näher erläutert werden.

Als Grundvoraussetzung für einen flexibleren Mitarbeitereinsatz wollen wir mehr Transparenz in den konzernweiten internen Stellenmarkt bringen. Mit „Intrajob" schreiben wir grundsätzlich jede vakante Position in einem elektronischen Stellenmarkt aus und besetzen die Vakanz mit Unterstützung dieses Verfahrens. Dies ist vor allem für Mitarbeiter in kleineren Unternehmenseinheiten sinnvoll, in denen wenig Versetzungsalternativen bestehen und denen schlicht die Information über zu besetzende Stellen fehlte. In „Intrajob" werden auch chiffrierte Stellengesuche plaziert.

Neue Wege gehen wir mit „Bankforce" und „Bankpower". Mit Bankforce haben wir eine *interne* Zeitarbeitsfirma geschaffen, in die qualifizierte Mitarbeiter, deren bisheriger Arbeitsplatz wegfällt und die hinsichtlich der Arbeitszeit und örtlichen Mobilität sehr flexibel sind, bei gleichbleibendem Gehalt wechseln können. Der Wechsel in Bankforce steht jedem Mitarbeiter frei. Gegen einen entsprechenden Tagessatz wird der Mitarbeiter bedarfsgerecht jeweils zwischen einem und sechs Monaten innerhalb der Bank eingesetzt. Neben der Mitarbeit an zeitlich befristeten Projekten bieten sich als Aufgabenfelder der Ausgleich verschiedenster Engpässe in der Bank an. Die ersten Mitarbeiter arbeiten bereits in Bankforce. Interessant ist in diesem Zusammenhang: bei keinem dieser „Pioniere" ist der Arbeitsplatz zuvor weggefallen. Ausschlaggebend für den Wechsel war der Reiz des neuen Aufgabengebiets.

Wir wollten aber auch den Mitarbeitern, für die es im Konzern Deutsche Bank keine Beschäftigungsmöglichkeit mehr gibt, eine Lösung bieten. Mit der Gründung der *externen* Zeitarbeitsfirma Bankpower, einem Joint Venture mit der Firma Manpower, haben wir auf die weiter steigende Nachfrage an Zeitarbeitnehmern mit bankkaufmännischem Hintergrund reagiert. Natürlich ist die Branche „Zeitarbeit" mit immerhin 200.000 Beschäftigten in Deutschland nicht für jeden eine Alternative. Aber für einige bedeutet es die Möglichkeit, direkt im Anschluß an eine Tätigkeit bei uns in ein unbefristetes, sozialversicherungspflichtiges Arbeitsverhältnis zu wechseln – und nicht in die Arbeitslosigkeit entlassen zu werden. Es besteht vielmehr die Chance, später eine Anstellung außerhalb von Bankpower zu finden. Die Erfahrungsquote der Branche von etwa 30 Prozent läßt hoffen.

Selbstverständlich ist das Beschäftigungs-Mosaik kein (ab)geschlossenes System. Wir arbeiten mit Hochdruck an neuen Ideen, an weiteren flexiblen Lösungen, die so individuell sein müssen wie die betroffenen Menschen. Als weitere bereits realisierte Ansätze seien hier nur beispielhaft die Unterstützung bei Existenzgründungen oder bei der Ausbildung in bankfremden Berufen genannt.

3. Das Dilemma der Personalarbeit

Die voranstehenden Schilderungen haben bereits die vielfältigen Anforderungen an die Personalfunktion skizziert. Unsere Personalarbeit muß derzeit, und dieser Zustand wird über die Jahrtausendwende hinaus andauern, die folgenden – sich scheinbar widersprechenden – Aufgaben bewältigen:

- Talente und Experten mit raren Qualifikationen gewinnen
- Personalabbau in schrumpfenden Märkten
- Reward and retention
- Training und Entwicklung von Mitarbeitern für neue, andersartige Aufgaben
- Gezielte Job-Rotation auch zwischen den Unternehmensbereichen und Geschäftsfeldern
- und das alles in einer Unternehmenskultur, die fortentwickelt werden muß, ohne die einzigartige Identität zu gefährden.

4. Kompetenzen als Grundlage eines integrierten Personalinstrumentariums

Als ein wesentliches Element zur Weiterentwicklung unserer Kultur haben wir die Erneuerung unserer Personalmanagementsysteme erkannt. Grundlage für das gesamte Personal- und Führungsinstrumentarium soll unser „DB-Kompetenzmodell" werden, das wir derzeit im Personalbereich pilotieren.

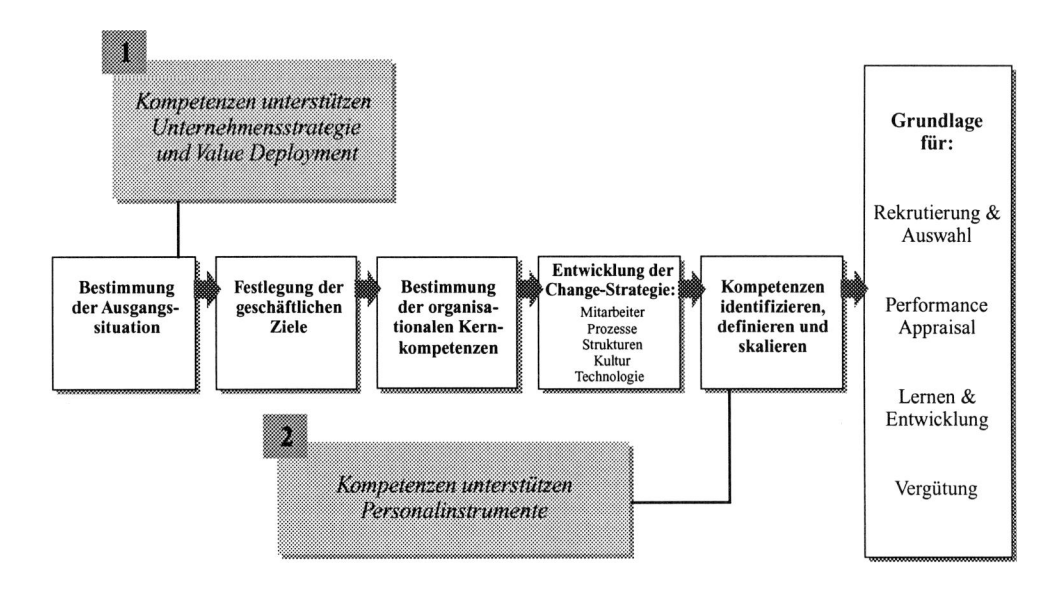

Ableitung von Kompetenzen aus der Unternehmensstrategie

Unter einem *Kompetenzmodell verstehen wir* die zusammenfassende Beschreibung von Verhaltensrepertoires, über die Mitarbeiterinnen und Mitarbeiter verfügen müssen, um in einem bestimmten organisatorischen Kontext erfolgreich zu sein. Diese Verhaltensrepertoires sind erfolgskritisch und zukunftsorientiert definiert und leiten sich aus der Unternehmensstrategie und den Markterfordernissen ab.

- Direkte und nachvollziehbare Verknüpfung von Werten, Zielen und Unternehmensstrategie einerseits und Mitarbeiterkompetenzen andererseits
- Grundlage für ein einheitliches und effektives Personalinstrumentarium, das die Unternehmensstrategie optimal unterstützt und bereichsübergreifende Entwicklungen ermöglicht
- Anwendbarkeit des Modells mit divisionalen und regionalen Gestaltungsspielräumen
- Konsequente Orientierung an den in Zukunft erfolgskritischen Kenntnissen und Fähigkeiten der Mitarbeiter
- Mehr Mitbestimmungsmöglichkeiten und Eigenverantwortung der Mitarbeiter für Leistung und Entwicklung durch ein Höchstmaß an Transparenz; gezielte Unterstützung von ‚Employability'
- Offenlegung von Potentialen sowie Stärken und Schwächen innerhalb der Organisation
- Transparentere und damit effektiver planbare individuelle Entwicklungswege, in denen sich das neue Karriereverständnis widerspiegelt
- Messung und Entwicklung des Humankapitals ('Intellectual Capital')
- Zukünftige Verknüpfung mit DB PeopleSoft

Ziele bei der Entwicklung des DB-Kompetenzmodells

Unter einer *Kompetenz* verstehen wir folglich ein bestimmtes Verhaltensrepertoire zur erfolgreichen Bewältigung von Aufgaben im Sinne der Werte und Ziele der Bank. Kompetenzen beruhen auf einer Reihe unterschiedlicher persönlicher Attribute (z. B. Erfahrung, Wissen und Verständnis, Fähigkeiten und Fertigkeiten, Einstellungen, Motive und tieferliegende Eigenschaften). Die Definition jeder einzelnen Kompetenz beruht jedoch auf beobachtbaren Verhaltensweisen, die diesen Attributen Sichtbarkeit verleihen. Zu Beurteilungs- und Entwicklungszwecken wollen wir uns auf diese **beobachtbaren Verhaltensweisen** konzentrieren.

Das Kompetenzmodell soll also transparent machen, welche Kompetenzen in Zukunft für eine derzeitige oder eine mögliche zukünftige Funktion entscheidend sind, und dient somit als Orientierungshilfe. Durch diese Transparenz über Leistungserwartungen und Entwicklungsmöglichkeiten wird der Mitarbeiter maßgeblich am Erhalt und Ausbau seiner Employability beteiligt.

Auf der Basis unserer Grundwerte Vertrauen, Offenheit, Integrität, Commitment und Leistung haben wir unser aus *Kernkompetenzen* und *funktionsspezifischen* Kompetenzen bestehendes Modell entwickelt. Wir unterscheiden zwischen **DB-Kernkompetenzen**, d. h. den für **alle** Mitarbeiter der Deutschen Bank, unabhängig von ihrer jeweiligen Funktion oder Position, erfolgskritischen Kompetenzen (z. B. unternehmerisches Denken) und **funktionsspezifischen Kompetenzen**, d. h. den für einen Unternehmensbereich und eine spezifische Funktion erforderlichen Kenntnissen und Fähigkeiten (z. B. Kenntnisse des Arbeitsrechts für Mitarbeiter im Personalbereich).

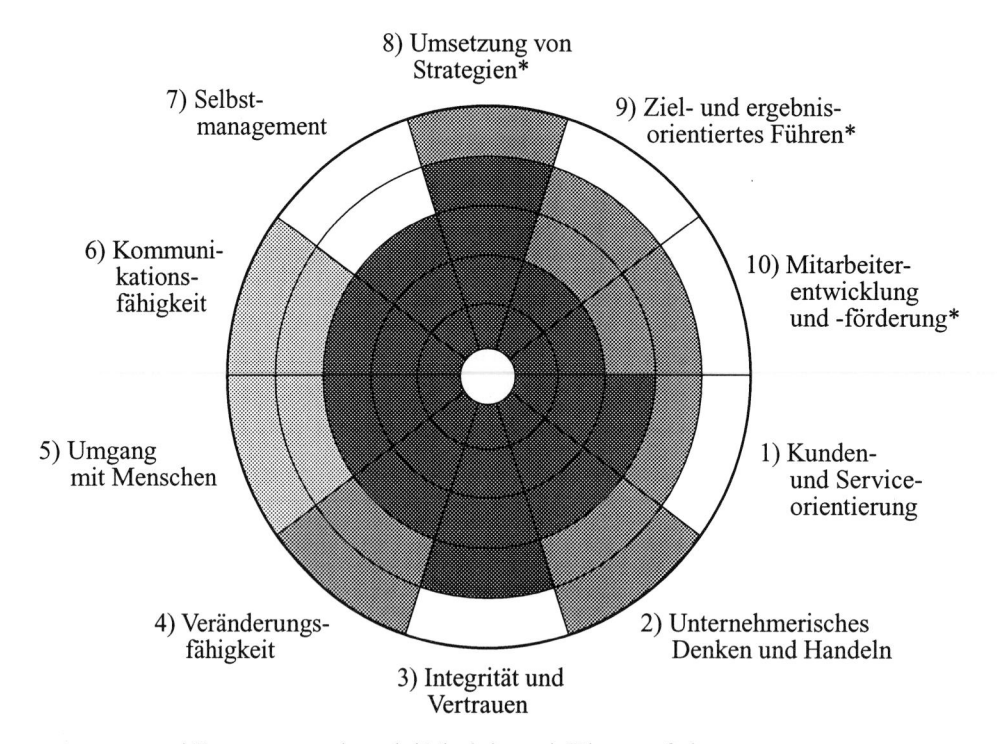

7) Selbstmanagement
8) Umsetzung von Strategien*
9) Ziel- und ergebnisorientiertes Führen*
6) Kommunikationsfähigkeit
10) Mitarbeiterentwicklung und -förderung*
5) Umgang mit Menschen
1) Kunden- und Serviceorientierung
4) Veränderungsfähigkeit
2) Unternehmerisches Denken und Handeln
3) Integrität und Vertrauen

* Kompetenz nur relevant bei Mitarbeitern mit Führungsaufgabe

Soll
Ist

Kompetenz-Abstufungen
1 = Kompetenz in Grundzügen vorhanden
2 = Kompetenz vorhanden
3 = Kompetenz ausgeprägt
4 = Kompetenz stark ausgeprägt
5 = Kompetenz herausragend ausgeprägt

DB-Kernkompetenzen

5. Kompetenzprofile sind transparent und informativ

Das Kompetenzprofil dient den Mitarbeitern dazu, Transparenz und Orientierung bezüglich der von ihnen geforderten Kompetenzen zu bekommen *(Soll-Profil)* sowie zu sehen, inwieweit sie diesen Anforderungen gerecht werden *(Ist-Profil)*. In den Kompetenzprofilen werden durch die funktionsspezifische Auswahl und Ausprägung erfolgskritischer Kompetenzen die Anforderungen in einem Tätigkeitsfeld (z. B. des Personalbetreuers) konkret abgebildet. Die Darstellung der einzelnen Kompetenzen erfolgt in sogenannten Kompetenzrädern. Durch den *Abgleich* von *Soll- und Ist-Profil* ist es möglich, festzustellen, in welchen Kompetenzen spezifische Stärken oder aber gegebenenfalls individueller Entwicklungsbedarf für den Mitarbeiter, für Teams, Abteilungen oder die gesamte Organisation bestehen.

Mit dem neuen Führungsansatz „Führen durch Zielvereinbarung", den wir 1997 für unsere außertariflichen Mitarbeiter einführten, haben wir bereits ein wesentliches Fundament für eine an der Unternehmensstrategie orientierte und ihre Umsetzung fördernde Weiterentwicklung des Führungsinstrumentariums gelegt. Das Kompetenzmodell ist eine Fortentwicklung dieser Philosophie. Unter Einbeziehung der Erfahrungen, die wir im Pilotprojekt machen, werden wir ein neues System zur Leistungs- und Potentialeinschätzung entwickeln. Das Kompetenzmodell ist als Grundlage für wesentliche Bereiche unserer Personalpolitik und -entwicklung hervorragend geeignet: Es wird in Zukunft die Basis für ein einheitliches und effektives Personalinstrumentarium bilden, das die Unternehmensstrategie optimal unterstützt.

Der Mensch rückt in den Mittelpunkt: Gruppenstrukturen und Entgeltsysteme für vitale Unternehmen am Beispiel der Audi AG

Andreas Schleef

1. Die Vergangenheit: der Mensch als reiner Kostenfaktor
2. Neue Strukturen: notwendig, aber nicht hinreichend
3. Audi: Vorsprung durch Technik und Menschen
4. Die neue Entlohnung: Persönlichkeit in der Gruppe zahlt sich aus
5. Die neue Rolle der Führungskraft: Aktivieren des Human-Vermögens von Audi

Andreas Schleef, 1943 in Köngisberg geboren, studierte Rechtswissenschaften an den Universitäten Freiburg, München und Göttingen. Dem zweiten Staatsexamen schlossen sich Auslandsaufenthalte in den USA und Kanada an. 1972 begann er seine berufliche Laufbahn als Jurist bei der Westdeutschen Landesbank, Düsseldorf. Ein Jahr später wechselte er zur Audi AG, Ingoldstadt, und bekleidete verschiedene leitende Funktionen im Personalwesen der Audi AG sowie bei der Volkswagen AG, Wolfsburg. Seit 1985 ist er Mitglied des Vorstands der Audi AG für den Geschäftsbereich Personal- und Sozialwesen.

1. Die Vergangenheit: der Mensch als reiner Kostenfaktor

Vor dem Hintergrund eines weltweit sich verstärkenden Wettbewerbs und damit eines enormen Kostendrucks sind viele Unternehmen – und ich schließe die Audi AG hier ein – damit konfrontiert, daß nur tiefgreifende strukturelle und organisatorische Veränderungen die Wettbewerbsfähigkeit wieder herstellen und langfristig sichern können.

Bei der Suche nach Potentialen zur Verbesserung der Wettbewerbsfähigkeit ist verstärkt ins Bewußtsein getreten, welche Probleme eine unzureichende Organisation bereitet, die durch häufig zergliederte Prozeßketten und eine entsprechend große Anzahl von Schnittstellen, eine geringe Entscheidungskompetenz der „wertschöpfenden" Mitarbeiter sowie eine strikte Trennung zwischen ausführenden und planenden/organisierenden Tätigkeiten gekennzeichnet ist.

Dies alles sind Merkmale eines Konzeptes, wie es sich unter Konzentration auf tayloristische Prinzipien entwickelt hat. Mit dem Anstieg der Arbeitskosten in den 70er und vor allem in den 80er Jahren, suchten viele Industrieunternehmen das Heil in der Automatisierung mit dem Ziel, den „Kostenfaktor" Mensch weitestgehend aus dem Fertigungsbereich zu eliminieren. *Dieser rein technikorientierte Denkansatz führte – wie wir heute wissen – in eine Sackgasse, da zunehmende Automatisierung gleichzeitig auch eine abnehmende Flexibilität zur Folge hatte.* Automatisierung hat ihre Berechtigung im wesentlichen dort, wo sie auch zu einer Arbeitserleichterung für den Menschen führt. Ansonsten muß die *Erhöhung von Flexibilität* im Vordergrund stehen. Gerade diese Flexibilität ist es aber, die uns heute im internationalen Wettbewerb fehlt. Wenn auch zunächst die arbeitsteilige Fließfertigung unter Einsatz von computergestützten Logistik- und Steuerungssystemen verfeinert und perfektioniert wurde, so ist inzwischen ein Automatisierungsgrad erreicht, der die Grenzen der methodischen Beherrschung und Steuerbarkeit deutlich werden läßt. Es wäre sicherlich falsch, die technische und technologische Entwicklung als Ursache für den Rückgang der Wettbewerbsfähigkeit zu bezeichnen – im Gegenteil: sie war und ist Motor für die exportorientierte Wirtschaft in Deutschland. Das *eigentliche Manko* dieser Entwicklung ist die *reine Technikorientierung zu Lasten einer Personen- und Persönlichkeitsorientierung:* die Entfaltung des leistungs- und produktivitätswirksamen Problemlösungs- und Innovationspotentials der Mitarbeiter wurde nicht genutzt, vielfach sogar behindert. Durch die Rückbesinnung auf den Menschen als Gestalter von Strukturen und Prozessen rückt der einzelne Mitarbeiter in den Blickpunkt des Interesses. Damit erhält auch unternehmerische Personalpolitik auf dem Weg zur Entwicklung vitaler Unternehmen eine wachsende gestalterische Bedeutung. Dies kommt auch als eine wesentliche Kernaussage des Audi-Unternehmensentwicklungsprozesses zum Ausdruck: *Der Mensch – und nicht die Maschine – steht bei Audi im Mittelpunkt der Arbeitsorganisation.*

Die Ineffizienz tradierter Organisationsstrukturen wird besonders deutlich im Vergleich zur „Schlanken Produktion" (Lean Production), die vor allem in der Automobilindustrie zum Inbegriff der japanischen Herausforderung geworden ist. Im Mittelpunkt aller Lean-Strategien steht damit nicht etwa die intelligente Technik, sondern richtigerweise das Personal.

Zahlreiche Unternehmen in der Bundesrepublik haben deshalb beschlossen, zentrale Bausteine dieses Managementkonzeptes zu adaptieren. Die unübersehbare Aufbruchstimmung läßt jedoch noch keine einheitliche Stoßrichtung erkennen. Es scheint sich hierbei um einen Suchprozeß mit vielen offenen Pfaden zu handeln, dessen Ziele sich erst herauskristallisieren.

2. Neue Strukturen: notwendig, aber nicht hinreichend

Der Schwerpunkt der anstehenden Veränderungsprozesse liegt bei der Audi AG in der Weiterentwicklung der *gesamten* Organisation. Dies geschieht im wesentlichen durch die Restrukturierung der Produktion als integrierten Prozeß, durch ein konsequentes internes und externes Kunden-Lieferanten-Denken, eine cost-center-orientierte Funktions- und Aufgabenintegration auf Basis von Gruppenstrukturen, die Optimierung der Entwicklungs- und Dienstleistungstiefe mit partnerschaftlicher Einbindung der Zulieferindustrie, die Optimierung der Produktgestaltung und Produktionsplanung durch Simultaneous Engineering und eine weitreichende Veränderung der Unternehmenskultur, die die gemeinsame Verantwortung und Verpflichtung aller Mitarbeiter für das Unternehmen fördert.

Das herkömmliche Denken in Funktionen, d. h. in Abteilungen, Ressorts oder in „Kästchen", war vor allem darauf ausgerichtet, spezialisierte Tätigkeiten mit Hilfe geeigneter Organisationsformen zu koordinieren, um auf diese Weise die Arbeitsteilung und die daraus resultierende Spezialisierung erfolgreich zu nutzen.

Was heute not tut, ist ein Denken in Prozessen, d. h. in vernetzten Funktionen und Tätigkeiten, die die Organisationsstruktur horizontal durchdringen.

Eine der grundlegenden Prämissen des Gestaltungsprozesses ist die Abkehr von der rein *funktionsorientierten* hin zu einer *ganzheitlichen* Betrachtungsweise. Erst die aufeinander abgestimmte Optimierung der Prozeßketten, Strukturen und Arbeitsabläufe, die Verkürzung von Bearbeitungs- und Nebenzeiten, die Beseitigung von Doppelfunktionen und Schnittstellen, die mitarbeiterorientierte Gestaltung integrierter Arbeitsprozesse sowie vielseitiger, anspruchsvoller Tätigkeiten und Arbeitsplätze ergibt den Gesamtnutzen, der dann weit über eher begrenzte technisch-organisatorische Rationalisierungspotentiale hinausgeht.

Es wird dabei vielen Mitarbeitern und Führungskräften schwerfallen, von ihnen liebgewordenen Verhaltensweisen Abschied zu nehmen: die funktionalen Eifersüchteleien, die Bereichsschranken, die pyramidenartigen Informationskaskaden und ebensolche – dann gegenläufige – Entscheidungstreppen. Der ganze gewachsene Überbau verästelter Zuständigkeiten muß zurückgeschnitten werden auf die Funktionen, die dem wichtigsten Ziel dienen: herstellen oder leisten, was der (interne oder externe) Kunde wünscht. Dieses Denken in *Kunden-Lieferanten-Beziehungen* gibt dabei die notwendige Orientierung für die anstehenden Veränderungen und ist auf alle betrieblichen Funktionen anzuwenden. Denn: In einem Unternehmen ist jeder Mitarbeiter Lieferant einer Leistung und zugleich Kunde, der zufriedengestellt werden will.

Entscheidend für den Erfolg eines Gestaltungs-Managements wird deshalb ein *neues Planungsverständnis* sein, in dem auch die personellen Ziele und Auswirkungen enthalten sind. Sicher kann man z. B. die technischen Anlagen ständig verbessern, ihre Steuerung optimieren, ihre Leistung erhöhen, ihre Verzahnung perfektionieren. Die Art ihrer Nutzung und der Grad ihrer Verfügbarkeit hängt aber entscheidend davon ab, welche Rolle dem *Menschen* in den modernen Produktions- und Dienstleistungsprozessen zukommt. Nicht der Grundsatz des „staff follows investment", sondern die Integration von technischer, organisatorischer und personeller Planung setzt die vorhandenen personellen Ressourcen und Qualifikationen optimal ein, vermeidet Qualifikationsengpässe, entwickelt neue Ausbildungsstrategien, sichert und fördert notwendige Qualifikationen, ermöglicht qualifikations- und eignungsgerechte Arbeitsstrukturen und sichert so den zu vollziehenden Strukturwandel personalpolitisch ab.

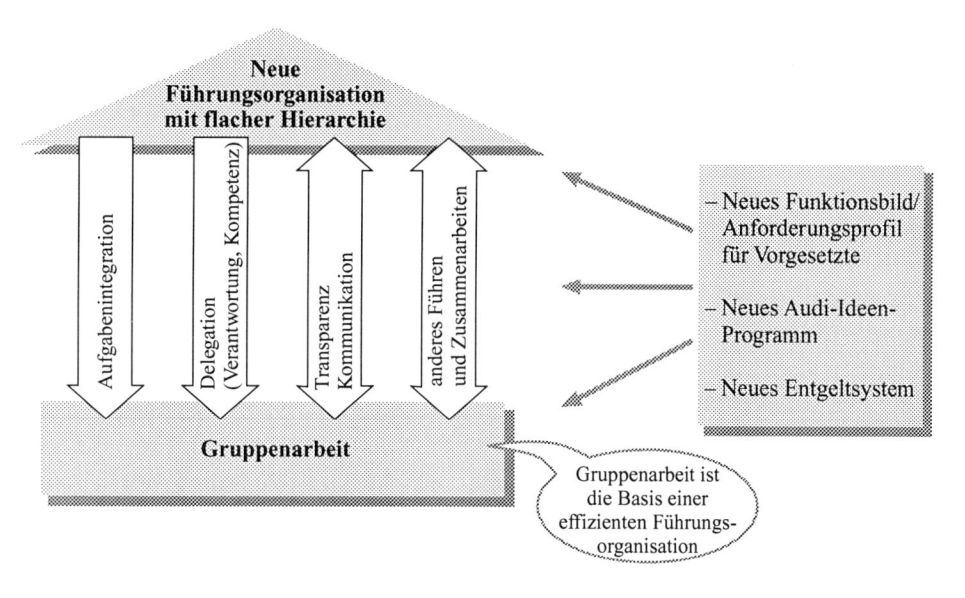

Ganzheitliche Umstrukturierung

Im Sinne einer ganzheitlichen Umstrukturierung wurden für das Gesamtunternehmen veränderte Rahmenbedingungen geschaffen.

1. Eine *Arbeitsorganisation mit Bündelung von Funktionen* in relativ selbständige Organisationseinheiten (Cost-/Profit-Center, Sparten) bis hinunter auf Gruppenebene
2. eine neue *Führungsorganisation* mit abgeflachten Hierarchieebenen von ehemals bis zu neun auf drei, maximal vier Berichtsebenen,
3. einem *geänderten Funktionsbild bzw. Anforderungsprofil* für Vorgesetzte,
4. ein *verbessertes Vorschlagswesen* zur Förderung des Kreativpotentials der Mitarbeiter und zur Unterstützung des KVP-Prozesses, und nicht zuletzt
5. ein *neues Entgeltsystem*, das diese arbeitsorganisatorischen Veränderungen auch abbildet und honoriert.

3. Audi: Vorsprung durch Technik und Menschen

Die „schlanken" Strukturen bleiben jedoch blutleer ohne die entsprechende Anpassungsleistung beim Faktor „Mensch". *Neue Strukturen sind zwar notwendig, aber nicht hinreichend für den Erfolg.* Die Mitarbeiter müssen in die betrieblichen Prozesse aktiv mit einbezogen werden; sie müssen Gelegenheit haben, ihre Meinung zu äußern, sie müssen sich über die beste Form der Erledigung der ihnen übertragenen Aufgaben Gedanken machen und diese umsetzen können. Nur dann, wenn im Arbeitsprozeß die Faktoren

    Motivation x Qualifikation x Delegation x Initiative, also

      wollen,   können   dürfen und handeln

gleichzeitig zusammentreffen, werden die enormen Wissens- und Erfahrungspotentiale der Mitarbeiter richtig genutzt. Dies tatsächlich zu realisieren erfordert den Mut zum konsequenten Wandel in der Führungsphilosophie hin zu einer wirklich kooperativen, partnerschaftlichen Führung. Denn es gilt, mit dem „Human-Potential", d. h., den Mitarbeitern und Führungskräften und ihrem Wollen, Können, Dürfen und Handeln die Technik und die Organisation mit Leben zu füllen, sie optimal zu nutzen und permanent weiterzuentwickeln.

Die Basis bildet hierbei immer die *Gruppen- bzw. Teamarbeit*. Dazu gehören ganzheitliche Arbeitsinhalte, bei denen die Mitarbeiter weitgehend unabhängig arbeiten können und daß Erkennen, Denken, Handeln, Überprüfen und Verbessern von Abläufen und Systemen in einem geschlossenen Regelkreislauf möglich sind. Das schafft Identifikation mit dem eigenen Tun und dem Produkt. Die *Selbstprüfung der eigenen Arbeit* gewährleistet das Erkennen von Fehlern und deren gründliche Beseitigung durch die unmittelbare Rückkopplung – auf der Basis von Kennzahlen und Indikatoren – im Sinne eines kontinuierlichen Verbesserungsprozesses.

Die Zielsetzungen, die mit der Gruppenarbeit erreicht werden sollen, sind gleichzeitig die wesentlichen Vorteile dieser Organisationsform:

- Verbesserung der Qualität durch Verminderung von Ausschuß und Erhöhung der Produktqualität,
- Optimierung der Ablauf- und Aufbauorganisation durch Verbesserung von Abläufen und Prozessen; Förderung und Nutzung des Innovations- und Problemlösungspotentials der Mitarbeiter und Reduzierung von Schnittstellen und Hierarchieebenen,
- Übertragen von Verantwortlichkeiten bezüglich Arbeitssicherheit, Material und Anlagen, Personaleinsatz und Arbeitsorganisation auf Gruppen- bzw. Mitarbeiterebene,
- Verbesserung der Produktivität, Reduzierung der Kosten durch höhere Anlagenverfügbarkeit und verbesserte Anwesenheit,
- flexibler Personaleinsatz auf Grund breiterer Qualifizierung für erweiterte Aufgaben,
- Steigerung der Arbeitszufriedenheit durch eine Erhöhung der Handlungs- und Entscheidungsspielräume,
- Verringerung der Monotonie durch ein hohes Maß an Selbststeuerung und Selbstkontrolle statt Fremdkontrolle,
- Transparenz des eigenen Leistungsbeitrag mit entsprechender Bezahlung durch die Einführung eines neuen Entgeltsystems.

Diese Darstellung sowohl mitarbeiterbezogener als auch unternehmensbezogener Ziele macht deutlich, daß die Schaffung humaner, persönlichkeitsfördernder Arbeitsbedingungen nicht notwendigerweise im Gegensatz zur Sicherung und Steigerung der Wettbewerbsfähigkeit des Unternehmens stehen muß. Beide Elemente bedingen und ergänzen sich gegenseitig. Das übergeordnete Ziel eines optimalen Personaleinsatzes steht demnach am Ende des gesamten Gestaltungsprozesses und wird zum Kernpunkt unternehmerischer Personalpolitik.

Durch die Übernahme von Verantwortung, d. h. die Einbeziehung der Mitarbeiter in allen relevanten Fragen und die Ausstattung mit Kompetenzen zur Aufgabenerledigung, werden Entscheidungen auf die niedrigst mögliche Ebene delegiert. Aufgabenerweiterung und Aufgabenbereicherung führen also erst dann zur Gruppenarbeit, wenn gleichzeitig durch die schrittweise Aufgabenintegration und Wissenszunahme der

Mitarbeiter die Vorgesetzten diese an Entscheidungen beteiligen, ihnen mehr Befugnisse übertragen und sie somit mehr Verantwortung für das Arbeitsergebnis haben.

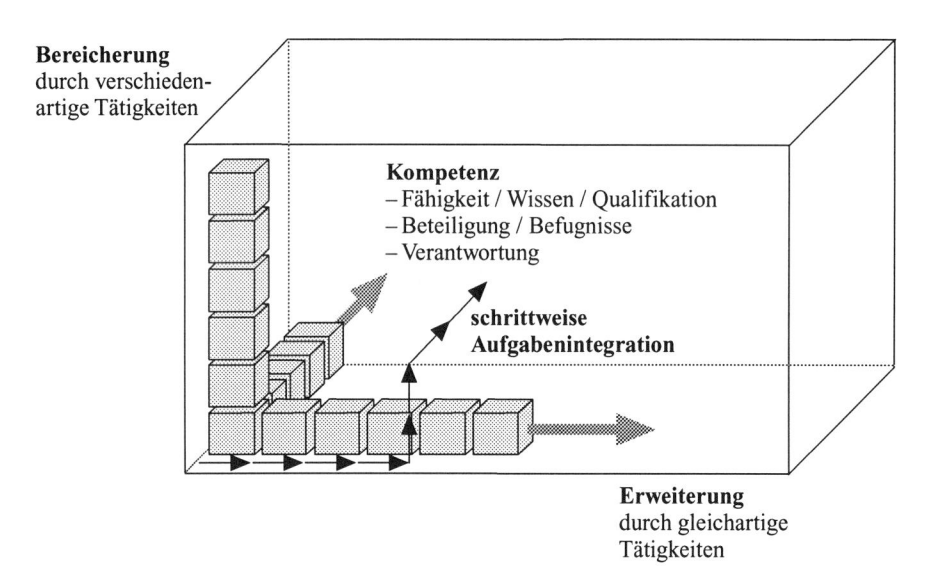

Bereicherung
durch verschiedenartige Tätigkeiten

Kompetenz
– Fähigkeit / Wissen / Qualifikation
– Beteiligung / Befugnisse
– Verantwortung

schrittweise Aufgabenintegration

Erweiterung
durch gleichartige Tätigkeiten

Gruppenarbeit bei Audi

Eng verbunden mit den Problemen eines allmählichen Hineinwachsens in neue Rollen und neu abgesteckte Funktionen ist die Frage der Qualifikation der Mitarbeiter. Die Analyse des Qualifizierungsbedarfs und die daraus abgeleitete Planung und Umsetzung der Qualifizierungsmaßnahmen waren bei Audi in der Vergangenheit fester und selbstverständlicher Bestandteil organisatorischer Umstrukturierungen. Bei der Einführung der Gruppenarbeit gilt prinzipiell die gleiche Vorgehensweise, jedoch gewinnt – neben der bisherigen fachlichen und Persönlichkeitsqualifizierung – angesichts der hohen Eigendynamik dieser Veränderungsprozesse die Prozeßbegleitung bzw. Organisationsentwicklung an Bedeutung, um den Veränderungsprozeß durch konsequente Begleitung (Coaching) abzusichern.

Gerade in der durch Qualifizierung und Prozeßbegleitung erreichten Erhöhung der Fach-, Prozeß- und Sozialkompetenz liegt auch für jeden einzelnen Mitarbeiter die Chance zur beruflichen und persönlichen Weiterentwicklung. Und nicht zuletzt führt die daraus resultierende Identifikation mit dem Unternehmen zu einer erhöhten Leistungsbereitschaft, Motivation und zu gesteigertem Qualitäts- und Kostenbewußtsein.

Audi hat als einer der ersten deutschen Automobilhersteller die Gruppenarbeit im gesamten Fertigungsbereich flächendeckend eingeführt. Die erste Phase dieses Prozesses ist mit der Umsetzung der quantitativen Merkmale der Gruppenarbeit im

Fertigungsbereich abgeschlossen. Dazu zählen insbesondere die Gruppenbildung (die Gruppengröße beträgt durchschnittlich 6 – 8 Mitarbeiter), die Benennung der Gruppensprecher sowie die Einführung von Guppenarbeitstafeln und regelmäßiger Gruppengespräche.

Mit der quantitativen Umsetzung ist aber der Umstrukturierungsprozeß bei weitem nicht abgeschlossen. Der für den Erfolg des Prozesses entscheidende Teil beginnt erst mit dem zweiten Schritt, der auch als „mentale" Phase bezeichnet werden kann.

Dabei geht es darum, die Qualität der Gruppenarbeit systematisch zu erhöhen und die neuen Strukturen mit Leben zu füllen. Dazu muß eine neue Art der Zusammenarbeit, eine andere Art der Führung im Sinne von „Überzeugen statt Anweisen" und vor allem *unternehmerisches Denken und Handeln vor Ort* vermittelt und praktiziert werden. Gerade in diesem Prozeß kommt dem einzelnen Mitarbeiter und vor allem dem „neuen" Vorgesetzten die entscheidende Bedeutung zu, denn Gruppenarbeit kann nicht verordnet werden, sie muß von allen Beteiligten „gelebt" bzw. „vorgelebt" werden.

4. Die neue Entlohnung: Persönlichkeit in der Gruppe zahlt sich aus

Die in weiten Teilen veränderten Anforderungen, Aufgaben und Tätigkeiten zu bewerten und schließlich adäquat zu bezahlen war mit dem bisherigen Lohnsystem nicht mehr möglich. Durch die Integration indirekter Tätigkeiten in die Gruppe wird darüber hinaus die *klassische Trennung zwischen Arbeiter- und Angestelltenfunktionen durchbrochen*, sogar *aufgehoben*. Beides machte eine *grundlegende Reform und Umgestaltung der Vergütungssysteme* notwendig.

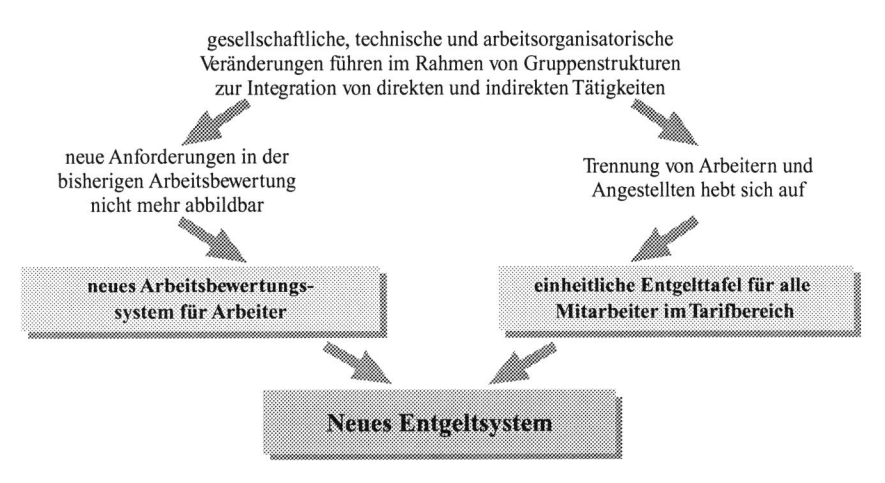

gesellschaftliche, technische und arbeitsorganisatorische Veränderungen führen im Rahmen von Gruppenstrukturen zur Integration von direkten und indirekten Tätigkeiten

neue Anforderungen in der bisherigen Arbeitsbewertung nicht mehr abbildbar

Trennung von Arbeitern und Angestellten hebt sich auf

neues Arbeitsbewertungssystem für Arbeiter

einheitliche Entgelttafel für alle Mitarbeiter im Tarifbereich

Neues Entgeltsystem

Das neue Entgeltsystem als Antwort auf tiefgreifende Veränderungen bei Audi

Das neue Audi-Entgeltsystem wurde nach intensiven Vorarbeiten und ausführlichen Diskussionen und Abstimmungen mit den Tarifparteien im Juni 1994 in Form einer Betriebsvereinbarung umgesetzt. Mit dieser Regelung wurde modellhaft realisiert, was die Tarifvertragsparteien der Metallindustrie im Zuge der Diskussion um einen einheitlichen Entgelttarifvertrag möglicherweise regeln könnten.

Das Audi-Entgeltsystem gliedert sich in zwei wesentliche Bestandteile: zum einen in ein *neues Arbeitsbewertungssystem für Arbeiter* und zum anderen in eine *einheitliche Entgelttafel* für alle Mitarbeiter im Tarifbereich.

Kernpunkt des neuen analytischen Arbeitsbewertungssystems ist die Vereinheitlichung von Akkord- und Zeitlohn. Es wurde daher ein neues analytisches Arbeitsbewertungssystem entwickelt, welches neben einer grundlegenden Renovierung insbesondere auch auf Gruppenarbeitsinhalte zugeschnitten ist.

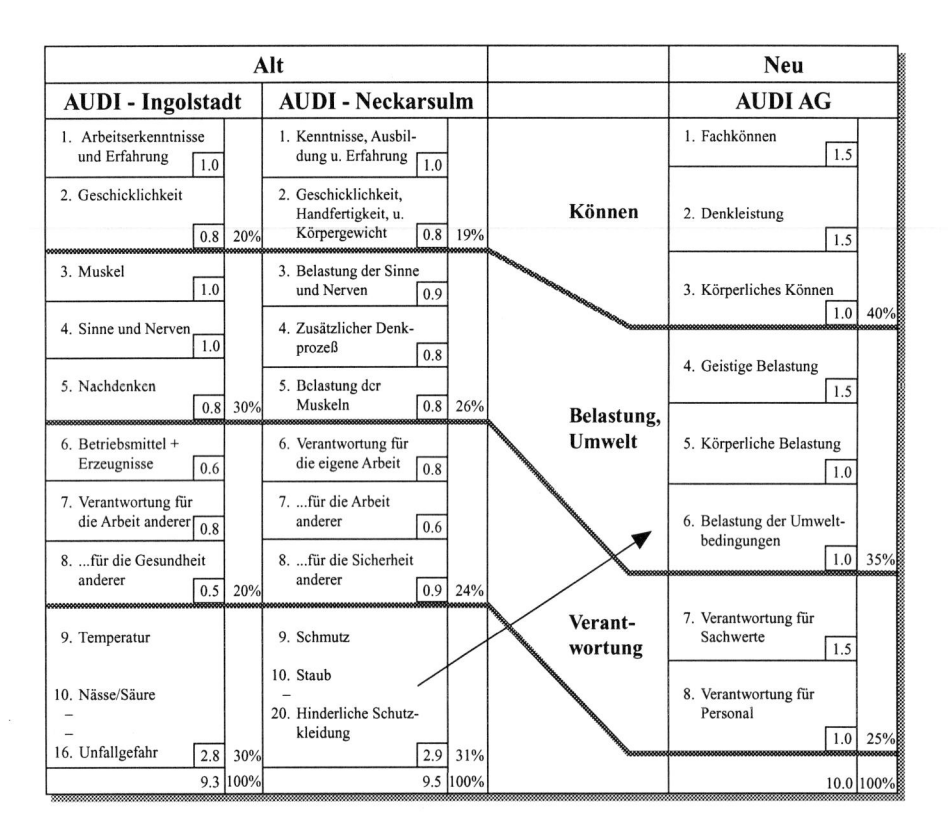

Alt				Neu	
AUDI - Ingolstadt		**AUDI - Neckarsulm**		**AUDI AG**	
1. Arbeitserkenntnisse und Erfahrung	1.0	1. Kenntnisse, Ausbildung u. Erfahrung	1.0	1. Fachkönnen	1.5
2. Geschicklichkeit	0.8 / 20%	2. Geschicklichkeit, Handfertigkeit, u. Körpergewicht	0.8 / 19%	Können — 2. Denkleistung	1.5
3. Muskel	1.0	3. Belastung der Sinne und Nerven	0.9	3. Körperliches Können	1.0 / 40%
4. Sinne und Nerven	1.0	4. Zusätzlicher Denkprozeß	0.8		
5. Nachdenken	0.8 / 30%	5. Belastung der Muskeln	0.8 / 26%	Belastung, Umwelt — 4. Geistige Belastung	1.5
6. Betriebsmittel + Erzeugnisse	0.6	6. Verantwortung für die eigene Arbeit	0.8	5. Körperliche Belastung	1.0
7. Verantwortung für die Arbeit anderer	0.8	7. ...für die Arbeit anderer	0.6	6. Belastung der Umweltbedingungen	1.0 / 35%
8. ...für die Gesundheit anderer	0.5 / 20%	8. ...für die Sicherheit anderer	0.9 / 24%	Verantwortung — 7. Verantwortung für Sachwerte	1.5
9. Temperatur		9. Schmutz			
10. Nässe/Säure –		10. Staub – 20. Hinderliche Schutzkleidung		8. Verantwortung für Personal	1.0 / 25%
16. Unfallgefahr	2.8 / 30%		2.9 / 31%		
	9.3 / 100%		9.5 / 100%		10.0 / 100%

Wesentliche Unterschiede des alten und des neuen Entgeltsystems

Im bisherigen Arbeitsbewertungssystem hatten die sogenannten passiven Merkmale, wie z. B. Umwelteinflüsse, einen nicht mehr zeitgemäßen, deutlich überhöhten

Stellenwert, während die sogenannten aktiven Merkmale, wie z. B. Fachkönnen, Denkleistung und körperliches Können, eine zu geringe Bewertung und damit Bezahlung fanden. Einige Merkmale, wie z. B. Personalverantwortung, konnten überhaupt nicht bewertet werden.

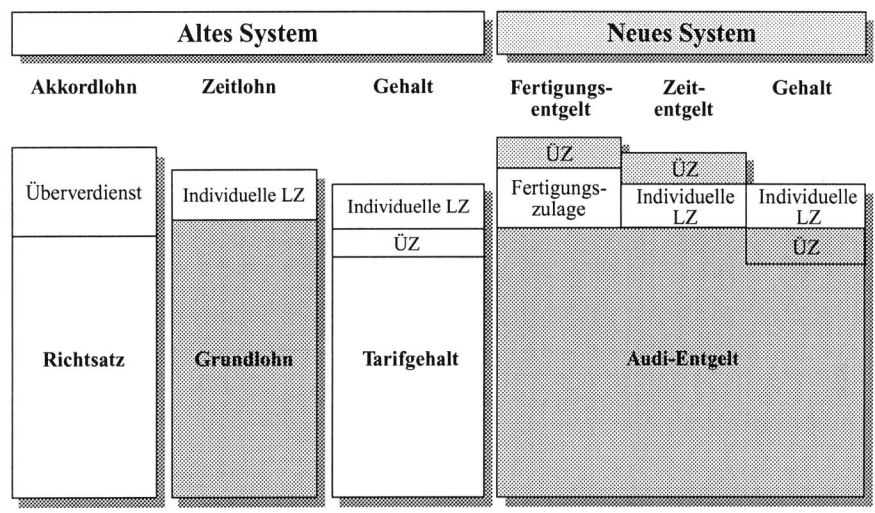

Altes System			Neues System		
Akkordlohn	Zeitlohn	Gehalt	Fertigungsentgelt	Zeitentgelt	Gehalt
Überverdienst	Individuelle LZ	Individuelle LZ / ÜZ	ÜZ / Fertigungszulage	ÜZ / Individuelle LZ	Individuelle LZ / ÜZ
Richtsatz	Grundlohn	Tarifgehalt	Audi-Entgelt		

LZ: Leistungszulage; ÜZ: Übertarifliche Zulage

Elemente der Bezahlung

Das *neue* System ist in all diesen Punkten auf die zukünftige Arbeitsorganisation ausgerichtet. Es legt stärkeres Gewicht auf aktive, personenorientierte Merkmale und sieht eine entsprechend niedere Gewichtung passiver Merkmale vor. Darüber hinaus wird durch die Berücksichtigung der Integration direkter und indirekter Tätigkeiten sowie des KVP-Prozesses die Bewertbarkeit und Bezahlung der Gruppenarbeit erst ermöglicht.

— Verbunden mit dem neuen Arbeitsbewertungssystem ist die Einführung einer *neuen Entgelttafel*. Danach werden der bisher unterschiedliche Akkord- und Zeitlohn sowie das Gehalt zu einem einheitlichen Audi-Entgelt zusammengefaßt und das einzelne Entgelt neu zusammengesetzt.

— Der bisherige Akkordlohn, bestehend aus Akkordrichtsatz und Akkordüberverdienst, wird durch ein Fertigungsentgelt ersetzt. Grundbestandteil ist das Audi-Entgelt, das höher liegt als der bisherige Akkordrichtsatz. Der bisherige Überverdienst wird durch eine Fertigungszulage ersetzt.

— Im Zeitlohn wird der bisherige Grundlohn durch das Audi-Entgelt ersetzt und weiterhin durch eine individuelle Leistungszulage ergänzt.

– Bei Tarifangestellten bleibt die Dreiteilung des Verdienstes in die herkömmlichen Bestandteile Tarifgehalt (jetzt Audi-Entgelt), Leistungszulage und übertarifliche Zulage erhalten.

– Das einheitliche Audi-Entgelt bildet demnach die gemeinsame Verdienstbasis *sämtlicher* tariflicher Arbeitnehmer bei Audi.

Die flächendeckende Einführung der Gruppenarbeit im gesamten Fertigungsbereich und zukünftig auch in weiten Teilen des Indirekten- und Angestelltenbereichs stellt völlig neue Anforderungen an ein Arbeitsbewertungs- und Entgeltsystem. Aufgrund der neuen Bewertungssystematik können nun auch die indirekten Tätigkeiten bei Gruppenarbeit bewertet und vergütet werden. Zusammen mit den direkten, unmittelbar der Herstellung des Produktes dienenden Tätigkeiten ergeben diese integrierten Funktionen die *Gruppenkernaufgabe*.

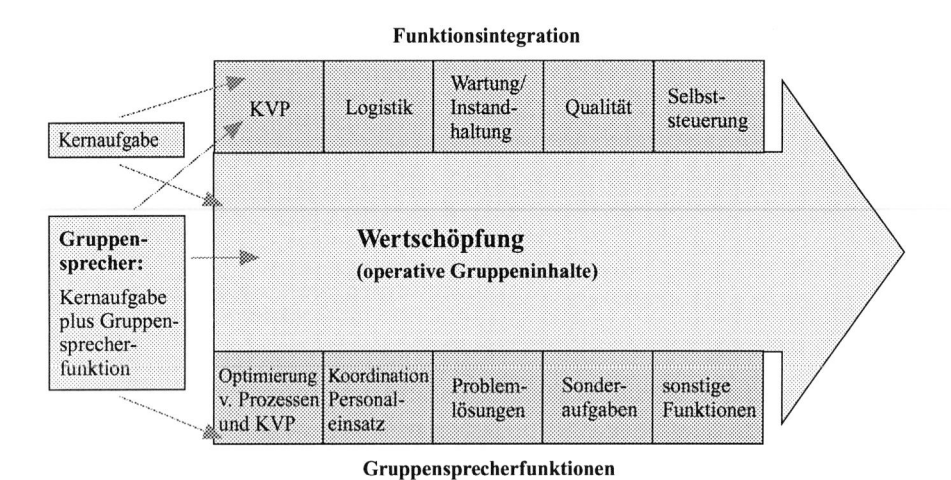

Gruppenkernaufgaben

Zur Gruppenkernaufgabe gehören neben den operativen Gruppeninhalten (z. B. Montagetätigkeiten) indirekte Funktionen wie Logistik, Wartung/Instandhaltung, Qualitätssicherung sowie Selbststeuerungsaufgaben und KVP als permanente Bestandteile. Um einen für die Gruppenarbeit notwendigen flexiblen Personaleinsatz zu ermöglichen, ist an der Zielsetzung, *jeder Mitarbeiter sollte möglichst alle Tätigkeiten ausführen können*, festzuhalten.

Maßgebend für die Bezahlung der Gruppenmitglieder ist der *persönliche Beherrschungsgrad der definierten Kernaufgabe*. Als Hilfsmittel steht hier eine sogenannte Qualifikationsmatrix zur Verfügung, die den Beherrschungsgrad und somit auch den Qualifizierungsbedarf der Gruppenmitglieder beschreibt und transparent macht.

Erst wenn ein Mitarbeiter die in der vierten Stufe der Qualifikationsmatrix durch Arbeitsbewertung ermittelte und bewertete Gruppenkernaufgabe beherrscht, wird die entsprechende Entgeltgruppe (X) bezahlt. Ist dieser Erfüllungsgrad (noch) nicht oder erst teilweise erreicht, erfolgt die Eingruppierung eine Entgeltgruppe niedriger (X-1). Bei zusätzlicher Übernahme von Spezialfunktionen bzw. bei über die Gruppenkernaufgabe hinausgehenden Tätigkeiten, also Funktionen der sog. Flexibilisierungszone, erfolgt die Eingruppierung in die nächsthöhere Entgeltgruppe (X+1).

Qualifikationsmatrix:

1. Befindet sich in der Anlernphase

2. Kann die Tätigkeit in der geforderten Qualität und Zeit ausüben

3. Wie 2 und ist in der Lage, andere einzuweisen

4. Wie 3 und ist in der Lage, selbständig Lösungen/Vorschläge zu finden und deren Umsetzung einzuleiten bzw. zu veranlassen

Die Kernaufgabe wird beherrscht,
– wenn für alle operativen Tätigkeiten und
– für alle Elemente der Funktionsintegration der
– Grad 4 der Qualifikationsmatrix erreicht ist

Qualifikationsmatrix

Dem *Gruppensprecher*, der von der operativen Mitarbeit teilweise befreit ist, kommen im Rahmen seiner Gruppensprecherfunktion vor allem Koordinierungsaufgaben sowie Optimierungsaufgaben im Rahmen intensivierter KVP-Aktivitäten zu. Diese Gruppensprechertätigkeit wird mit einer *funktionsgebundenen* pauschalen Zulage vergütet.

Notwendige Voraussetzung für die Bezahlung von Gruppenarbeit ist der Abschluß der organisatorischen Umsetzungsschritte (Gruppenbildung, Gruppensprecher, Tätigkeitsumfang), die Beschreibung der Kernaufgabe der Gruppe sowie deren Bewertung anhand des neuen Arbeitsbewertungssystems, denn nur so kann Transparenz geschaffen und Lohngerechtigkeit erreicht werden.

Gruppenarbeit ist jedoch Basis und integraler Bestandteil eines ganzheitlichen Umstrukturierungsprozesses, der sowohl *strukturell* als auch *mental* vollzogen werden muß. Die erwünschten und notwendigen positiven Effekte können demnach nur erreicht werden, wenn die Notwendigkeit und die Sinnhaftigkeit der erforderlichen Maßnahmen von der gesamten Belegschaft akzepiert und fortentwickelt werden.

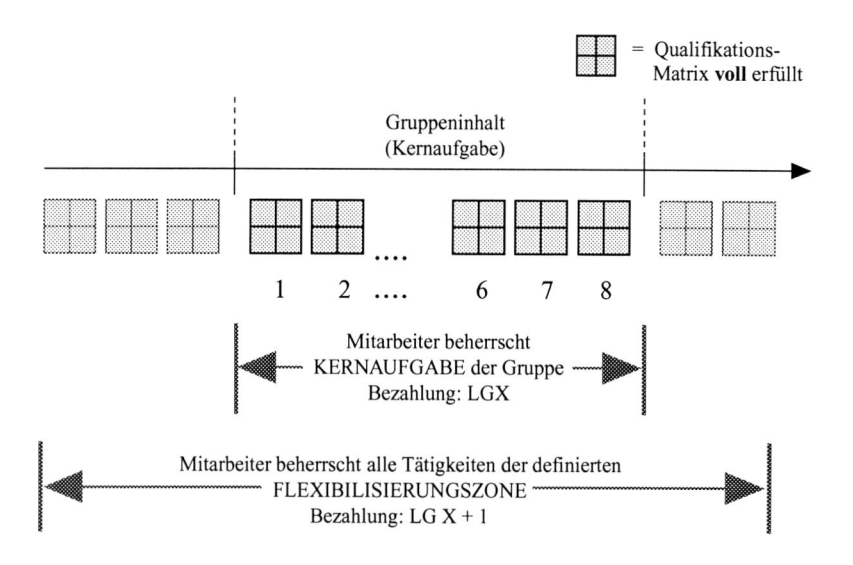

Einstufung bei der Gruppenarbeit

5. Die neue Rolle der Führungskraft: Aktivieren des Human-Vermögens von Audi

In diesem Prozeß kommt insbesondere den Führungskräften eine zentrale Rolle zu, denn innovative und kreative Mitarbeiter sind daran interessiert, kompetent geführt, gefördert, entwickelt und motiviert zu werden. Die Aufgabe und auch die Chance von Unternehmen, sich den veränderten Situationen anzupassen – und damit im internationalen Wettbewerb zu bestehen –, liegt demzufolge in einer anderen Führungsphilosophie des Unternehmens, vor allem aber in einem differenzierten Führungsverhalten der Vorgesetzten.

Eine Führung mit erhöhter Sensibilität und Kommunikation zwischen Mitarbeitern und Führungskräften scheint unerläßlich, um diesem Wandlungsprozeß gerecht zu werden. Ziel dieser veränderten Führung muß sein, die reichlich vorhandenen Fähigkeiten der Mitarbeiter zu erkennen, zu nutzen und zu fördern und so mit der Ressource „Mensch" in den Wettbewerb zu treten. Nicht verstärkte Anweisung und Kontrolle, sondern das Aufzeigen von Visionen, die Vereinbarung von Zielen, das Schaffen von Motivation und die Koordination durch den Vorgesetzten erhalten dabei eine immer größere Bedeutung. Das bedeutet, daß wir neben der fachlichen Kompetenz auch die Entwicklung von Fähigkeiten fördern, die *das Miteinander, das Vorausdenken* und *das kreative Potential* stärker zur Entfaltung bringen.

Der Aufgabenbereich der Führungskräfte von heute – und von morgen – hat sich grundlegend verändert; sie müssen mehr moderieren und koordinieren sowie den Teamgeist und die Zusammenarbeit fördern. In Sinne der Kundenorientierung ausgedrückt bedeutet dies: *Führungskräfte müssen ihre Mitarbeiter als Kunden der eigenen Führungsleistung begreifen.*

Geänderte Aufgaben bedingen auch geänderte Anforderungen vor allem an Führungskräfte. Neben der fachlichen Qualifikation gewinnen demnach Persönlichkeitsmerkmale stärkere Bedeutung und fließen in ein ganzheitliches Anforderungsprofil ein.

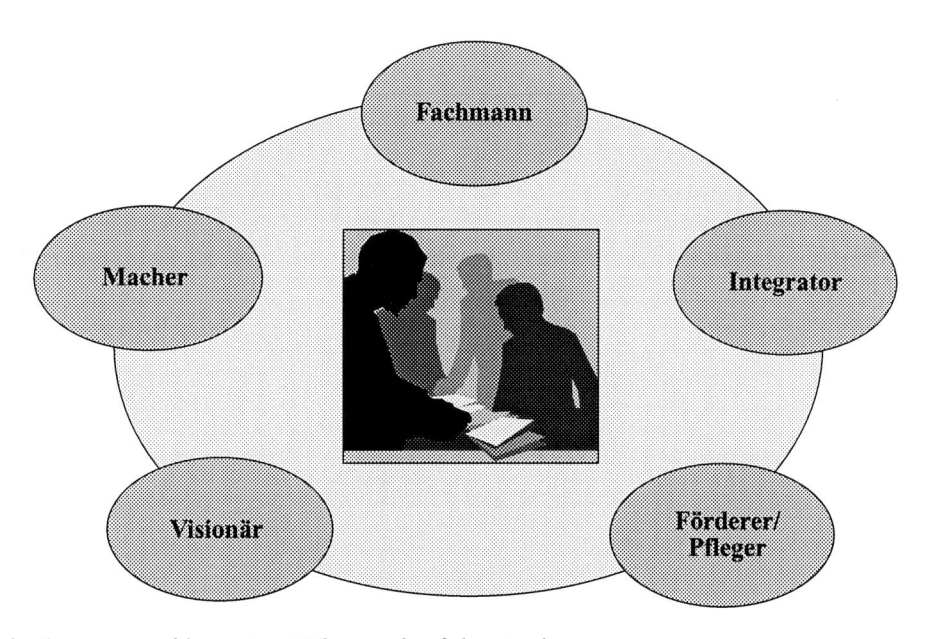

Anforderungsprofil an eine Führungskraft bei Audi

Bei Audi werden die Qualifikationsanforderungen von Führungskräften mit fünf Begriffen umschrieben, die vom Unternehmen fordert und gefördert werden. Danach muß eine Führungskraft gleichzeitig die Merkmale eines *Fachmanns, Machers, Integrators, Visionärs sowie Förderers und Pflegers* abdecken. Diese starke Persönlichkeitsorientierung macht eine klassische Stellenbeschreibung und Stellenbewertung überflüssig – ja unmöglich, da durch verstärktes projektbezogenes Arbeiten die Aufgabenschwerpunkte und Tätigkeitsinhalte sich permanent ändern und auch bewußt verändert werden.

So erfordert die zunehmende Dynamik der Rahmenbedingungen eine schnelle Anpassung in der Wahrnehmung und Umsetzung der Aufgaben des Managements. Mit der aufbauorganisatorisch fundierten Funktions- bzw. Stellenbewertung war ein Ordnungsrahmen gegeben, der persönliches Fortkommen ausschließlich in dem Maße zuließ, in dem die aufbauorganisatorischen Voraussetzungen bezüglich der Stellenstruktur gegeben waren. Dies hatte in der Vergangenheit gerade an den Schnittstellen zu der jeweils nächsthöheren Vertragsebene zu Inflexibilität und zu Demotivation geführt. *In seiner negativsten Ausprägung kam es zu einem Aufschaukeln von Führungsstrukturen und zu einem punktuell immer wieder festzustellenden Denken in „Hierarchien" und „Kästchen".*

Eine stärker leistungsorientierte und damit stärker *personenorientierte* Betrachtung bei der Vergabe von Vertragsleistungen ist somit personalpolitisch notwendig geworden.

Hierzu mußten sinnvollerweise das Personalentwicklungskonzept und die Entgeltsystematik im Führungskräftebereich angepaßt bzw. weiterentwickelt werden. Denn die Abkehr von einer starr hierarchischen „Kästchenstruktur" mit bislang bis zu neun Hierarchieebenen, hin zu einer flacheren, stärker horizontal geprägten Projekt- und Teamstruktur mit flexiblen Aufgabeninhalten und nur noch drei bis vier Berichtsebenen *macht eine enge Verbindung von funktionaler Struktur (Stelle) und persönlicher Einstufung (Status/Verdienst) hinfällig.* In Zukunft wird der individuelle Aufstieg sich auf die persönliche Aufgabenentwicklung gründen, so daß sich der Funktionsinhaber durch zusätzliche (projektbezogene) Aufgaben selbst ein größeres Aufgabenspektrum geben kann, wobei die *Kreativität am Arbeitsplatz* ein entscheidendes Kriterium für die Dauer der jeweiligen Aufgabe ist.

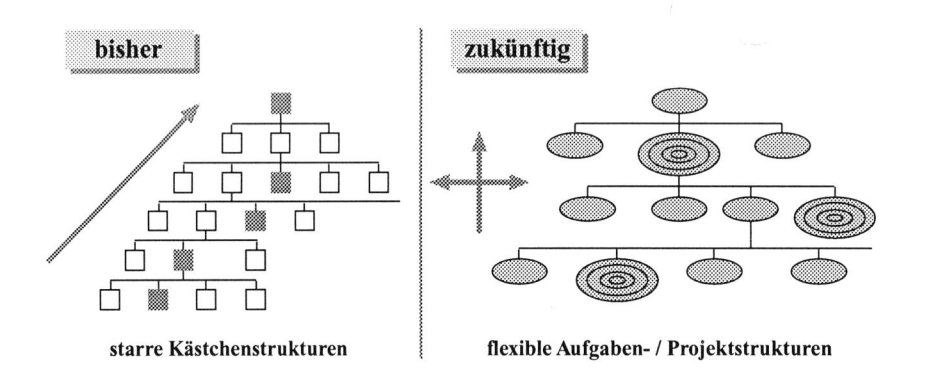

bisher	zukünftig
starre Kästchenstrukturen	flexible Aufgaben- / Projektstrukturen

Entwicklungsperspektiven bei Audi

Mit der deutlichen *Entkopplung und Flexibilisierung von Struktur- und Entgeltzuordnung* haben wir Voraussetzungen geschaffen, um in flacheren und damit informationsschnelleren Strukturen gleichzeitig sehr viel flexiblere, *individuelle Entwicklungen* zu gestalten. Nicht der hierarchische, stellenbezogene Aufstieg bedingt zwangsläufig die Gehaltsentwicklung und umgekehrt, sondern Aufgabeninhalt und Qualität der Erledigung. Der *individuelle aufgabenbezogene Leistungsbeitrag wird zum zentralen verdienstbestimmenden Element* und ist nur in sehr weiten Bandbreiten dem auf drei Funktionsstufen reduzierten organisatorischen Aufbau zuzuordnen. Mit dieser Spreizung der Gehaltsbandbreite auf bis zu sechs Gehaltsstufen pro Ebene wird nicht nur eine größere Flexibilität für die Organisationsgestaltung erreicht, sondern es eröffnen sich insbesondere für den einzelnen sehr viel größere Entfaltungs- und Entwicklungsmöglichkeiten, weil die enge Stellenorientierung überwunden wird und die flexible Aufgabenorientierung erweiterte Verantwortungsübernahme fordert und entwickelt.

Die *Bezahlung* ist also *weniger an Funktionen,* sondern wesentlich *stärker an Personen orientiert.* Dadurch ist es möglich, daß eine vom Aufgabenspektrum breit angelegte und erfahrene Führungskraft durchaus mehr verdient als ihr unmittelbarer Vorgesetzter. In Systemen, wo dies möglich ist, ist die Entkopplung von Hierarchie und Verdienst endgültig erfolgreich vollzogen.

Zusammenfassend läßt sich feststellen: *Neue anforderungsgerechte und flexible Entgeltsysteme sind als Bestandteile eines ganzheitlichen Umstrukturierungsprozesses notwendig – sogar zwingend.* Sie unterstützen diese Prozesse durch eine für den einzelnen transparente, leistungsbezogene und damit motivationsfördernde Vergütung.

Dennoch: Die Umsetzung neuer Entgeltsysteme kann immer erst der zweite Schritt sein. Die Basis für den Erfolg vitaler Unternehmen im internationalen Wettbewerb liegt zunächst in einer Veränderung der Arbeitsorganisation mit angepaßten Arbeitsinhalten und einer geänderten Führungsphilosophie, die diese Prozesse nachhaltig absichert sowie hilft, die notwendigen Veränderungen zu unterstützen.

Die Entdeckung der Mitarbeiter:
Ein Unternehmen steuert sich selbst

Johann Tikart

1. Der Kunde zeigte uns den Weg zu unseren Mitarbeitern
2. Durch Leidensdruck zur Selbstbesinnung
3. Von der „Planwirtschaft" zur „Marktwirtschaft"
4. Der Mensch: die einzige Unternehmensressource für Dynamik und Beweglichkeit
5. Verhaltengrundsätze, die Orientierung geben
6. Führungspflichten, die das Human-Vermögen aktivieren helfen
7. Die „gezogene Kette" in der Praxis unserer Produktion
8. Wege zum vitalen Unternehmen: Wie Mit-Arbeiter zu Mit-Unternehmern werden
   - Unsere Monteure erstellen eine Waage als Gewerk
   - Unsere Monteure beherrschen eine breite Produktpalette
   - Unsere Monteure besetzen und besitzen keine Stelle
   - Alle ziehen am selben Strang – und zwar am selben Ende
   - Unsere Gleitzeitregelung erlaubt hohe Flexibilität
   - Prinzip der Selbststeuerung
   - Das Prinzip der Funktionsintegration bei Montage, Steuerung und Entwicklung
   - Das Prinzip der Eigenverantwortlichkeit
   - Das Prinzip Offenheit
9. Verbesserungsvorschläge in einem vitalen Unternehmen
10. Geheimnis des Erfolges: Der Mensch als Mittelpunkt – nicht als Mittel

Johann Tikart, geboren 1937, studierte Feinwerktechnik an der Fachhochschule Furtwangen. Von Haus aus Entwickler, wurde er nach 20jähriger Entwicklungstätigkeit mit dem Aufbau der Qualitätssicherung und der Leitung des Bereichs Technik beauftragt. Johann Tikart ist seit 1988 Geschäftsführer der Mettler-Toledo (Albstadt) GmbH. Er verwirklichte die Unternehmensqualität zusammen mit seinen Mitarbeiterinnen und Mitarbeitern in mehreren Schritten. Meilensteine waren dabei die unternehmensspezifischen Umsetzungen einer absatzgesteuerten Produktion, einer synchronen Produktentwicklung, einer menschengerechten Arbeitszeit und eines kontinuierlichen Verbesserungsprozesses.

1. Der Kunde zeigte uns den Weg zu unseren Mitarbeitern

„Kann ein Unternehmen wirklich darauf verzichten, die Mitarbeiter zu kontrollieren?" Diese Frage stellen uns immer wieder die Besucher von Mettler-Toledo in Albstadt, das innerhalb der Mettler-Toledo-Gruppe den Auftrag hat, Waagen für professionelle Anwender in der Industrie und im Handel zu entwickeln und zu produzieren. Wir beantworten diese Frage heute mit einem uneingeschränkten „Ja!"

Aktives Vertrauen heißt bei uns konkret, nicht zu messen, wie lange ein Monteur braucht, um ein Gerät zusammenzubauen. Eine Führungskraft darf nicht gleichzeitig Aufgaben delegieren und sich dann als Oberkontrolleur aufspielen. Wer die Kreativität seiner Mitarbeiter freisetzen will, muß Bedingungen schaffen, daß Leistung wieder Spaß macht – nicht nur in der Hobby-Werkstatt, nicht nur aus Menschlichkeit, sondern insbesondere aus rein wirtschaftlichen Gründen. In einem typischen Montagesaal saßen früher fünfzehn Arbeiterinnen am Band. Jede fertigte ein Stückchen des Produkts. Eine solche Frau konnte an ihrer Arbeit keinen Gefallen finden. Wir taten damals so, als ob sie nur zwei Hände hätte. Dabei erweist sich dieselbe Frau zu Hause als unternehmerisches Universaltalent.

Selbstgesteuertes und eigenverantwortliches Handeln ist deshalb die Basis unserer Firmenphilosophie. Daß die Monteure direkt mit Lieferanten telefonieren, ist keine Kompetenzüberschreitung, sondern Normalität. Ein und derselbe Arbeiter macht alles, sorgt für Materialnachschub, montiert, eicht die Waage, verpackt sie und klebt am Ende das Versandschild darauf. So können wir auf Qualitätskontrolle vor der Auslieferung verzichten.

Auslöser für die Entdeckung des Mitarbeiters als *die Quelle* unserer Wertschöpfung war die schmerzliche Situation, daß die Kunden Mitte der 80er Jahre nicht mehr nach unseren Plänen orderten. *Der Kunde lehrte uns, wo bei der Fabrik „vorn" ist: dort wo der Kunde seinen Auftrag abgibt, nicht beim Wareneingang.* Erst als wir die Wertschöpfungskette umdrehten, konnte der Kunde „ziehen". Und wir reagieren jetzt sofort, flexibel, mit minimalem Aufwand und ohne Lagerbestände. Jeder Mitarbeiter bekommt die frische Luft des Kunden ungefiltert zu spüren. Das fördert Qualitätsbewußtsein, Verantwortungsgefühl und unternehmerisches Denken und Handeln. Unser neues Gesetz *„Ohne Kundenauftrag darf keiner arbeiten"* vermeidet Verschwendung. Es fordert aber auch flexible Menschen, Maschinen und Arbeitszeiten. Denn bei *vielen* Kundenaufträgen muß auch *viel* gearbeitet werden.

Mit der „geschobenen Wertschöpfungskette" von der Produktionsplanung über die Produktion zum Kunden hatten wir uns eine hohe Komplexität, große Lagerbestände und ausgeuferte EDV-Planungssysteme geschaffen. Der Mensch war und wurde dabei nicht gefragt. Als wir uns plötzlich durch den Kunden ziehen ließen, war vieles einfacher und billiger. Die EDV konnte reduziert und der Mensch aktiviert werden. Der Wechsel zur „gezogenen Wertschöpfungskette" war fast wie der Wandel von einer Planwirtschaft zur Marktwirtschaft.

Dieser Wechsel mußte sich in den Köpfen und in den Herzen aller Mitarbeiterinnen und Mitarbeiter, insbesondere bei den Führungskräften, vollziehen. Deshalb entwickelten wir Elemente einer *Unternehmensverfassung* (siehe Beitrag von Jürgen Fuchs, Kapitel 8), die wir glaubwürdig mit Leben erfüllen (wollen). Als Beispiel seien genannt:

- Unternehmensgrundsätze (siehe Punkt 4),
- Verhaltensgrundsätze (siehe Punkt 5),
- Führungspflichten (siehe Punkt 6),
- Spielregeln und Rahmenbedingungen (siehe Punkt 7).

2. Durch Leidensdruck zur Selbstbesinnung

Als wir Mitte der 80er Jahre begannen, nach und nach in einzelnen Schritten das Unternehmen neu zu gestalten, so war der Anlaß immer eine Notsituation. Der daraus resultierende Leidensdruck zwang uns, neu zu denken und gab uns dann auch die Kraft, das Neue umzusetzen. Wir befanden uns in einer wirtschaftlich sehr ungünstigen Situation und so war der erste Schritt die Erarbeitung einer Sollkostenstruktur für das Unternehmen. Zur Erarbeitung der Sollkostenstruktur benötigen wir nur drei Zahlen und eine Gleichung, die so einfach ist, daß zu deren Ermittlung nicht einmal ein Controlling benötigt wird. Die Eigenbesinnung reicht dazu aus.

Umsatz – notwendiger Gewinn = maximal zulässiger Aufwand

Dies bedeutete das Ende der sonst üblichen Betrachtung, der Gewinn ist die mehr oder weniger zufällige Differenz zwischen Umsatz und Aufwand.

Damit wird die Frage: „Was brauche ich?" abgelöst durch die Fragen: „Was kann ich mir leisten?" und „Was muß ich leisten?" Die Antworten waren nicht überraschend. Auch wir mußten erleben, daß wir glaubten, uns mehr leisten zu dürfen als wir uns wirklich leisten durften. Wir waren gezwungen, einerseits die Gesamtaufwendungen des Unternehmens zu reduzieren und andererseits die Leistungsfähigkeit der Menschen und der Organisation so zu aktivieren, daß noch ein operativer Gewinn übrig blieb.

Bei der Suche nach Leistungsreserven entdeckten wir unsere Mitarbeiter. Durch unsere klassische interne Organisation hinderten wir viele Menschen an der Entfaltung ihrer Fähigkeiten. Zusätzlich erzwang die Organisation viele Blindleistungen. Unser Ziel mußte sein, die Leistungsfähigkeit zu steigern, z. B.

– indem wir den Menschen mehr zutrauten,
– indem wir die Zusammenarbeit und das Zusammenwirken der Menschen verbesserten.

Ich will dies an drei Beispielen erläutern:
– an unserer neuen Produktion,
– an unserer Produktentwicklung,
– an unserem Verbesserungswesen.

3. Von der „Planwirtschaft" zur „Marktwirtschaft"

Wir hatten eine Produktion, die eigentlich aus Produktionsgesichtspunkten auf dem neuesten Stand der Technik war: mit starker EDV-Unterstützung, mit der Arbeitsorganisation für die Arbeitssteuerung, mit der Materialbewirtschaftung und Bestandsführung – eine Produktion, die von einem Produktionsprogramm gesteuert wurde. Bekannterweise arbeitet eine programmgesteuerte Produktion so, daß auf Grund eines Verkaufsbudgets ein Produktionsprogramm abgeleitet wird. Dieses Produktionsprogramm ist gegliedert in Planungsperioden, in denen definiert ist, wieviel Stück von welchem Modell in der jeweiligen Planungsperiode produziert werden sollen. Unter Heranziehung der Stücklisten, der Operationspläne, der Lieferzeiten und der Berechnung optimaler Losgröße werden dann Dispositionsvorschläge kreiert, Bewirtschaftungen durchgeführt, Produktionsaufträge gestartet und die dann gefertigten Geräte in einem Fertiggerätelager gelagert. Vom Fertiggerätelager erfolgt dann die Bedienung der Märkte.

Wir erlebten allerdings, daß sich unser Modellsortiment trotz aller Restriktionen immer mehr ausweitete, mit der Konsequenz, daß die Vorhersagegenauigkeit des Produktionsplanes immer unzuverlässiger wurde. All die Geräte, deren Absatz nicht so stattfand, wie wir ursprünglich angenommen hatten, sammelten sich im Fertiggerätelager und füllten dieses nach und nach. Etwas später füllte sich dann auch das Baugruppenlager und das Teilelager. Daraus resultierten hohe Lagerkosten, eine hohe Zinsbelastung und ein dementsprechend hohes Wertberichtigungsvolumen zum Jahresende

Gleichzeitig gab es eine ganze Reihe von Modellen, deren Absatz sehr viel stärker stattfand, als wir erwartet hatten, die aber in diesen Stückzahlen nicht im Produktionsprogramm vorgesehen und folglich nicht lieferfähig waren. So waren wir in der ungücklichen Situation, bei hohen Lagerbeständen eine schlechte Lieferfähigkeit zu haben. Da aber auch wir unter dem Druck des Marktes bereit waren, ungeplante Geräte zu produzieren, so entstanden dadurch Fehlteile. Diesen Dreiklang aus hohen Lagerbeständen, schlechter Lieferfähigkeit und ständiger Jagd nach Fehlteilen findet man in vielen Unternehmen, wenn sich das Sortiment ausweitet und eine Planungsgenauigkeit nicht mehr gegeben sein kann. Nach vielen vergeblichen Versuchen, diese Probleme zu entschärfen, begriffen wir, daß wir eines völlig neuen Ansatzes bedurften. Nachdem der Markt offensichtlich nicht bereit war, sich unseren Produktionsbedürfnissen anzupassen, bedeutete dies, daß wir im Zielkonflikt der Marktbedürfnisse zu den Produktionsbedürfnissen künftig *den Marktbedürfnissen Priorität vor den Produktionsbedürfnissen zu geben hatten. Wir hatten zwar gut geplant. Der Kunde hat sich aber nicht an unsere Pläne gehalten.*

Daraus formulierten wir ein Unternehmensziel, das lautet:

Entwicklung der Eigenschaft, im höchsten Maße anpassungsfähig zu sein gegenüber den sich permanent verändernden Bedingungen und Chancen des Marktes, ohne dabei in Kostennachteile zu geraten. *Es wird nur noch Ware produziert, die vom Kunden bestellt ist!*

4. Der Mensch: die einzige Unternehmensressource für Dynamik und Beweglichkeit

Wir erkannten, daß auch unser Markt immer dynamischer wurde, immer fragmentierter und die Kundenbedürfnisse immer differenzierter. Und wenn wir auf so dynamisch gewordenen Märkten wirtschaftlich erfolgreich sein wollen, dann können wir dies nur, *wenn wir die gleiche Dynamik besitzen wie der Markt selbst*, wenn wir eine hohe Anpassungsfähigkeit an den Markt entwickeln. Beweglichkeit entwickeln heißt zunächst, Ballast abwerfen. Und solchen Ballast findet man in jedem Unternehmen in Hülle und Fülle. So waren unsere Lagerbestände für uns Ballast. Aber den größten Ballast findet jeder in seinem eigenen Kopf: unsere Denkbequemlichkeit, unsere Denkgewohnheit, unsere Vorurteile, unser Mißtrauen. *Und wir erkannten, daß die einzige Ressource, die uns gestattet, Beweglichkeit und Dynamik zu entwickeln, der Mensch selbst ist.*

5. Verhaltensgrundsätze, die Orientierung geben

Wir sind uns bewußt, daß das Ziel unseres Handelns der wirtschaftliche Erfolg des Unternehmens für das Heute und das Morgen ist. Daß sich der wirtschaftliche Erfolg ausschließlich auf dem Markt entscheidet und daß die entscheidende Ressource, um auf dynamischen Märkten wirtschaftlich erfolgreich zu arbeiten, der Mensch ist. Deshalb haben wir uns für die Gestaltung des Unternehmens und für das Leben im Unternehmen drei Orientierungen gegeben, zu denen wir uns alle bekennen.

– *Wir sind leistungsorientiert, weil dies die Voraussetzung für den Erfolg ist.*

– *Wir sind marktorientiert, weil sich dort unser Handeln bewährt,*

– *und wir sind menschenorientiert, weil dies die entscheidende Ressource ist.*

Diese drei Orientierungen gelten immer gleichzeitig, nicht wechselnd.

6. Führungspflichten, die das Human-Vermögen aktivieren helfen

Um diese drei Orientierungen im Unternehmen harmonisch wirksam werden zu lassen, haben wir *drei vornehme Pflichten* für die Führung des Unternehmens erkannt.

1. Bedingungen zu schaffen, unter denen es Menschen möglich wird, auf freiwilliger Basis Topleistungen zu bieten, in denen es möglich wird, daß sie auf ihre Leistungen stolz sind und in denen sie ihre Anerkennung finden.

2. Beseitigung all der vielfältigen Hindernisse, die der freien Entfaltung der individuellen Fähigkeiten des Mitarbeiters zum Wohle des Unternehmens im Wege stehen. Beseitigung der Hindernisse, die die Entfaltung der Motivation, der Kreativität, der Leistungsbereitschaft, der Eigenverantwortlichkeit unserer Mitarbeitern unserer Mitarbeiter nicht zuließen.

3. Abbau von Ängsten, damit wir in einem Klima des Vertrauens, in einer offenen und hohen Kommunikationsdichte gemeinsam die Zukunft gestalten.

7. Die „gezogene Kette" in der Praxis unserer Produktion

Aus unserem Verständnis heraus stellten wir uns für die Lösung unserer Probleme in der Produktion die Frage: „Wie schön wäre es denn, wenn wir eine Produktion hätten, die in der Lage wäre, ganz ohne Lagerbestände bei uns und unseren Lieferanten, genau das produzieren, was unsere Marktorganisationen bereits verkauft haben, einerlei welches Modell, einerlei welche Stückzahlen?" Diese Vorstellung begeisterte uns so sehr, daß wir uns das ausdachten, was wir *absatzgesteuerte Produktion* nannten und diese am 1.1.1986 einführten.

Seitdem können wir ganz ohne Lagerbestände bei uns und unseren Lieferanten genau das produzieren, was unsere Marktorganisationen bereits verkauft haben, und *wir garantieren die Auslieferung innerhalb von fünf Arbeitstagen*. Diese Produktion wird nicht mehr von einem Produktionsprogramm gesteuert, sondern nur vom konkret geschehenen Absatz. Dabei haben wir Absatzschwankungen von Modell zu Modell, von Woche zu Woche zwischen 50 Prozent und 200 Prozent eines Jahresdurchschnittswertes. Um dies bewältigen zu können, benötigen wir einen flexiblen Materialfluß und eine flexible Montagekapazität.

Die Logistik des Materialflusses ist folgendermaßen gelöst: Wir bewirtschaften heute 80 Prozent unseres Einkaufsvolumens absatzgesteuert, und dies durch heute nur noch zehn Lieferanten, von denen jeder der einzige Lieferant für alle Teile einer bestimmten

Fertigungstechnologie ist. Für jedes Teil, das absatzgesteuert bewirtschaftet wird, gibt es ein spezifiziertes Behältnis. Dieses Behältnis befindet sich am Montageplatz. Jeder Montageplatz ist für die Montage einer bestimmten Produktfamilie ausgelegt. Je nach Auftragslage werden die Teilebehältnisse am Montageplatz früher oder später leer. *Das leergewordene Behältnis ist nun das Steuersignal für die Nachversorgung.*

Die absatzgesteuerten Teile werden nicht mehr über EDV bewirtschaftet, sondern nur ausgelöst durch das Steuersignal „leergewordenes Behältnis", durch einen Austauschvorgang des leeren Behältnisses mit einem bereitstehenden vollen Behältnis. Konkret geschieht dies so, daß ein innerbetrieblicher Transporteur alle leergewordenen Behältnisse einsammelt, auf eine innerbetriebliche Sammelstelle bringt. Ein externer Dienstleister fährt täglich seine Runde zwischen uns und unseren Lieferanten, nimmt die leeren Behältnisse mit und stellt sie beim zugehörigen Lieferanten ab. Er nimmt sofort ein dort bereitstehendes volles Behältnis mit, das dann in die Montage kommt. Das leere Behältnis beim Lieferanten ist sein Produktionsauftrag: Fülle dieses leere Behältnis durch Nachproduktion innerhalb der vereinbarten Zeit auf.

8. Wege zum vitalen Unternehmen: Wie Mit-Arbeiter zu Mit-Unternehmern werden

Zur Förderung des unternehmerischen Handelns bei Mettler-Toledo haben wir uns auf eine der alten Tugenden des Handwerks besonnen, die dem Menschen Selbstwert und Stolz gibt: *die Erstellung eines Gewerkes*. Für dessen Qualität zeichnet er gegenüber dem Kunden mit seinem guten Namen. *Das Werk soll seinen Meister loben.* So braucht Qualität nicht erzwungen und kontrolliert werden. Sie geschieht durch das natürliche Interesse, sich nicht beim Kunden und vor den Kollegen zu „blamieren".

In der Praxis der Produktion erreichen wir dies durch neun Prinzipien der Arbeitsorganisation:

Unsere Monteure erstellen eine Waage als Gewerk

Jeder Monteur montiert eine Waage vom Anlieferzustand der Teile bis zum Auslieferzustand des fertigverpackten Gerätes *vollständig alleine*. Er beherrscht alle dazu erforderlichen Arbeitsgänge. Er ist für die Qualität des Produktes voll verantwortlich.

Unsere Monteure beherrschen eine breite Produktpalette

Wir haben unsere Monteure so ausgebildet, daß jeder im Schnitt etwa zwei Drittel des Sortiments beherrscht. Das heißt, er montiert nicht nur *eine* Waage vollständig alleine, *er kann viele Modelle vollständig alleine montieren.* Da die Absatzschwankungen von Modell zu Modell nicht synchron erfolgen, haben wir damit eine Glättungswirkung für unseren Montagekapazitätsbedarf.

Unsere Monteure besetzen und besitzen keine Stelle

Für den Monteur selbst bedeutet dies, daß er *keinen festen Arbeitsplatz* hat. Jeder hat zwar seinen Stammplatz, kann aber an seinem Stammarbeitsplatz nur so lange tätig sein, wie für diesen Montageplatz Aufträge vorliegen. Hat er keine Aufträge mehr, begibt er sich eigenverantwortlich an einen anderen Montageplatz, für den Aufträge vorliegen.

Alle ziehen am selben Strang – und zwar am selben Ende

Die generelle Bereitschaft eines größeren Teils der Belegschaft, auf Zuruf in der Montage auszuhelfen, ist eine wichtige Voraussetzung. Das sind Menschen,, die aufgrund ihrer sonstigen Tätigkeit auch in der Lage sind, eine Waage zu montieren, z. B. Mitarbeiter aus dem Betriebsmittelbau, aus dem Montageengineering, aus der Qualitätssicherung und auch aus der Entwicklung.

Unsere Gleitzeitregelung erlaubt hohe Flexibilität

Der Betriebsvereinbarung über unsere Gleitzeitregelung geht eine Präambel voraus, die besagt: „Dies ist ein Vertrag zwischen der Geschäftsleitung und der Belegschaft". Und wie jeder gute Vertrag muß er beiden Seiten Vorteile bieten. Der *Vorteil für den Mitarbeiter* besteht darin, daß er seine individuelle Arbeitszeit seinen individuellen Lebensumständen anpassen kann, daß er ein *hohes Maß an Zeitautonomie besitzt.* Der *Vorteil für das Unternehmen* besteht darin, daß das konkrete, aktuelle Kapazitäts*angebot* der Mitarbeiter dem konkreten, aktuellen Kapazitäts*bedarf* des Unternehmens *eigenverantwortlich angepaßt wird.* In diesem Sinn verlangt die Gleitzeitregelung von unseren Mitarbeitern lediglich, daß sie in der Betriebsöffnungszeit von morgens 6.30 Uhr bis abend 19.00 Uhr mindestens vier Stunden im Hause sind. Diese vier Stunden kann jeder stückeln, wie er möchte, er kann sie auch durch beliebig viele, beliebig lange Pausen unterbrechen, die er auch außer Haus verbringen darf. Jeder Mitarbeiter kann es jeden Tag anders handhaben, und er ist nicht verpflichtet, irgend jemandem zu sagen, wie er das heute oder morgen oder übermorgen zu halten gedenkt. Für jeden Mitarbeiter wird über das elektronische Zeiterfassungssystem ein Zeitkonto geführt.

Dieses Konto darf +/– zwei Wochen betragen. Wird dieser Grenzwert überschritten, dann gibt ihm das Zeiterfassungssystem den Hinweis, innerhalb eines halben Jahres in einen zulässigen Kanal zurückzufahren. Darüber hinaus ist jeder Mitarbeiter gehalten, einmal im Jahr einen Nulldurchgang zu machen, so daß die gesamte Jahresarbeitszeit stimmig ist.

Prinzip der Selbststeuerung

Das Geschehen vor Ort wird von den Menschen gesteuert, die vor Ort tätig sind. Dies hat die Abschaffung von Hintergrundfunktionen zur Folge. So gibt es bei uns zum Beispiel keine Arbeitsvorbereitung mehr.

Das Prinzip der Funktionsintegration bei Montage, Steuerung und Entwicklung

Das ist identisch mit Aufhebung des Taylorismus und einer funktionsstrukturierten Organisation. Wir haben zwischenzeitlich eine *prozeßstrukturierte Organisation.* Das heißt, wir haben die Funktionsstruktur durch eine Prozeßstruktur abgelöst. Funktionsintegration bedeutet Zusammenführen der Tätigkeiten, die eigentlich zusammengehören, Bildung von geschlossenen, autonomen Arbeitsprozessen.

Ein Beispiel: Der Monteur bei uns in der Montage montiert eine Waage, vom Anlieferzustand der Teile bis zum Auslieferzustand des fertigen Gerätes, verpackt und mit Versandetiketten versehen, vollständig alleine. Das heißt, er bewältigt den gesamten Prozeß „Montage einer Waage".

Wenn nun ein Prozeß von einem Menschen alleine nicht bewältigt werden kann, entweder aus quantitativen oder qualitativen Gründen, dann bilden mehrere Menschen ein *Team.* Zum Beispiel: Wir haben ein Team, bei dem kommen in den frühen Morgenstunden, online oder per Fax, die Kundenaufträge herein. In diesem Team entstehen aus diesen Kundenaufträgen Montageaufträge. Hier entstehen aber auch die Versandpapiere. Hier wird der Spediteur bestellt. Hier entstehen die Zollpapiere, und hier wird zum Abschluß des Prozesses dem Kunden auch die Rechnung gestellt. So werden all die Tätigkeiten, die sonst in einer herkömmlichen funktionsstrukturierten Organisation von Fachabteilung zu Fachabteilung laufen, geschlossen in einem Team bearbeitet.

Ein weiteres Beispiel: Wir hatten früher für die Entwicklung eines neuen Produktes im Projektmanagement arbeitend zwischen zwei und drei Jahre benötigt. Wir mußten erkennen, daß bei der Dynamisierung der Märkte eine so lange Entwicklungszeit für ein neues Produkt nicht mehr akzeptabel ist. Wir erkannten, daß wir neue Produkte in sechs bis neun Monaten schaffen müssen. Um dies zu ermöglichen, haben wir einen eigenen *Innovationsprozeß* gebildet. Wir haben alle Bereiche und Abteilungen, die früher mit der Neuschaffung eines Produktes beschäftigt waren, also die Bereiche Marketing und Entwicklung und Abteilungen in der Produktion usw. aufgelöst. All die Menschen, die in diesen Abteilungen und Bereichen tätig waren, wurden zu einer Vielzahl kleiner Teams zusammengefaßt, so daß in jedem Team die volle Sachkompetenz vorhanden ist, um den ganzen Entwicklungsprozeß zu bewältigen, der als *Projekt* abgewickelt wird.

Die Projektaufträge beinhalten auch hier ein Gewerk: die Entwicklung und Einführung eines neuen Produktes mit definierten Eigenschaften. Das Projekt beginnt mit den Aufspüren von Marktchancen und endet dann, wenn ein neues Produkt erfolgreich im Markt eingeführt ist. Alle Tätigkeiten, die innerhalb dieses Prozesses notwendig sind, verrichtet dieses Team eigenverantwortlich. Ein solches Team ist eine permanente Organisationseinheit und besteht in der Regel aus fünf bis sieben Mitarbeitern. Es arbeitet in einem Teamraum Schreibtisch an Schreitisch, in *hoher Kommunikationsdichte.* Menschen, die früher durch Abteilungsgrenzen und Bereichskompetenzen getrennt waren, lernen jetzt, zusammenzuarbeiten. Diese hohe Kommunikationsdichte ermöglicht nun, daß diese Menschen ihre Tätigkeiten parallel verrichten, ohne daß dazu Schnittstellenbeschreibung ihrer Tätigkeiten notwendig sind. Dieses Entwicklungssystem, die *Synchrone Produktentwicklung*, haben wir am 1.1.1989 eingeführt.

Das Prinzip der Eigenverantwortlichkeit

Jeder ist für das, was er tut, selbst verantwortlich. Auch hier geht es zunächst darum, all die Hindernisse zu beseitigen, die bislang die Entwicklung der Eigenverantwortlichkeit unserer Mitarbeiter nicht zuließen bzw. hemmten.

Das Prinzip Offenheit

Unternehmerisches Handeln verlangt Umsicht, Einsicht, Weitsicht und Rücksicht. Die hohe Flexibilität unserer Mitarbeiterinnen und Mitarbeiter und die schnelle Reaktion auf Schwankungen bedingt eine intensive und offene Kommunikation ohne Abteilungswände und Hierarchieebenen. Äußeres Zeichen dieser Kommunikationskultur ist unser neues Gebäude, das wir 1992 bezogen und bei dem wir weitgehend auf trennende Wände verzichtet haben. Bei uns gelten nicht die Leitsätze von Henry Ford: „Arbeite! Denk' nicht." und „Arbeite! Red' nicht." Man könnte es auf den Punkt bringen: *Schwätzen während der Arbeitszeit erwünscht.* Dabei kommt es natürlich auch vor, daß die Menschen bei Mettler-Toledo am Montagmorgen die neuesten Fußballergebnisse diskutieren. Wenn ich zu einer solchen Runde dazustoße – reden sie einfach weiter. Und darauf bin ich ein bißchen stolz.

9. Verbesserungsvorschläge in einem vitalen Unternehmen

Als ein Beispiel für das Zusammenwirken der genannten Elemente gilt unser Verbesserungswesen. Wir hatten früher ein betriebliches Verbesserungswesen herkömmlicher Art. Dieses war dadurch gekennzeichnet, daß es

- anonym und

- egozentrisch war,

- die eigene Arbeit nicht mit beinhaltete und

- auf hohe Kosteneinsparungspotentiale abzielte.

Dieses System paßte nicht mehr in unsere Unternehmenskultur der Dynamik, der Flexibilität und der Offenheit.

Wir wünschen uns ein *betriebliches Verbesserungswesen*, das öffentlich ist, also nicht anonym, das das Miteinander fördert, also nicht egozentrisch ist, das die Aufmerksamkeit auf die eigene Tätigkeit lenkt und nicht nur auf Fehler und Versäumnisse der anderen, das einen besonderen Wert auf die vielen kleinen Verbesserungsmöglichkeiten in Bezug auf Kosten, Zeit und Qualität legt. Es müßte möglich sein, daß jeder Mitarbeiter permanent seine eigene Tätigkeit in winzigen Schritten verbessert. Wenn dies geschieht, dann haben wir mit einer Vielzahl von Verbesserungsvorschlägen zu rechnen.

Das System, das wir dann einführen, geht davon aus, *daß wir gar keine Verbesserungsvorschläge haben möchten.* Statt dessen möchten wir die *Meldung von realisierten Verbesserungen*, d. h., die Meldung soll erst dann erfolgen, wenn die Verbesserung bereits umgesetzt ist.

Um dies zu ermöglichen, haben wir ein kleines Formular geschaffen, auf dem der Mitarbeiter, der eine kleine Verbesserungsidee *verwirklicht* hat, diese meldet. Auf diesem Formular werden von ihm als wesentliche Informationen erbeten:

1. Er soll mit ein oder zwei Sätzen sagen, um was es sich bei dieser Verbesserungsidee gehandelt hat. Es wird nicht erwartet, daß hier eine Zustandsbeschreibung über den früheren oder heutigen Zustand und die Begründung und Quantifizierung gegeben wird. Mit ein oder zwei Sätzen soll eine Verbesserung so beschrieben werden, daß sie verbal angesprochen werden kann.

2. Hier befindet sich ein Feld mit drei Kästchen. Der Mitarbeiter soll durch Ankreuzen von ein oder zwei oder gar allen drei Kästchen seine Meinung darüber kund tun, in welcher Richtung diese Verbesserung wirkt: Ist sie irgendwie kostenreduzierend? Ist sie zeitsparend? Oder ist sie qualitätsförderlich?

3. *Er soll seinen Namen und die Namen aller Mitarbeiter, die ihm bei der Umsetzung dieser Verbesserungsidee behilflich waren, angeben.* Für jeden Namen, der hier erscheint, wandert ein 10-DM-Schein in einen Prämientopf. Je mehr Namen angegeben werden, um so wertvoller ist die Verbesserung. Dieser Prämientopf wird zum Jahresende linear ausgeschüttet, so daß jeder Mitarbeiter gleich viel erhält, einerlei, wie sehr er sich an dem System beteiligt hat, ob er viele Verbesserungen verwirklichte oder eventuell gar keine.

Wir prüfen nicht nach, ob die Verbesserung, die gemeldet wurde, real geschehen ist. Es ist eine *Frage des Vertrauens und der Eigenverantwortlichkeit*. Wir prüfen auch nicht nach, ob die Namen, die angegeben wurden, berechtigterweise angegeben wurden. Auch dies ist eine Frage der Eigenverantwortlichkeit und des Vertrauens.

Was ist der tiefere Sinn dieses Systems? Direkt geht es gar nicht um hohe Kosteneinsparungsmöglichkeiten. Der wahre Sinn liegt darin, daß der Mitarbeiter ständig gehalten ist, über den *Sinn der eigenen Tätigkeit zu reflektieren*, um damit eine hohe Identifikation mit seiner Tätigkeit zu erreichen und einen permanenten, kontinuierlichen Verbesserungsprozeß in Gang zu setzen. Dadurch, daß jeder Name, der hier erscheint, mit einem 10-DM-Schein prämiert wird, stärken wir das Miteinander. Je mehr Menschen angesprochen werden, je breiter die Verbesserung getragen wird, um so wertvoller ist sie.

Die lineare Ausschüttung des Prämientopfes, die wir bevorzugt in Form eines *gemeinsamen Festes* machen wollen, soll dazu führen, daß all die Mitarbeiter, die sich engagiert beteiligt haben, bei diesem Fest ein gutes *Gefühl* entwickeln und daß sich all die anderen Mitarbeiter, die sich zurückgehalten hatten, beschämt *fühlen*. Da wir keine Statistik führen, wer sich wie oft beteiligt hat, ist diese Beschämung ein Vorgang, der sich ausschließlich *im Innern* des Mitarbeiters abspielt. Nur er weiß, daß er hier am Fest beteiligt ist, ohne einen persönlichen Beitrag geleistet zu haben. Bei dieser Gelegenheit wird er sich vornehmen, sich im nächsten Jahr ebenfalls zu beteiligen.

Wir haben ein Zwei-Mann-Team gebildet, bestehend aus einem Mitglied des Betriebsrates und des Personalbereiches. Dieses Team hat den Auftrag, die eingehenden Verbesserungsmeldungen zu sichten. Sie sollen nichts kontrollieren, sondern interessante Beispiele herauswählen, diese innerhalb des Unternehmens publizieren und damit Inspiration für alle liefern. Zum zweiten hat dieses Team den Auftrag, demjenigen, der eine Verbesserungsidee hat und nicht weiß, wie er sie realisieren könnte, Hilfestellung zu geben und den Weg zu zeigen. Hinzu kommt noch die Aufgabe eines wichtigen Regulativs. Da wir alle Verbesserungen ungeprüft verwirklichen lassen, kann es durchaus vorkommen, daß die eine oder andere Verbesserung bei einem anderen gar nicht verbessernd wirkt. Dieses Zweier-Team ist dann auch die Einspruchsstelle, die eine unerwünschte Verbesserung wieder rückgängig machen kann.

Um diesem Prozeß eine permanente Aufmerksamkeit zu geben, haben wir den aktuellen Stand des Prämientopfs mit einer Laufschrift im Foyer des Gebäudes visualisiert.

Während wir im alten Verbesserungsvorschlagssystem im vorletzten Jahr nur noch neun Verbesserungsvorschläge bekamen, haben wir nun in diesem neuen System seit der Einführung Mitte April 1994 innerhalb von acht Monaten 655 Verbesserungsmeldungen erhalten. Das System hat sich nach unseren bisherigen Erfahrungen hervorragend bewährt.

10. Geheimnis des Erfolges: Der Mensch als Mittelpunkt – nicht als Mittel

Als wir sagten, der Mensch steht im Mittelpunkt, ging es uns darum, die hohe Anpassungsfähigkeit zu schaffen, die notwendig ist, um auf dynamischen Märkten wirtschaftlich erfolgreich zu arbeiten. Es ging also um die Frage: *Time to Market*.

Seit wir den Menschen in den Mittelpunkt stellen, können wir eine *absatzgesteuerte Produktion* realisieren, die in der Lage ist, ohne Lagerbestände genau das zu produzieren, was bereits verkauft wurde und dies garantiert innerhalb von fünf Arbeitstagen ausliefern. Wir haben jetzt eine *synchrone Produktentwicklung*, die es uns nun gestattet, neue Produkte in sechs Monaten anstatt in 2 Jahren zu entwickeln.

Darüber hinaus erleben wir, daß wir weitere betriebswirtschaftliche Vorteile gewinnen, wenn wir den Menschen in den Mittelpunkt stellen. Deutliche Kosteneinsparungspotentiale entstehen dadurch, daß *motivierte Menschen in Eigenverantwortlichkeit und mit Freude und Spaß an ihrer Arbeit grundsätzlich Fehlleistungen verringern*, Blindleistungen als solche erkennen und Verschwendung vermeiden. Viele sonst als notwendig erachtete Stützleistungen, die ihre Quelle in unseren Absicherungsbedürfnissen haben, werden unnötig, seit wir in einem Klima des Vertrauens unseren Mitarbeitern Eigenverantwortlichkeit bieten und Ängste abbauen.

Des weiteren können wir das Innovationspotential des Unternehmens deutlich stärken, indem wir *Aufwendungen für das Verwalten reduzieren und die freigewordenen Ressourcen einsetzen für die Schaffung der Zukunft, für die Entwicklung neuer Produkte*. Wenn wir die Wertvorstellungen der Mitarbeiter mit den Wertvorstellungen des Unternehmens identisch werden lassen, erhalten wir eine hohe Identifikation der Mitarbeiter mit dem Unternehmen und mit ihrer eigenen Tätigkeit. Dies ist die wahre Quelle der Motivation, nicht ein Belohnungssystem wie es auch bei der Dressur von Tieren benutzt wird.

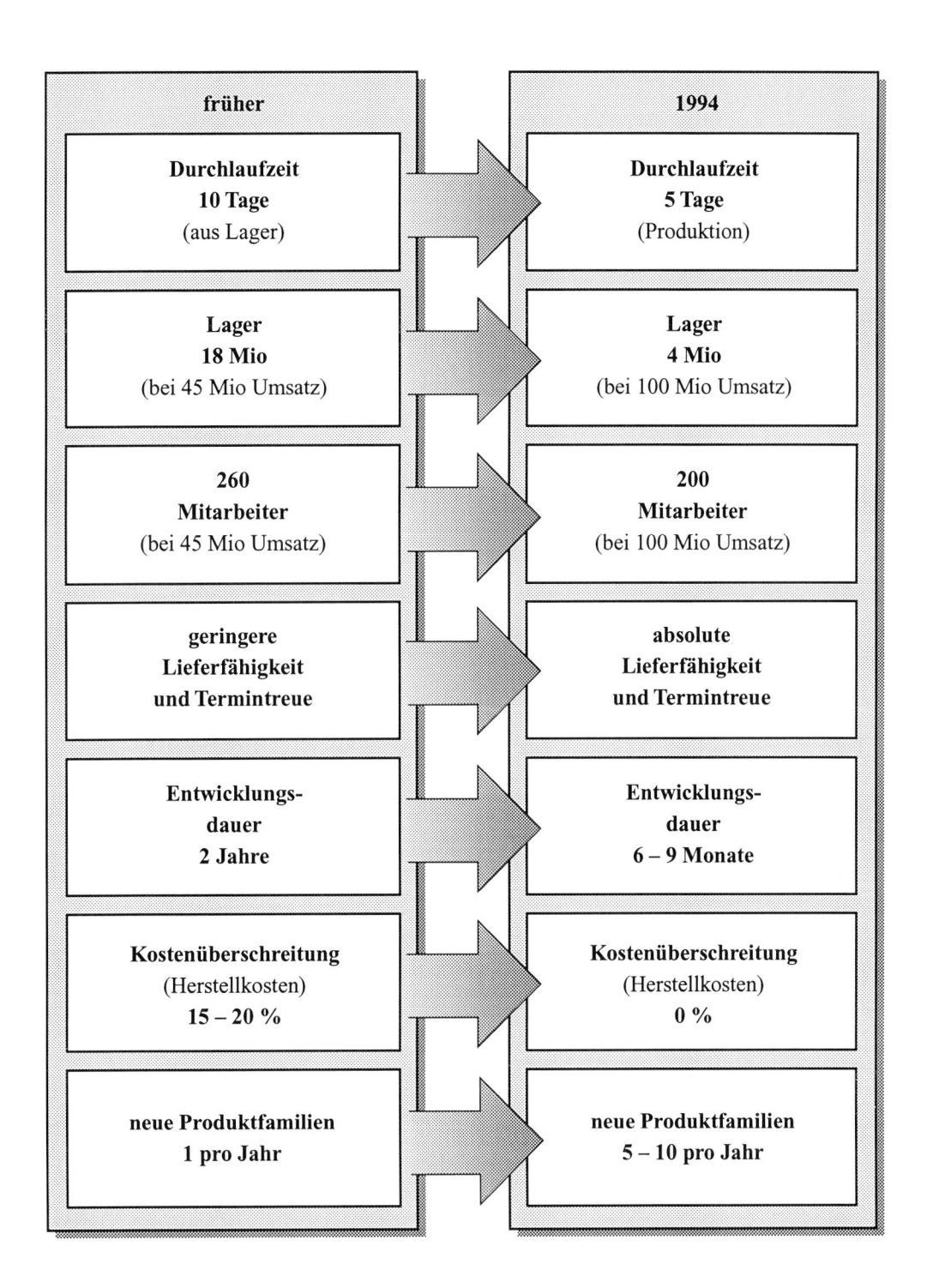

früher	1994
Durchlaufzeit 10 Tage (aus Lager)	Durchlaufzeit 5 Tage (Produktion)
Lager 18 Mio (bei 45 Mio Umsatz)	Lager 4 Mio (bei 100 Mio Umsatz)
260 Mitarbeiter (bei 45 Mio Umsatz)	200 Mitarbeiter (bei 100 Mio Umsatz)
geringere Lieferfähigkeit und Termintreue	absolute Lieferfähigkeit und Termintreue
Entwicklungsdauer 2 Jahre	Entwicklungsdauer 6 – 9 Monate
Kostenüberschreitung (Herstellkosten) 15 – 20 %	Kostenüberschreitung (Herstellkosten) 0 %
neue Produktfamilien 1 pro Jahr	neue Produktfamilien 5 – 10 pro Jahr

Das Ergebnis des Fitneßprogramms bei Mettler-Toledo

Festo auf dem Weg zum Lernunternehmen

Ulrich Höschle/Peter Speck

1. Festo: Ein Unternehmen lernt Lernen
   - Ideenreiche Köpfe, schöpferische Hände, motivierte Herzen
2. Konzept des Lernunternehmens
   - Idee des Lernunternehmens
   - Organisation des Lernunternehmens
   - Menschen im Lernunternehmen
   - Reflexion des Prozesses
3. Praxis des Lernunternehmens
   - Strategie zur Realisierung des Lernunternehmens
   - Top-down-Prozeßbegleitung „Lernunternehmen"
   - Curriculum Lernunternehmen
   - Veränderungsprozesse „auf dem Weg zum Lernunternehmen"
   - Entscheidungs- und Problemlösungsprozeß (Festo Basicon)
   - Einführen des Total-Quality-Management-Prozesses
   - Einführen neuer Formen der Arbeitsorganisation
   - Rolle der Personalentwicklung und der Festo Academy
   - Erfahrungen und Ausblick

   Literatur

Ulrich Höschle, geboren 1957 in Esslingen, ist nach seinem Studium der Betriebs- und Volkswirtschaft (Uni Tübingen) sowie der Betriebspädagogik (Uni Landau) seit 1986 bei der Festo KG tätig. Er ist verantwortlich für die Festo Academy und damit die Weiterbildung der Festo Mitarbeiter und unternehmensweite, internationale Veränderungsprozesse.

Dr. Peter Speck, technisch orientierter Diplom-Kaufmann, war von 1980 bis 1985 Assistent am Lehrstuhl für Allgemeine Betriebswirtschaftslehre und Personalmanagement der Universität Stuttgart. Von 1985 bis 1992 war er bei der Landesgirokasse Stuttgart in verschiedenen Positionen des Personalbereichs tätig. Seit 1993 ist er Personalleiter der Festo KG, Esslingen, und Geschäftsführer Festo Lernzentrum Saar GmbH, St. Ingbert-Rohrbach.

1. Festo: Ein Unternehmen lernt Lernen

Ideenreiche Köpfe, schöpferische Hände, motivierte Herzen

Die wichtigste Ressource für das Gesamtunternehmen Festo ist der Mensch und sein Wissen. Dieses Wissen gilt es zu erhalten und zu vermehren.

Technischer Fortschritt bedeutet für ein Unternehmen, in kürzeren Zeitabständen immer leistungsfähigere Produkte in höchster Qualität zu immer günstigeren Preisen einem Weltmarkt zu bieten. Dies zwingt Unternehmen zu höherer Automatisierung, zu stärkerer Flexibilisierung und zu steigender Komplexität der Leistungserstellung und Vermarktung.

Das Management der zu erwartenden internationalen Marktdynamik verlangt eine globale Festo-Unternehmenskultur, globale Führungs- und Organisationsgrundsätze und globale Planungs-, Informations- und Kommunikationssysteme.

Umstrukturierungen und rasche Anpassungsprozesse im Unternehmen verlangen hochqualifizierte Führungskräfte und Mitarbeiter, die die „schwachen Signale" zukünftiger Veränderungen frühzeitig erkennen, Aktionsprozesse auslösen und verantwortlich mitgestalten.

Alle Führungskräfte und Mitarbeiter müssen in der Zukunft noch mehr bereit sein, ihr Qualifikationsprofil in einem lebenslangen Lernprozeß zu erweitern, um die zukünftigen Herausforderungen an das Unternehmen in wirtschaftlicher, technologischer und gesellschaftlicher Sicht bewältigen zu können.

Diese ständige Wissensaufwertung erfordert von allen Festo Führungskräften und Mitarbeitern eine hohe Lernbereitschaft und Lernfähigkeit. Daraus leitet sich das Postulat des lebenslangen Lernens von außen und von innen ab, d. h. von außen durch den Veränderungsdruck des Marktes und von innen durch den Verfall des Wissens.

Jeder Festo Mitarbeiter ist daher gefordert, zu lernen bzw. sich lernbereit zu halten und auch seine persönliche Bereitschaft und Persönlichkeit in diesen Lernprozeß mit einzubringen, d. h. Neues lernen zu wollen, Neues zu verarbeiten. Der Forderung für lebenslanges Lernen kann nur gerecht werden, wer auch bereit ist, einen Teil seiner persönlichen Zeit in diesen Lernprozeß mit einzubringen.

„Lernen" heißt Sicherung der Beschäftigung, Entwicklung der individuellen Fähigkeiten und persönliche Entwicklung innerhalb des Unternehmens.

Die Unternehmensleitung ist überzeugt, daß das Unternehmen Festo den Verpflichtungen gegenüber dem weltweiten Markt am besten nachkommen kann und an den zukünftigen Herausforderungen wachsen kann, wenn wir gemeinsam den Prozeß in Gang setzen und konsequent weiterentwickeln, Festo als *Lernunternehmen* zu verstehen.

Alles ist ein Geben und Nehmen, so auch in der Wissensvermittlung. Geben in dem Sinne, daß Wissen und Erfahrung auch weitergegeben werden und daß wir lernen sollten, wie wir das tun.

Als Führungskräfte im Unternehmen haben wir uns zum Ziel gesetzt, weiterzulernen, miteinander und füreinander zu lernen. Wir wollen gemeinsam an dem Projekt „Lernunternehmen" arbeiten, mit dem Ziel, ein selbstorganisierendes, selbststeuerndes und sich ständig selbsterneuerndes Festo Unternehmen zu verwirklichen (Learning organization).

Unser Auftrag lautet daher: „Begleiten wir Festo durch unser gemeinsames Handeln und Tun."

Mit diesen Worten bekennen sich die Geschäftsleitungsmitglieder und Inhaber Dr. W. Stoll und Dr. h. c. K. Stoll zum lernenden Unternehmen.

Die Sicherung der weltweiten Wettbewerbsfähigkeit von Festo erfolgt durch grundlegende, langfristige und unternehmensweite Veränderungen. Derartige Veränderungen sind Lernprozesse des Unternehmens, sie beruhen auf dem gemeinsamen Lernen aller Beteiligten.

Partiell wirkende, kurzfristige Konzepte zur Produktivitätssteigerung wie Gruppenarbeit, Lean Management, Business Reengineering, flachere Hierarchien, Total Quality Management u. a. reichen isoliert angewendet nicht aus, um längerfristige Erfolge zu erzielen. Bei Festo ist die Idee des Lernunternehmens das verbindende Element für solche *Veränderungsprozesse*.

Zwei zentrale Themen werden in diesem Beitrag erläutert:

1. Was verstehen wir bei Festo unter „Lernunternehmen"?
2. Wie wird der „Weg zum Lernunternehmen" realisiert?

2. Konzept des Lernunternehmens

Ziel des Lernunternehmens ist es, den Menschen und die gesamte Organisation zu aktiven Veränderungs- beziehungsweise Lernprozessen im Sinne der Erhaltung und Verbesserung der weltweiten Wettbewerbsfähigkeit zu befähigen. Veränderungen werden ohne den berühmten „Leidensdruck" der Betroffenen oder der Organisation realisiert. Kreative, gemeinsame und vorausschauende Problemlösungen sollen dominieren.

Das Grundkonzept des Lernunternehmens Festo basiert auf fünf miteinander vernetzten Elementen:

1. Idee des Lernunternehmens
2. Organisation
3. Menschenbild im Lernunternehmen
4. Praxis des Lernunternehmens
5. Reflexion des Prozesses

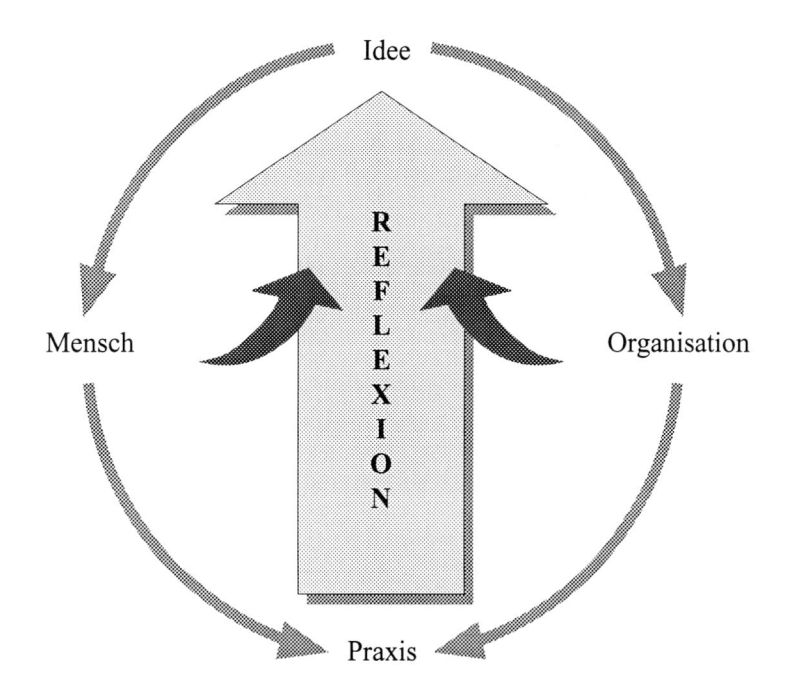

Konzept: Lernunternehmen

Idee des Lernunternehmens

Das Ideengut des Lernunternehmens (learning organization) leitet sich aus Erkenntnissen mehrerer wissenschaftlicher Gebiete ab:

– Konstruktivismus,

– kritischer Rationalismus,

– Systemtheorie und

– Chaosforschung.

Es wird impliziert, daß die entstehende „Weltgesellschaft" als verbindendes Element das Wissen und damit eng verbunden das Lernen zur gemeinsamen Zukunftsbewältigung hat. Maturana und Varela definieren „lernende Systeme" als sich selbst erzeugende, selbstorganisierende, selbststeuernde und selbsterneuernde, kurz autopoietische Systeme.

Das Unternehmen als vitales (autopoietisches) System besteht aus aktiven Kommunikationsprozessen, offenen Gesprächen und Diskussionen, die zu Entscheidungen führen, die wiederum Kommunikation auslösen. Dieses Phänomen wird als „learning loop" bezeichnet, dessen Ergebnis sich in immer besseren Entscheidungen durch eine verbesserte Wissensbasis aller Beteiligten ausdrückt.

Die Anpassungsfähigkeit des Unternehmens nach außen beruht auf der Aufnahme von äußeren Impulsen und Problemstellungen (Lernen im Sinne von Piaget) und der Umstellung innerer Strukturen auf diese äußeren Vorgänge, d. h. ihrer internen spezifischen Verarbeitung. Das Unternehmen wird als nach außen offenes, aber nach innen autonomes System begriffen. Ergebnis ist eine hohe zeitliche und sachliche Flexibilität.

Das Lernunternehmen Festo läßt sich mit fünf Hauptdisziplinen operational beschreiben (vgl. Senge):

- systemisches Denken,
- kontinuierliches Lernen des einzelnen und der Organisation,
- gemeinsame Planungsprozesse,
- gemeinsame Weiterentwicklung der Unternehmenskultur,
- professionelle Teamarbeit.

- Systemdenken adaptiert komplexe Umwelt und führt damit zu qualitativ besseren Produkten, Dienstleistungen und Prozessen.
- Kontinuierliches Lernen jedes einzelnen gibt durch Verbesserung der individuellen Wissensbasis Impulse für das Lernen des gesamten Unternehmens. Die Gestaltung kontinuierlicher Verbesserungen erhält Vorrang vor sprunghaften Veränderungen.
- Gemeinsame Planungsprozesse führen zu qualitativ besseren Lösungen durch die Integration unterschiedlicher Sichtweisen und fachlicher Fähigkeiten. Möglichst viele Mitarbeiter wirken auf diese Weise an der Gestaltung der Zukunft zum Nutzen der Produktivität und Flexibilität des Unternehmens und der Motivation der Mitarbeiter mit.
- Die aktive Weiterentwicklung einer gemeinsamen Unternehmenskultur ist Voraussetzung für die Weiterentwicklung der gesamten Organisation. Ansatzpunkte sind die Verbesserung der Kommunikationsprozesse und die bewußte „Steuerung" von Verhaltensänderungen in der Zusammenarbeit von Menschen und Organisationseinheiten.
- Professionelle Teamarbeit ist das wesentliche praktische Element zur Reduzierung und Strukturierung der Komplexität. Die Arbeitsweise von Teams ist durch

Selbstkontrolle vor Fremdkontrolle und Selbstorganisation vor Fremdorganisation gekennzeichnet.

Diese fünf Hauptdisziplinen dienen auch der qualitativen Gestaltung der Prozesse und Aktionen „auf dem Weg zum Lernunternehmen".

Organisation des Lernunternehmens

Die Struktur des Lernunternehmens bildet die Anpassungsfähigkeit (Flexibilität) und Prozeßorientierung des Unternehmens im Sinne der sich ständig wandelnden Kunden- und Markterfordernisse ab. Eine traditionelle Organisationform, wie beispielsweise eine Matrixorganisation, genügt diesen höchsten Flexibilitätsanforderungen nicht mehr.

Festo überführt deshalb seit Anfang der neunziger Jahre die alten, funktionsorientierten Strukturen in eine prozeßkettenorientierte „Lernorganisation".

Selbstorganisation, Selbststeuerung und Selbsterneuerung sind wichtige Rahmenbedingungen der „Lernorganisation".

In vier „Business Centers" (BC) wurden die Wertschöpfungsketten der einzelnen Produktbereiche zusammengefaßt. Diesen Business Centers stehen eine Reihe von „Knowledge, synergy and expertise Centers" (KS) zur Seite. Deren Aufgabe ist es, die BC's mit den notwendigen Serviceleistungen zu versorgen, um ihnen die Konzentration auf das Kerngeschäft zu ermöglichen. Die Serviceleistungen der KS werden in den Zielgrößen Zeit, Qualität und Kosten dem externen Markt vergleichbar erbracht.

Besonderes Kennzeichen der Lernorganisation ist die „duale Entscheidungsstruktur":

1. Hierarchie im Sinne einer Über- und Unterordnung
2. Laterale Vernetzungen durch „integrative" Rollen

Der Hierarchie im Sinne einer vertikalen Über- und Unterordnung steht eine laterale, horizontale Vernetzung durch „integrative" Rollen gleichberechtigt zur Seite.

„Integrative Rollen" werden bei Festo beispielsweise durch auf Zeit gegründete Task Forces und Projektteams, permanente Arbeitsgruppen und das Kreieren von Prozeßverantwortlichen sichtbar und wirksam. Ziel der integrativen Rollen ist die „Quer"-Vernetzung der Arbeit und des Wissens im Unternehmen. Dadurch werden Lernprozesse in der Zusammenarbeit über alle Ebenen institutionalisiert.

Die Erfahrung der vergangenen Jahre zeigt, daß auch die Strukturen der Lernorganisation einem ständigen Wandel aufgrund von Impulsen des Marktes und interner Lernprozesse unterliegen.

Menschen im Lernunternehmen

Der Mensch und sein kompetentes Handeln sind der maßgebliche Erfolgsfaktor „auf dem Weg zum Lernunternehmen". Das Lernunternehmen basiert auf einem positiven Menschenbild. Es gilt das Prinzip, daß jeder Mitarbeiter zu kompetentem Handeln fähig und bereit ist. Kompetentes Handeln erfordert eine ganzheitliche Qualifikation der Mitarbeiter.

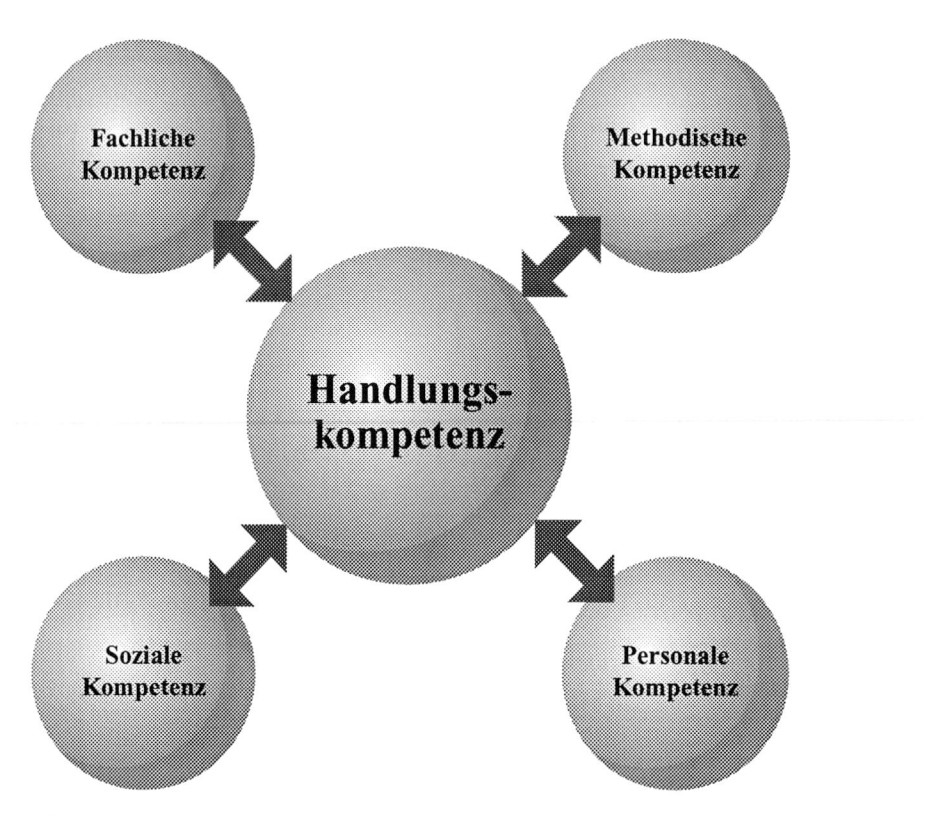

Handlungskompetenz

Ethisches Handlungsprinzip für die Zusammenarbeit der Menschen im Lernunternehmen ist es, *„dem anderen geeignete Umwelt zu sein"*.

Daraus leiten wir für alle Mitarbeiter hohe Anforderungen ab, z. B.:
- offene Persönlichkeitsstruktur,
- Fähigkeit zur Selbstreflexion,
- Fähigkeit zur Selbstmotivation,
- Verantwortungsbewußtsein,

- Teamfähigkeit,
- ständige Veränderungs-/Lernbereitschaft,
- hohe kommunikative Kompetenz,
- Fähigkeit zur psychischen Selbstkontrolle,
- Sensibilität und soziales Geschick bei der Konfliktregelung.

Von den Führungskräften fordert Festo darüber hinaus ein anderes *Managementverhalten*, z. B.:

- Mehr regeln als steuern.
- Mehr Regelkreise als Regeln.
- Mehr systemisches als lineares Denken.
- Mehr Denken in Prozessen als in Ergebnissen.
- Mehr bewußtmachen als direkt eingreifen.
- Mehr Handlungskompetenz als Rang.

Diese Art der Zusammenarbeit ist für alle Mitarbeiter in den „Führungsgrundsätzen" von Festo als Leitlinien fixiert.

Um diesem Anspruch gerecht zu werden, müssen sich Mitarbeiter und Führungskräfte ständig verbessern, d. h. lernen. Bei der Realisierung dieses „kontinuierlichen Verbesserungsprozesses" kommt der Personalentwicklung und damit der Festo Academy – als Teil der Personalfunktion – eine wichtige Rolle zu.

Reflexion des Prozesses

Die Idee des Lernunternehmens findet sich in der Struktur des Unternehmens, bei seinen Mitarbeitern und in der täglichen Praxis zunehmend wieder: Festo auf dem Weg zum Lernunternehmen. Es ist notwendig, den Prozeßverlauf zu beobachten, zu deuten und gegebenenfalls steuernd einzugreifen. Der Prozeß wird zum geschlossenen Regelkreis.

Erst die ständige Reflexion des gesamten Prozesses macht das Unternehmen zum vitalen, sich ständig verbessernden System. Das Lernunternehmen wird von der Idee zur gelebten Unternehmenskultur.

Die Reflexion setzt bei zwei Ebenen an:

1. Selbstreflexion des einzelnen Mitarbeiters
2. Reflexion des „Weges zum Lernunternehmen".

FESTO auf dem Weg zum Lernunternehmen

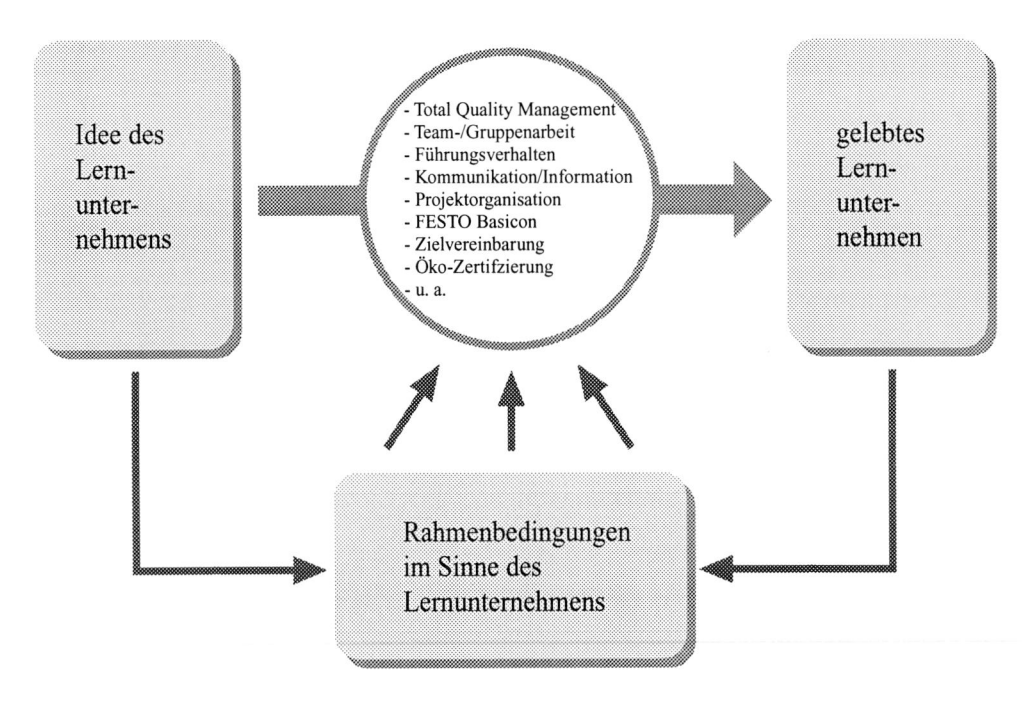

```
[Idee des Lern-        →   - Total Quality Management       →   [gelebtes Lern-
 unter-                    - Team-/Gruppenarbeit                 unter-
 nehmens]                  - Führungsverhalten                   nehmens]
                           - Kommunikation/Information
                           - Projektorganisation
                           - FESTO Basicon
                           - Zielvereinbarung
                           - Öko-Zertifzierung
                           - u. a.

                        ↑    ↑    ↑

              [Rahmenbedingungen
               im Sinne des
               Lernunternehmens]
```

Veränderungsprozesse

Das Verstehen der Idee des Lernunternehmens ermöglicht den Menschen die ständige Reflexion des eigenen Handelns. Selbstreflexion wird in diesem Zusammenhang verstanden als die Fähigkeit, mit sich selbst in Beziehung zu treten, sich selbst zu thematisieren, um daraus Erkenntnisse für das eigene Lernen zu gewinnen.

Die Reflexion des Gesamtprozesses erfolgt durch ein „Reflexionsteam" aus Mitgliedern des oberen Managements und einem externen Prozeßbegleiter. In diesem Kreis werden Erfahrungen aus Pilotprojekten regelmäßig ausgewertet und für den weiteren Prozeßverlauf nutzbar gemacht.

3. Praxis des Lernunternehmens

Von der Idee eines Lernunternehmens bis zur Realisierung des gewünschten Verhaltens bei den Menschen ist es ein weiter Weg. Die wichtigsten Schritte seien hier beschrieben.

Strategie zur Realisierung des Lernunternehmens

Das Ideengut des Lernunternehmens kann nicht alleine durch reine Wissensvermittlung an die Führungskräfte im Sinne eines „Top-down"-Prozesses im täglichen praktischen Handeln aller Mitarbeiter verankert werden.

Es bedarf gleichzeitiger „Bottom-up"-Prozesse, die bei den Mitarbeitern aufgrund direkter eigener Beteiligung die Einsicht für konkreten Handlungsbedarf bewirkt.

Diese Einführungsstrategie für das Festo Lernunternehmen umfaßt drei miteinander vernetzte Ebenen:

- „Top-down"-Prozeßbegleitung für das obere Management,
- Curriculum Lernunternehmen,
- Gestaltung der konkreten Veränderungsprozesse (bottom-up).

Die Verknüpfung der „Top-down"- und der „Bottom-up"-Prozesse wird durch die koordinierten Aktivitäten eines externen Beraters und der Festo Academy erreicht.

„Top-down"-Prozeßbegleitung „Lernunternehmen"

Der „Top-down"-Prozeß bezieht insbesondere die Ebene des oberen Managements und die Mitglieder der Unternehmensleitung ein. Ein externer Berater agiert als „change agent".

Ziel der Begleitung ist es, den Weg des Lernunternehmens vorbildhaft zu beschreiben und dies den Mitarbeitern und Führungskräften im Sinne einer Vorbildfunktion deutlich zu machen.

Die Aktivitäten mit dem Management sind durch inhaltliche und personelle Verflechtungen aufeinander abgestimmt:

- „Lernunternehmen" als regelmäßiger Tagesordnungspunkt bei der Sitzung des Führungskreises,

- Einzelgespräche mit der Unternehmensleitung und den Mitgliedern des oberen Managements,
- Reflexion des „Weges zum Lernunternehmen" durch ein regelmäßig arbeitendes Reflexionsteam.

Curriculum Lernunternehmen

Das „Curriculum Lernunternehmen" dient der Bündelung der Ressourcen „auf dem Weg zum Lernunternehmen" durch verschiedene Aktivitäten:

- Integration der Idee „Lernunternehmen" in Personalentwicklungs-Maßnahmen,
- Vernetzung der unternehmensweiten Veränderungsprozesse und deren Ausrichtung auf das Lernunternehmen,
- Unternehmensweite Vermittlung der Idee des Lernunternehmens.

Die Ideen des Lernunternehmens müssen inhaltlich und methodisch in die Personalentwicklungsmaßnahmen integriert werden. Eine noch komplexere Aufgabe ist die inhaltliche Vernetzung der einzelnen Veränderungsprozesse und deren Ausrichtung auf das Lernunternehmen. Solche vernetzenden Aktivitäten sind beispielsweise:

- Abstimmung der Instrumente des „Total Quality Management" (TQM) und der „Entscheidungs- und Problemlösungssystematik" (Festo Basicon),
- Vernetzung von Teamarbeit und TQM anhand des Kontinuierlichen Verbesserungsprozesses (KVP),
- Vernetzung von TQM und dem Projekt zur Erlangung der Zertifizierung nach der „Ökologie-Richtlinie" der Europäischen Gemeinschaft.

Die Entwicklung zum „Lernunternehmen" erfordert, daß alle Führungskräfte und Mitarbeiter aktiv beteiligt sind. Eine unternehmensweit gemeinsame Wissensbasis ist notwendig. Im Auftrag der Unternehmensleitung werden die relevanten Themen in zweitägigen Seminaren mit gemischten Teilnehmergruppen aller Organisationseinheiten erarbeitet und umsetzungsorientiert diskutiert.

Die Inhalte dieser Seminare schaffen den geistigen Hintergrund für die gemeinsamen Veränderungsprozesse und das unternehmerische Handeln des einzelnen:

- Grundideen des Lernunternehmens
- Bedeutung von Ideen für das praktische Handeln
- Wir haben nur Vermutungswissen!
- Gemeinsame Suche nach der besseren Entscheidung

- Denken der Vielfalt statt Einheitlichkeit
- Kritikfähigkeit und Bescheidenheit
- Anwendungsbeispiele des Lernunternehmens.

Zur weiteren Förderung des Transfers in die Praxis dient das regelmäßig durchgeführte „Forum Lernunternehmen". Die Foren dienen der Auseinandersetzung mit den Ideen des Lernunternehmens, den dabei vorgestellten Anwendungsfällen und dem Vergleich mit anderen erfolgreichen Unternehmen.

Veränderungsprozesse „auf dem Weg zum Lernunternehmen"

Um das Lernunternehmen zu realisieren, erfolgt eine Reihe konkreter Veränderungen in der Arbeitsorganisation und damit untrennbar bei den Verhaltensweisen der Mitarbeiter. Die „Bottom-up"-Veränderungen werden als Prozesse begriffen und gestaltet. Es handelt sich dabei um Veränderungen, die bei den Mitarbeitern durch direkte Beteiligung die Einsicht in konkreten Handlungsbedarf bewirken.

Unternehmensweite „Bottom-up"-Veränderungsprozesse sind zum Beispiel:

- Systematisieren der Entscheidungs- und Problemlösungsprozesse,
- Einführen des Total-Quality-Prozesses,
- Einführen neuer Formen der Arbeitsorganisation,
- Führen durch Zielvereinbarung,
- Intensivieren und Verbessern der Projektarbeit.

Entscheidungs- und Problemlösungsprozeß (Festo Basicon)

Ein Unternehmen lebt davon, Chancen zu erkennen und schneller als andere zu nutzen. Dieses Vorgehen erfordert im Inneren eine schnelle, effiziente Lösung anstehender Probleme. Ein größer werdender, lähmender „Problemstau" entsteht in der Regel nicht. Immer bessere Produkte, Dienstleistungen und Prozesse erfordern ein systematisches Instrument zur Initiierung und Steuerung von Entscheidungs- und Problemlösungsprozessen im Team.

Das „Festo Basicon" gewährt die Einbeziehung der relevanten Lösungsansätze durch die Beteiligung der Betroffenen im achtstufigen Prozeß:

Das „Festo Basicon" systematisiert die notwendigen Denkprozesse auf allen Stufen der Entscheidungsfindung und macht sie nachvollziehbar. Es verhilft zu besseren Lösungen und zeiteffizienter Entscheidungsfindung unter Einbeziehung aller relevanten Fakten und Beteiligten. Permanent angewandt, führt das „Basicon" zu ständig besseren Lösungen im Prozeß sich ständig verändernder Situationen. Letztlich ist das Festo Basicon der Ausgangspunkt für das Lernen der gesamten Organisation und ihrer Mitglieder.

Weitere Durchläufe des Basicon zum gleichen Thema erbringen durch Lernen immer bessere Ergebnisse. Es entstehen „learning loops". Die Vermittlung des „Know-how" erfolgt durch ein Seminar und die vorbildhafte Anwendung und Dokumentation durch Führungskräfte und Teams.

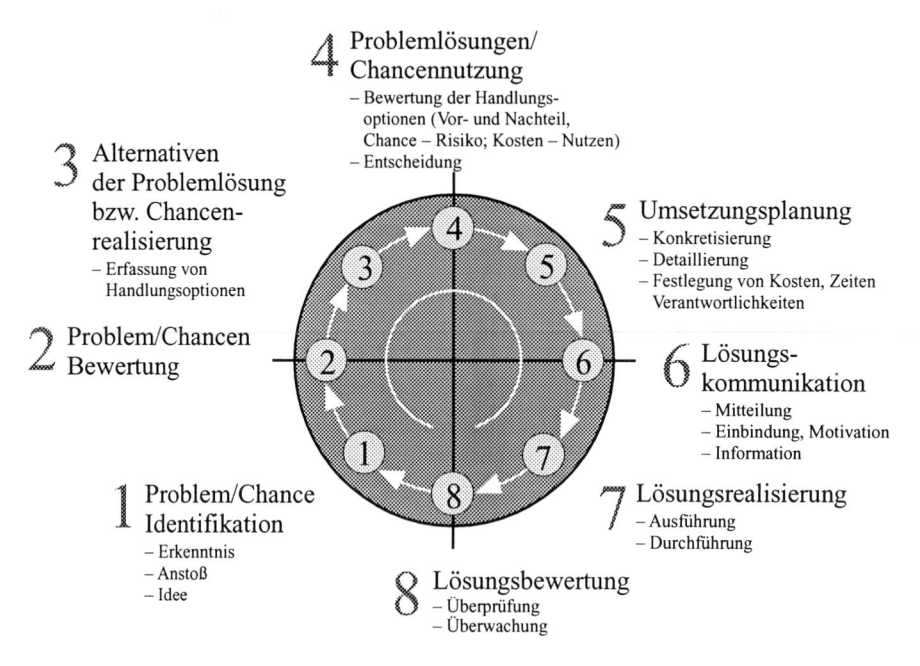

Festo „Basicon"

Einführen des Total-Quality-Management-Prozesses

Unternehmen, die den Kunden nicht zum Maß der Dinge machen, werden ihre Wettbewerbsfähigkeit nicht erhalten können. Total Quality Management (TQM) bedeutet, sämtliche Unternehmensprozesse auf die Erfüllung der Anforderungen und Erwartungen der externen und internen Kunden durch die Einbindung aller Mitarbeiter auszurichten. TQM unterstützt den Weg von der Funktions- zur Prozeßorientierung.

Neben der Optimierung der Produkte, Dienstleistungen und Prozesse mit positiven Auswirkungen auf Kosten, Qualität und Durchlaufzeiten bringt TQM eine Erhöhung der Mitarbeiterzufriedenheit durch größere Verantwortung und Freiräume sowie ein, aus effektiverer Zusammenarbeit resultierendes, verbessertes Betriebsklima. Die Einführung des TQM-Prozesses erfolgt bei Festo in drei Stufen:

– Verpflichtung des oberen Managements auf die TQM-Idee,

– Einbindung aller Führungskräfte in den TQM-Prozeß,

– Einbindung aller Mitarbeiter in den TQM-Prozeß.

Die Verpflichtung des oberen Managements auf die Ideen und Ziele von TQM zeigt sich auch in der persönlichen Übernahme der Prozeßverantwortung für die jeweilige Organisationseinheit.

Die Kenntnisse und Erfahrungen aller Mitarbeiter werden zur Mitgestaltung der eigenen Arbeitsabläufe, -plätze sowie der Arbeitsumgebung benötigt. Um das Mitwirken der Mitarbeiter zu sichern, erfolgt die Einbindung aller Führungskräfte in die Prozeßgestaltung von TQM und die Information über die Auswirkungen des TQM-Prozesses durch eintägige Workshops. Den Führungskräften fallen im TQM-Prozeß eine Reihe von Aufgaben zu, z. B.:

– Vorleben qualitätsbewußten Verhaltens,

– Bestehendes in Frage stellen (lassen) und verändern,

– selbständiges Handeln der Mitarbeiter und Multiplikatoren durch Freiräume absichern,

– Schaffen von geeigneten Anreizen.

Die effektive Einbeziehung aller Mitarbeiter in den TQM-Prozeß realisiert Festo durch den Einsatz nebenamtlich tätiger „TQM-Multiplikatoren". Diese TQM-Multiplikatoren werden anhand eines Anforderungsprofiles von den Führungskräften der betroffenen Organisationseinheiten ausgewählt und erhalten zunächst eine viertägiges „Multiplikatoren"-Training. Sie haben die Aufgabe, die TQM-Idee zielgruppengerecht „ihrem" Team von maximal fünfzehn Mitarbeitern zu vermitteln und bei der Prozeßoptimierung im direkten und übergreifenden Arbeitsumfeld die Anwendung geeigneter TQM-Instrumente zu initiieren. Durch „Sicherung" der Schnittstellen zu anderen Teams verhindern sie eine Suboptimierung der Teilprozesse zu Lasten des Ganzen. Im Sinne der „kontinuierlichen Verbesserung" werden die Erfahrungen der TQM-Multiplikatoren durch organisierten Erfahrungsaustausch verbreitet. Die Vernetzung der TQM-Einführungsschritte ist dadurch gewährleistet, daß die Festo Academy die Aktivitäten gestaltet und koordiniert.

Einführen neuer Formen der Arbeitsorganisation

Die unternehmensweite Einführung neuer Formen der Arbeitsorganisation realisiert das „Lernunternehmen" an der Basis. Festo hat seit 1992 Erfahrungen mit unterschiedlichen Gruppen in mehreren Bereichen bei gewerblichen Mitarbeitern.

Die Einführung solcher Arbeitsformen für die Verwaltungsbereiche ist in der Konzeptionsphase.

Das Umfeld für neue Formen der Arbeitsorganisation ist in allen Organisationseinheiten anders beschaffen (Produkte, Qualifikation und Anzahl der Mitarbeiter, Größe der Einheiten etc.). Eine einheitliche Gestaltung der Arbeitsorganisation ist daher kaum möglich. Wir unterscheiden nach dem Autonomiegrad drei Formen der Zusammenarbeit:

– Gruppenarbeit,
– Teamarbeit,
– Inselfertigung.

Die jeweiligen Einführungskonzepte enthalten vier Hauptelemente:

1. Ablauf des Einführungsprojektes:
   – Definition von Pilotgruppen
   – Verwertung der Erfahrungen
   – Weg zur breiten Einführung
2. Festlegung des Gestaltungsrahmens der Gruppen:
   – Entlohnung
   – Definition der „produktiven" Zeit
   – Autonomiegrad der Gruppe
   – Auswahlmodus für den Gruppensprecher
   – Aufgaben der Gruppensprecher und -leiter
3. Vorbereitung und Begleitung der Führungskräfte durch Workshops und Coaching der Gruppenleiter
4. Unterstützung der Gruppen:
   – Qualifizierung der Gruppenmitglieder
   – Coaching in der Einführungsphase

Bei der Einführung neuer Formen der Arbeitsorganisation erhalten die Gruppen, deren Leiter und Führungskräfte in der Startphase Unterstützung durch die Festo Academy. Von Beginn an ist der unternehmensweit organisierte Erfahrungsaustausch zwischen den Teamleitern und -sprechern für die Fortentwicklung der Konzepte und der Unterstützungsmaßnahmen wichtig. Ziel der Unterstützung ist die Vorbereitung der Mitarbeiter auf die Übernahme größerer Verantwortung, der Abbau von Hemmnissen für eine erfolgreiche Zusammenarbeit (Erhöhung der Produktivität und Motivation) sowie die Unterstützung der betroffenen Führungskräfte beim Wandel ihrer Rolle.

Die Gruppen werden unterstützt durch Erarbeitung folgender Themen in den Startworkshops und in der anschließenden Coaching-Phase:

— Aufgaben des Gruppensprechers und -leiters
— Aufbau einer effektiven Regelkommunikation (Schichtübergabe u. ä.)
— Durchführen effektiver Teambesprechungen (Agenda, Protokoll)
— rollierende Aufgabenverteilung (Wochenplan)
— Qualifizieren der Mitarbeiter für mehrere Arbeitsgänge
— Umgang mit Konflikten in der Gruppe
— Initiieren von „kontinuierlichen Verbesserungsprozessen"
— Zusammenarbeit der Gruppen mit internen Lieferanten und Kunden
— Durchsetzen der Gruppe nach „außen"

Die Einführung neuer Formen der Arbeitsorganisation ist eng mit dem Total-Quality-Management-Prozeß verknüpft und bringt weitreichende Änderungen für die Aufbauorganisation der betroffenen Organisationseinheiten mit sich.

Rolle der Personalentwicklung und der Festo Academy

Zentraler Kristallisationspunkt der beschriebenen Veränderung ist – wie bereits mehrfach hervorgehoben – immer der Mensch. Insofern spielt die Personalentwicklung eine entscheidende Rolle „auf dem Weg zum Lernunternehmen". Die Personalentwicklung bei Festo wird durch die Führungskräfte, die jeweiligen Personalleiter und die Festo Academy gemeinsam getragen und hat folgende Hauptziele:

— Die Personalentwicklung fördert und ergänzt sich mit dem „Lernunternehmen".
— Sie stiftet Mensch und Unternehmen Nutzen.
— Sie ist strategieumsetzendes Instrument der Unternehmensleitung.
— Sie ist nicht delegierbare Aufgabe der Führungskraft.
— Lernkultur wird aktiv gestaltet.
— Lernprozesse und Lernumgebung werden ganzheitlich gestaltet.
— Die Personalentwicklungsfunktionen leisten wertschöpfende Arbeit.

Die Festo Academy ist die Institution für Festo zur Unterstützung der individuellen Lernprozesse und der vorher beschriebenen „Bottom-up"-Veränderungsprozesse.

Die Festo Academy dient allen Festo Führungskräften und Mitarbeitern:

– als Stätte der Kommunikation und Begegnung zur Förderung des Lernens und gegenseitigen Verstehens,

– als Forum der Meinungsbildung,

– als Transferstätte von Know-how,

– zur Persönlichkeitsentwicklung,

– zur Erweiterung von Managementkenntnissen über komplexere Systeme und von Sinnsystemen („Auf dem Weg zum Ganzen"),

– als Hilfe zu ganzheitlichem Denken und Verstehen,

– als Schrittmacher auf „dem Weg zum Lernunternehmen".

Das bei Festo in diesen Veränderungsprozessen entstehende Wissen wird durch die „Festo Didactic" und das „Festo Lernzentrum Saar" auch anderen Unternehmen zugänglich gemacht.

Erfahrungen und Ausblick

Die Erfahrungen zeigen, daß das Hineintragen des Gedankens von einem *Lernunternehmen* in ein Unternehmen ein langer und schwieriger Weg ist. Der entscheidende Erfolgsfaktor für eine Einführung ist und bleibt die Identifikation und innere Überzeugung aller Beteiligten und insbesondere des für eine Einheit Verantwortlichen – beginnend beim Topmanagement. Erfolgreiche Unternehmen zeichnen sich darüber hinaus aus, daß sorgfältig Einstellungen, Engagements und Managementprozesse kultiviert und über Jahre hinweg vermittelt wurden. Dies gilt auch für Festo. Ein weiterer wichtiger Hebel bildet die Aufhebung von Beschränkungen und der Ansporn zum Austausch von Ideen. Grenzlinien behindern dabei den freien Informationsfluß, halten Gruppen und Individuen auf Abstand und bestärken vorgefaßte Meinungen. Dies gilt es aufzuweichen. Festo möchte hier mit einer Reihe von Instrumenten die Idee des Lernunternehmens und das Unterstützen von Veränderungsprozessen vorantreiben.

Für den Erfolg und Mißerfolg dieser Veränderungsprozesse gibt es nach unserer Erfahrung sieben Erfolgsfaktoren:

– Promotor im Topmanagement

– Ziel und Notwendigkeit des Veränderungsprozesses sind deutlich

– Ausrichtung an der Idee „Lernunternehmen"

- Aktiver Prozeßverantwortlicher
- Einbeziehung der Führungskräfte und Mitarbeiter
- Veränderungsfreundliches, lernförderndes Klima im Unternehmen
- Veränderungsprozesse brauchen Zeit

Die Veränderungsprozesse sind unternehmensweit nicht zentral steuerbar. Zur Ausrichtung auf das Ziel „Lernunternehmen" ist es daher notwendig, alle Führungskräfte und Mitarbeiter zur Steuerung zu befähigen.

Festo wird den „Weg zum Lernunternehmen" weiter beschreiten. Wir lernen durch Erfahrungen und Impulse von außen und innen und kommen dadurch zu immer besseren Produkten, Dienstleistungen und Prozessen. Die ständige Erhöhung des Kundennutzens hilft dem Unternehmen und seinen Mitarbeitern, die weltweite Wettbewerbssituation erfolgreich zu bestehen.

Die Zielrichtung unserer Aktivitäten ist uns bewußt – der Weg zum Lernunternehmen ist allerdings ein nie endender Prozeß.

Literatur

BECKER, H./LANGOSCH, I.: Produktivität und Menschlichkeit, 3. Auflage, Stuttgart 1990

FESTO KG: Lernen ist Zukunft, 2. Auflage, Esslingen 1990

GEISELHART, H.: Wie Unternehmen sich selbst erneuern, Konzepte für die Umsetzung, Wiesbaden 1995

HAIST, F./FROMM, H.: Qualität im Unternehmen, 2. Auflage, München 1991

KEES, U./SPECK, P.: Auf dem Weg zum Lernunternehmen – Beispiel Werk Rohrbach der Festo KG, in: Personalführung 7/1994, S. 600 ff.

SCHÄFFNER, L.: Arbeit gestalten durch Qualifizierung, München 1991

SENGE, P. M.: The Fifth Discipline, New York 1990

STOLL, W.: Die lernende Organisation, Konzeption und Realisierung, Niederschrift eines Vortrags an der Tongji Universität Shanghai 1994

Business Reengineering
– ein Weg in die Arbeitswelt der Zukunft

Ulrich Klotz

1. Von der Bürokratie zur Selbstorganisation
2. Beseitigung der „Lähmschichten"
3. Änderung von Verhalten statt von Organigrammen
4. Innovation statt Automation
5. Paradigmenwechsel in der Informatik
6. Quantensprünge der Produktivität
7. Business Reengineering: Revolution von oben oder von unten?
8. Reengineering der Gewerkschaften
   Literatur

Ulrich Klotz, Dipl.-Ing., studierte Elektrotechnik/Informatik an der TU Berlin. Forschungs- und Entwicklungsarbeiten in Computerindustrie und Werkzeugmaschinenbau. Innovations- und Technologieberater in der IBS/IGM Hamburg. Forschungs- und Lehrtätigkeit als Oberingenieur im Bereich Arbeitswissenschaft der TU Hamburg-Harburg. Seit 1987 beim Vorstand der IG Metall (Automation/ Technologie/Humanisierung der Arbeit). Mitglied des Sachverständigenkreises Software-Design, Managementkonzepte und Organisationskultur. Veröffentlichungen: Forschungsberichte, Bücher und über einhundert Fachartikel zur Gestaltung von Arbeit und Informationstechnik. 1992 Preis der Karl-Theodor-Vogel- Stiftung für fachpublizistische Leistungen.

1. Von der Bürokratie zur Selbstorganisation

So technisch der Begriff „Reengineering" anmutet – Hammer und Champy sind keine Ingenieure, sondern erfolgreiche Consultants, die ihre Aufgabe nicht als technische Problemstellung begreifen. Ähnlich dem aus der Softwaretechnik bekannten Re-Engineering propagieren sie eine radikale Neuplanung aller betrieblichen Prozesse, wobei nichts oder möglichst wenig übernommen und vorgegeben werden soll. Im Originalton lautet die Botschaft: „Nimm ein leeres Blatt Papier und gestalte alle Prozesse im Unternehmen auf die bestmögliche Weise vollkommen neu ... Business Reengineering bedeutet, daß man sich folgende Frage stellt: 'Wenn ich dieses Unternehmen heute mit meinem jetzigen Wissen und beim gegenwärtigen Stand der Technik neu gründen müßte, wie würde es dann aussehen?'" Anders als etwa bei „Kaizen", den von Japanern favorisierten und bei uns als „KVP" (Kontinuierlicher Verbesserungsprozeß) abgekupferten Konzepten, „geht es beim Business Reengineering nicht darum, die bestehenden Abläufe zu optimieren ... Die Frage lautet nicht '*Wie* können wir das schneller oder bei geringeren Kosten erledigen?' oder '*Wie* können wir das besser machen?', sondern '*Warum* machen wir das überhaupt?' ... Kennzeichen eines wirklich erfolgreichen Unternehmens ist die Bereitschaft, das aufzugeben, was in der Vergangenheit zum Erfolg geführt hat."

Große Worte, aber so neu klingt das alles nicht – einige Ideen aus der „Lean Production"-Diskussion lassen sich unschwer wiedererkennen. Entscheidend ist jedoch – und hierin liegt ein wertvoller Kern des Reengineering-Konzepts – daß dabei die Unternehmen aus einem anderen Blickwinkel betrachtet werden, als es gemeinhin üblich ist. Nicht die betriebliche *Organisation*, sondern die betrieblichen *Prozesse*, vor allem die Verwaltungs- und Dienstleistungsprozesse, stehen im Mittelpunkt. Den dieser Betrachtungsweise zugrundeliegenden Kerngedanken des Reengineering erläutern Hammer und Champy so: „Die Probleme der Unternehmen ergeben sich nicht aus ihrer organisatorischen Struktur, sondern aus den Strukturen ihrer Unternehmensprozesse. Wer einen alten Prozeß mit einer neuen Organisation überlagert, gießt vergorenen Wein in neue Flaschen. Unternehmen, die sich allen Ernstes vorgenommen haben, Bürokratien zu zerschlagen, zäumen das Pferd am falschen Ende auf. Nicht die Bürokratie ist das Problem ... Das zugrundeliegende Problem, für das die Bürokratie eine Lösung war und bleibt, ist die Fragmentierung der Prozesse." Dahinter stehen zwei zentrale Erkenntnisse, auf denen der Business-Reengineering-Ansatz fußt:

1. Für die Leistungs- und Wettbewerbsfähigkeit einer Organisation ist nicht entscheidend, daß die einzelnen Organisationseinheiten – etwa einzelne Abteilungen – optimal funktionieren. Ausschlaggebend ist allein – was auch Zweck der gemeinsamen Arbeit bzw. der Geschäftsprozesse sein sollte – die Gesamtleistung der Organisation, bzw. der Nutzen für den Kunden.

2. In vielen Fällen sind der Aufwand zur Abstimmung der an einem Geschäftsprozeß beteiligten Fachabteilungen und die bei Weitergabe über die Bereichsgrenzen

hinweg entstehenden Reibungsverluste größer als die Ersparnisse durch Spezialisierung und Arbeitsteilung. Statt also einzelne Funktionen effizienter zu gestalten oder durch Technik zu automatisieren, oder statt Bürokratien bloß umzustrukturieren, gilt es, die Ursache für diese bürokratischen Strukturen zu erkennen und zu beseitigen: die Zerteilung von Arbeitsprozessen in eine Vielzahl einzelner, isolierter Aufgaben. Denn erst die damit verbundene Notwendigkeit, die zersplitterten Teilarbeiten zu koordinieren und anschließend alle Teilergebnisse wieder zusammenzufügen, brachte überhaupt die bürokratischen Wasserköpfe hervor.

Betrachtet man die Leistungen einer Organisation als Prozesse und nicht als Ansammlung von Funktionen, wird schnell klar, weshalb vor allem die Auflösung klassischer Funktionsbereiche, insbesondere der Abteilungen, zu den zentralen Maßnahmen des Business Reengineering zählt. Abteilungen wirken vielfach nur als künstliche Barrieren im Geschäftsprozeß, da sie ihn unnötig ab-teilen. Weil die Zersplitterung von Kompetenzen häufig Zuständigkeitskonflikte, Mißverständnisse und andere Reibungsverluste zur Folge hat, führen funktionsorientiert gegliederte Organisationen bei wachsender Aufgabenkomplexität und Umfelddynamik in eine Sackgasse; Hammer, Champy und andere sehen deshalb das Unternehmen der Zukunft als einen Verbund autonom arbeitender Gruppen, die der herkömmlichen Kontrolle nicht mehr bedürfen. Vor dem Hintergrund dieser Perspektive wird zugleich klar: Reengineering setzt voraus, daß die Führungskräfte sämtliche Strukturen ihrer Unternehmen – und damit sich selbst – in Frage stellen. James Champy: „Wenn Sie Prozesse reengineeren, managen sich die Arbeiter hinterher weitgehend selbst. Die Aufgaben des Managements werden neu verteilt. Viel Verantwortung wandert nach unten, die Überwachungsfunktion tritt zurück, dafür wird Führung, Leadership, immer wichtiger. Manager verlieren ihre Funktion als Informationsvermittler zwischen oben und unten, weil nicht mehr so viele Daten gesammelt und weitergemeldet werden. Da zählen nur noch Ergebnisse."

2. Beseitigung der „Lähmschichten"

Entsprechend der Weisheit, daß „der Fisch vom Kopf her stinkt", wird bei konsequentem Reengineering keine Managementebene ausgespart – besonders betroffen ist jedoch die vielzitierte „Lähmschicht", also die Ebene der mittleren Führungskräfte, Abteilungsleiter und Vorstandsreferenten, die als „Schleusenwärter" den Informationsfluß filtern und dadurch die Lernfähigkeit von Organisationen auf vielfältige Weise lähmen. Die Informationsfilterung führt dazu, daß das Feedback aus dem Markt weder umfassend noch im Originalton nach oben weitergegeben wird und so im Lauf der Zeit an der Hierarchiespitze ein Bild entsteht, das mit der Wirklichkeit nur noch wenig gemein hat. Letztlich gehen hierarchische Organisationen stets daran zugrunde, daß die Spitze den Kontakt zur Vielfalt der internen und äußeren Entwicklungen verliert.

Besonders verhängnisvoll ist, daß in der „Lähmschicht" alle Arten innovativer Veränderungen auf Widerstand stoßen. Denn überall dort, wo Informationen als Machtmittel mißbraucht und als Herrschaftswissen gehortet werden – und das ist in allen hierarchisch strukturierten Organisationen zu beobachten –, bestehen für innovative Impulse nur geringe Aussichten, den „Dienstweg" zu überleben. Ideen und neue Erkenntnisse werden insbesondere im mittleren Management meist als Störung, mitunter sogar als Bedrohung und nur selten als Chance wahrgenommen. Denn jede Innovation, jedes neue Wissen hat immer auch Veränderungen zur Folge, durch die zumindest Teile des alten Wissens entwertet werden. Weil aber die meisten Organisationen auf dem traditionellen Herrschaftsprinzip „Wissen ist Macht" basieren, greifen Innovationen immer in bestehende Machtverhältnisse im Unternehmen ein. Deshalb werden sie von denen behindert, die befürchten, durch die Veränderung etwas zu verlieren. Zahllose Beispiele aus der Industriepraxis belegen, daß die überwiegende Anzahl nicht realisierter Innovationen auf hierarchiebedingte Blockaden und Ängste im Mittelmanagement zurückzuführen ist. Da man Innovationen nicht erzeugen, sondern nur Hindernisse aus dem Weg räumen kann, die üblicherweise Innovation unterdrücken, zählt die Auflösung der „Lähmschichten" zu den wichtigsten Maßnahmen eines konsequenten Business Reengineering.

Auch im Hinblick auf das innerbetriebliche Klima stiftet die Tätigkeit vieler mittlerer Manager oft mehr Schaden als Nutzen – was sich meist im Zuge betrieblicher Sparmaßnahmen besonders deutlich offenbart. Denn gerade auf mittleren Hierarchieebenen wird „Führung" häufig mit „Kontrolle" und „Verwaltung" verwechselt. „Führen" heißt Menschen überzeugen und für ihre Aufgaben begeistern. Dagegen wirkt das, was viele Vorgesetzte heute als Führung praktizieren, eher destruktiv. Insbesondere die allerorten beobachtbaren Bemühungen, schwindende fachliche Kompetenz durch eine stärkere Betonung formaler Autorität zu kompensieren, zerstören bei denjenigen, die die eigentliche Arbeit leisten, genau das, was zu Recht als wichtigster Erfolgsfaktor einer jeden Organisation gilt: Motivation.

Angesichts der verbreiteten Führungsmängel und ihrer verheerenden Folgen setzt Akio Morita, Präsident des Elektronikmultis Sony, verstärkt auf konstruktivem Ungehorsam und mahnt: „Jeder Fortschritt kommt dadurch zustande, daß Untergebene oder Jüngere einen Schritt über die Erkenntnisse der Vorgesetzten oder Älteren hinaus taten. Ich rate meine Mitarbeitern immer, nicht allzuviel auf die Worte ihrer Vorgesetzten zu geben. ‚Warten Sie nicht erst auf Anweisungen', pflege ich zu sagen, ‚machen Sie so weiter, wie Sie es für richtig halten.' Den leitenden Angestellten sage ich, daß man anders den Fähigkeiten und kreativen Kräften der Untergebenen wohl kaum zum Durchbruch verhelfen könne. Junge Menschen sind beweglich und kreativ; Vorgesetzte sollten ihnen keine fertigen Meinungen aufzuzwingen versuchen, man läuft sonst Gefahr, geistige Selbständigkeit noch vor ihrer vollen Entfaltung zu ersticken."

Erfahrene Consultants wissen, daß solche gutgemeinten Appelle in der Praxis wenig fruchten, und empfehlen deshalb radikalere Schritte. Die wichtigste Maßnahme ist es, die Entscheidungskompetenz endlich wieder dahin zu verlagern, wo auch die Sachkomptenz sitzt, also zu denjenigen, die die Arbeit machen. Der Altmeister unter den amerikanischen Managementgurus, Peter Drucker, bringt das dahinterliegende Problem auf den Punkt: „In der traditionellen Organisation sind viele, die den Titel Manager führen, keine echte Manager. Sie vermitteln Befehle nach unten und Informationen nach oben. In dem Augenblick, da die Information durch Informationstechnik allgemein zugänglich wurde, erübrigt sich diese Arbeit jedoch. Es muß eine Weiterentwicklung geben zur verantwortungsbestimmten Organisation. Die Organisation, die Wissensarbeit leistet, ist zunehmend auf Spezialisten angewiesen. Diese Fachleute sind auf ihrem jeweiligen Gebiet kenntnisreicher als jeder andere in der Organisation. In der herkömmlichen Struktur ging man davon aus, daß der Vorgesetzte wußte, womit sich der Mitarbeiter beschäftigte, denn der Vorgesetzte hatte noch vor wenigen Jahren selbst diese Arbeit getan. In der auf Wissen gründenden Organisation ist ganz im Gegenteil anzunehmen, daß die Vorgesetzten die Arbeit ihrer Mitarbeiter nicht verstehen können, da sie sich selbst nie damit beschäftigt haben."

Allerdings – wenn Hierarchien geschleift, Krawattensilos geschlossen, Titel abgeschafft und Funktionen außer Kraft gesetzt werden, dann – so James Champy – „gibt es weniger klassische Aufstiegsmöglichkeiten, da müssen wir über Arbeitsinhalte, Lob und Gehalt motivieren." Und damit wird zugleich klar, daß nach einem Reengineering auch die verbleibenden Manager nicht so weitermachen können wie bisher – so sieht es auch Diebold-Berater Günther Grassmann: „Von Führungskräften wird zukünftig zunehmend die Fähigkeit gefordert, die ihnen Anvertrauten zu ‚coachen': der Vorgesetzte als ‚Diener' seiner MitarbeiterInnen. Erfolgreiche Unternehmen verwirklichen diese Philosophie bereits. Wer zu diesem grundlegenden Rollenwechsel von Mitarbeitern und Führungskräften nicht fähig ist, wird es künftig schwer haben, qualifizierte MitarbeiterInnen zu rekrutieren und zu halten. Er setzt damit unnötigerweise die gesamte Wettbewerbsfähigkeit aufs Spiel." Ganz ähnlich diagnostiziert der Management-Experte John Hormann: „Die Unternehmer müssen den Quantensprung im Bewußtsein schaffen, vom Herrschaftsdenken zum Partnerschaftsdenken ... ihre Überheblichkeit stützt sich nicht auf Leistung, sondern auf eine einmal erreichte Position ... sie müssen ihre ‚Kontrollhysterie' aufgeben, die notwendigerweise zu immer mehr Bürokratie führt."

3. Änderung von Verhalten statt von Organigrammen

Bei solchen, auf tiefgreifende Verhaltensänderungen abzielenden Empfehlungen wird erkennbar, weshalb viele betriebliche Modernisierungsvorhaben, wie sie hierzulande etwa unter dem schillernden Sammelbegriff „Organisationsentwicklung" praktiziert werden, zu kurz greifen. Denn in derartigen Reformprojekten wird allzuoft – und meist entgegen den Absichtserklärungen – nur auf einer bürokratisch-strukturellen Ebene agiert. Dabei wird übersehen, daß Organisationen aus Menschen bestehen und sich als vielschichtige Gebilde in gewisser Weise mit Eisbergen vergleichen lassen: sichtbar ist nur ein kleiner Teil, und zwar die „formellen" Merkmale, wie Personalstruktur, Technik, Aufbau- und Ablauforganisation. Unsichtbar (aber für die Menschen durchaus zu spüren und zu erleben) ist alles Informelle, wie Machtstrukturen, zwischenmenschliche Beziehungen, die Einstellung der Menschen zur Arbeit, Erwartungen und Bedürfnisse der Beschäftigten. Herkömmliche Konzepte organisatorischer Weiterentwicklung bleiben oft auf der formellen Oberfläche, wenn etwa neue Organigramme, Türschilder und Telefonverzeichnisse bereits als Erfolgsbeweise gelten, ansonsten aber in puncto Führungsstil und Organisationskultur alles beim alten bleibt. Solche Art von Organisationsentwicklung, bei der man nur den sichtbaren Dingen Aufmerksamkeit widmet, gleicht dann eher, um im Bild zu bleiben, dem Sortieren von Liegestühlen auf dem Deck der Titanic.

Angesichts der Tatsache, daß organisatorische Veränderungen vielerorts zu bloßen Machtspielen, zum schlichten Verschieben von Posten und Zuständigkeiten, verkommen, ist es nicht verwunderlich, daß nach Schätzungen von Beratern drei von vier betrieblichen Veränderungsprojekten scheitern. Um in turbulentem Umfeld Organisationen wirksam vor dem Untergang zu bewahren, reichen Änderungen im Formellen nicht aus. Eine Revision der Strukturen ändert noch nicht die Denkweisen.

In einer Welt, in der rascher Wandel zum Normalzustand wird, kommt es letztlich darauf an, die *Unternehmenskultur* weiterzuentwickeln, denn sie ist die Grundlage für die Haltung der Menschen gegenüber Veränderungen. Dahinter steht die Erkenntnis, daß Kommunikation der Lebensnerv einer jeden Organisation und der Schlüsselfaktor für das Überleben von Unternehmen ist. Viel wichtiger als Struktur und Technik sind also Informationspolitik, Informationsklima und Informationskultur einer Organisation.

An diesem Punkt stellt sich natürlich die Frage, inwieweit die Informationstechnik einen Beitrag leisten kann, um nicht nur einen oberflächlich strukturellen, sondern auch einen tiefergehenden kulturellen Wandel in einer Organisation zu unterstützen. Mit der klassischen Form der Datenverarbeitung geht dies jedenfalls nicht, wie es John Seely Brown, Leiter des Xerox-PARC, auf den Punkt bringt: „Weil die meisten Informationssysteme auf formellen Arbeitsabläufen beruhen und nicht auf den informellen Verfahren, die zur Erledigung der Arbeit notwendig sind, verschlechtern sie oft die Situation, statt sie zu verbessern." In der Tat, wenn man erst einmal erkannt hat, daß sich in jedem Unternehmen viele wichtige Schlüsselprozesse in flexiblen informellen Netzen unterhalb der formellen Oberfläche vollziehen, wird klar: Im Spannungsverhältnis zwischen formellen und informellen Strukturen muß der gesamte Einsatz von Informationstechnik in ein völlig neues Licht gerückt werden.

Auch Hammer und Champy sehen in der bislang falschen Verwendung der Informationstechnik einen zentralen Grund für die Schwierigkeiten, in denen heute zahlreiche Unternehmen stecken. Sie gehen deshalb mit den heute vorherrschenden Formen des

Technikeinsatzes hart ins Gericht: „Reengineering ist nicht mit Automatisierung gleichzusetzen. Die Automatisierung bestehender Prozesse mit Hilfe der Informationstechnik ähnelt dem Versuch, einen Trampelpfad zu asphaltieren. Die Automatisierung birgt die Gefahr, die falschen Dinge effizienter zu erledigen." Klar – es gibt nichts Unproduktiveres, als Dinge effizient zu gestalten, die man am besten überhaupt nicht tun sollte. Hier liegt nach Hammer und Champy auch eine Hauptursache, weshalb die Mehrzahl aller Reengineering-Projekte nicht die erhofften Ergebnisse bringt: „Der falsche Einsatz der Technologie kann sogar Reengineering gänzlich verhindern, indem er alte Denkweisen und Verhaltensmuster verstärkt ... Beim Reengineering geht es – im Gegensatz zur Automatisierung – um Innovation."

4. Innovation statt Automation

Daß in der Tat immer mehr Firmen durch mangelhafte und/oder anachronistische IT-Konzepte ihre Existenz aufs Spiel setzen, dringt leider erst allmählich ins Bewußtsein. Vielerorts wird die Bedeutung von Defiziten im IT-Bereich noch immer sträflich unterschätzt, weil man die wahre Rolle der Informationstechnik im Unternehmen noch nicht erkannt hat. Dabei haben auf wohl kaum einem anderen Gebiet Managementfehler so weitreichende Konsequenzen wie bei der Informationstechnik. Fehlentwicklungen im IT-Bereich führen früher oder später zu Fehlern in der Informationsbasis des Unternehmens. Mit falschen oder fehlenden, mit mißverständlichen oder verspäteten Informationen aber läßt sich jede Organisation und jedes Unternehmen über kurz oder lang ruinieren, weil dadurch auf allen Ebenen (Produkt- und Prozeß-)Innovationen behindert werden, die nun mal zum Überleben unerläßlich sind.

Ein Grund für die bisweilen verheerenden Zustände in vielen Unternehmen liegt darin, daß die meisten EDV-Abteilungen es – oft über Jahrzehnte – verstanden haben, sich jeder Kontrolle zu entziehen und ein Eigenleben zu führen. Angesichts der Brisanz der inzwischen vielerorts entstandenen Lage kommen sowohl Unternehmensvorstände wie auch Betriebsräte nicht umhin, künftig ihrer Verantwortung für Unternehmen und Beschäftigte gerecht zu werden und das folgenschwere Steuerungsvakuum selbst zu besetzen. Dabei gilt es, vor allem der vorherrschenden, stumpfsinnigen Technisierung althergebrachter Arbeitsabläufe den Kampf anzusagen, denn die simple 'Elektrifizierung' des Ist-Zustands verstärkt nur, was in den Strukturen der Unternehmen und Organisationen kontraproduktiv wirkt. Statt dessen kommt es darauf an, wie beispielsweise Hammer und Champy es tun, endlich die richtigen Fragen zu stellen: „Die Frage darf nicht lauten: 'Wie läßt sich die neue Technik in die vorhandene Produktion integrieren?', sondern: 'Welche neue Organisation erlaubt diese neue Technik?'" Tatsächlich nimmt die Informationstechnik beim Reengineering der Unternehmensprozesse eine Schlüsselrolle ein, denn die wahre Kraft eines kreativen Technologieeinsatzes besteht darin, daß damit überkommene Abläufe und Strukturen durch völlig neue, integrierte Arbeitsweisen abgelöst werden können.

5. Paradigmenwechsel in der Informatik

Beim konsequenten Business Reengineering wird ein geradezu paradigmatischer Wechsel in der Betrachtung des Computers beschleunigt, dessen Verlauf, wie Paul David von der Stanford University aufzeigt, durchaus an die Einführung der Elektrizität erinnert. Anfänglich wurde diese nur dazu genutzt, um in den Fabriken die Dampfmaschinen oder Wasserkraftantriebe durch Elektromotoren zu ersetzen. Vom Standpunkt der betrieblichen Organisation änderte sich über Jahrzehnte hinweg wenig und so waren jahrzehntelang auch nur geringe Produktivitätseffekte (0,3 – 0,5 Prozent/a) zu verzeichnen. Erst in den 20er Jahren begann man das wahre Potential der Elektrizität zu erkennen und schuf auf dieser Basis vollkommen neu konzipierte Fabriken vor den Toren der Städte, in denen die Produktivität geradezu explodierte.

Ganz ähnlich verhält es sich mit dem Computer. Rund vier Jahrzehnte lang diente er lediglich dazu, einzelne Arbeitsschritte in den vorhandenen Strukturen zu automatisieren. Anfänglich wurden nur einzelne, lokale Teilfunktionen technisiert, heute werden Computer auch in funktionsübergreifende Prozesse integriert. Die funktionale Organisationsstruktur aber wurde und wird im einen wie im anderen Fall beibehalten. Darüber hinaus nutzten Manager die Informationstechnik vorzugsweise, um die etablierten hierarchischen, zentral kontrollierten Strukturen zu festigen. Durch diese Zementierung des Status quo werden Produktivitätspotentiale nicht entfaltet, sondern stranguliert. Es ist also an der Zeit, sich von althergebrachten Technikkonzepten zu verabschieden, bei denen EDV genaugenommen nichts anderes als eine Fortsetzung des Taylorismus mit anderen Mitteln ist: Programmierer planen, was andere auszuführen haben – und planen dabei oft an der betrieblichen Wirklichkeit vorbei. Durch die Technik werden Anwender zum Dienst nach Vorschrift gezwungen, nur daß dies dann nicht mehr „Vorschrift", sondern „Programm" genannt wird.

Wenngleich der Erfolg von Business Reengineering insbesondere auf einer anderen Verwendung von Informationstechnik beruht, so muß man doch ganz klar festhalten, daß Reengineering kein EDV-Problem ist; Hard- und Software ersetzen kein Verhalten, und eine Auswechslung von informationstechnischen Systemen ändert noch lange nicht die Informationskultur. Tom Peters sagt es so: „Am mangelnden Vertrauen wird der Erfolg von zukünftigen Organisationen eher scheitern als an der Schaffung einer richtig funktionierenden Informationstechnologie." Und sein Beraterkollege Thomas Davenport ergänzt: „Die Veränderung der Informationskultur eines Unternehmens ist der beste Weg Informationstechnik erfolgreich zu implementieren – es ist aber auch der schwierigste."

Wie Hammer und Champy kann auch Davenport mittlerweile auf eine Reihe außerordentlich erfolgreicher Beispiele verweisen, in denen eine gelungene Kombination von Business Reengineering und Informationstechnik ungeahnte Potentiale zur Entfaltung bringt. Selbst für erfahrene Fachleute ist es immer wieder erstaunlich, welche

„Wunder" sich vollziehen, wenn man Menschen endlich einmal selbstverantwortlich machen läßt, statt sie dauernd durch bürokratische Vorschriften, Vorgesetzte und all die anderen Zwänge zu gängeln, und wenn man ihnen endlich auch die Informationen gibt, die sie brauchen, um ihre Arbeit gut zu machen. Vielleicht aber ist es auch gar nicht so wundersam, denn wer kennt die Arbeit besser als diejenigen, die sie tun?

6. Quantensprünge der Produktivität

Vor allem anhand einiger überaus erfolgreicher Praxisbeispiele wird deutlich, weshalb der Reengineering-Ansatz auf Manager wie auf Arbeitnehmer gleichermaßen elektrisierend wirkt: Für alle Beteiligten eröffnen sich ungeahnte Perspektiven – geradezu sensationelle Produktivitätssteigerungen gepaart mit einer neuen Einstellung zu einer wesentlich befriedigenderen, ganzheitlicheren Arbeit. Allerdings – so verlockend manches auch erscheint – man muß sich darüber im klaren sein, daß es nur für diejenigen gilt, die nach einem Reengineering ihren Job behalten – und möglicherweise sind das nicht allzu viele. „Beim Reengineering sind Quantensprünge angesagt und nicht ein bißchen Lean Management hier und Lean Production dort. Preise und Kosten sollen nicht um ein paar Prozent, sondern um die Hälfte und mehr sinken – und das binnen ganz kurzer Zeit", kommentierte kürzlich das „Handelsblatt". In der Tat – hat man erst einmal erkannt, daß konsequentes Reengineering, also das „Neu-Erfinden der Firma", nicht nur Verbesserungen von zehn oder zwanzig Prozent, sondern Sprünge in Größenordnungen bringt, wird Lean Production schnell zum Schnee von gestern. Durchlaufzeitverkürzungen bis hin zum Faktor 100 (!) sind keine Utopie, sondern werden auch aus großen Unternehmen berichtet.

Wer also meint, eine Neugestaltung von Abläufen habe es schon immer gegeben und so neu sei das doch alles nicht: Das Neue beim Reengineering ist die Breite, die Tiefe, die Geschwindigkeit und die Dramatik der erzielten Verbesserungen bei Kosten, Qualität und Service. Die Kehrseite dessen benennt James Champy ebenfalls: „Im Schnitt ist mit einer Verkleinerung der Belegschaften um mindestens 30 Prozent zu rechnen." Welche gesellschaftspolitische Brisanz diese Aussage enthält, wird vor allem dann klar, wenn man sich einmal vergegenwärtigt, daß die Mehrzahl der erfolgreichen Reengineering-Projekte im Dienstleistungssektor angesiedelt ist. Damit ist der Bereich tangiert, der sich im Zuge des weltweiten Strukturwandels in allen hochindustrialisierten Volkswirtschaften rasch zum beschäftigungspolitisch bedeutsamsten Sektor entwickelt. Nach Angaben des Bureau of Labor Statistics arbeiten in den USA bereits heute 80 Prozent aller Beschäftigten im Service-Sektor und erwirtschaften darin rund 74 Prozent des amerikanischen Bruttosozialprodukts.

Zumindest an dieser Stelle bleiben viele Fragen offen, denn auch Hammer und Champy bieten dazu statt Antworten nur lapidare Feststellungen: „Business Reengineering bringt nicht jedem Vorteile ... Wo gehobelt wird, fallen Späne ... Nicht das Reengineering ist für den Personalabbau verantwortlich, sondern die Fehler, die in den Unternehmen in der Vergangenheit gemacht wurden." Solche Sätze, so richtig sie sein mögen, helfen den Betroffenen wenig. Aber vielleicht ist es etwas viel verlangt, wenn Unternehmensberater auch gleich noch die Versäumnisse der Politiker beheben sollten. Angesichts dieses Mankos ist es um so wichtiger, daß – insbesondere in den Gewerkschaften – rechtzeitig der Frage nachgegangen wird, welche gesellschaftlichen Wirkungen derart gravierende Produktivitätssteigerungen nach sich ziehen können und welche neuen Lösungswege sich eröffnen, um die Kluft zwischen Gewinnern und Verlierern jedenfalls nicht breiter werden zu lassen.

7. Business Reengineering: Revolution von oben oder von unten?

Hammer und Champy geben insbesondere Arbeitnehmern aber noch weitere Nüsse zu knacken, etwa wenn sie betonen: „Grundsätzlich gilt, daß Business Reengineering nie und nimmer von unten nach oben erreicht werden kann ... Mitarbeiter und Manager der mittleren Führungsebene können kein erfolgreiches Reengineering-Projekt initiieren und implementieren, ganz gleich, wie notwendig es wäre und welche außerordentlichen Fähigkeiten sie besitzen." Sicherlich, ohne ein klares Bekenntnis der Unternehmensspitze werden die Widerstände (speziell auf den mittleren Führungsebenen) zu unüberwindlichen Hindernissen für jede Erneuerung. Dennoch wirft die einseitige Top-down-Fixierung von Hammer und Champy einige Zweifel auf. Sollte Reengineering wirklich nur von „oben" nach „unten" funktionieren; sollte es wirklich so sein, daß nur „die da oben" die Prozesse gestalten können? Das erinnert denn doch etwas zu sehr an Frederick Taylor, der als erster die Gestaltung der Arbeit von ihrer Ausführung trennte. Vermutlich liegt die Wahrheit eher in der Mitte – bei einem gemeinsam zwischen „oben" und „unten" gestalteten Prozeß. Denn, wie etwa Michael Beer (Harvard Business School) nachgewiesen hat, ändern von der Spitze aus eingeführte Strukturen nicht notwendigerweise das Verhalten – im Gegenteil, sie lösen oft Ohnmachtserfahrungen aus, begründen Zynismus und können wirkliche Veränderungen für lange Zeit blockieren. Genaugenommen setzt Business Reengineering sogar eine gewachsene Beteiligungs- und Anerkennungskultur voraus, in der die Führung Vertrauen genießt und die Bereitschaft zur Veränderung bereits etabliert ist.

Doch ob Top-down oder Bottum-up, angesichts der verbreiteten Managementschwächen besteht in der Praxis wohl eher das Hauptproblem darin, daß sich die „Lean-Production"-Story wiederholen könnte und auch Reengineering nur als neues Wort für „Entlassungen" zweckentfremdet wird. Um nochmals Hammer und Champy zu zitieren: „Der ungeheuerlichste Fehler, den man im Business Reengineering begehen kann, ist der, sich nicht auf eine wirkliche Radikalkur einzulassen, sondern an bestehenden Prozessen herumzubasteln und das dann Business Reengineering zu nennen." Dieser

Gefahr einer neuerlichen Abmagerungskur nach bekanntem Strickmuster, die viele Unternehmen und Arbeitsplätze möglicherweise endgültig ruinieren würde, gilt es vorzubeugen.

8. Reengineering der Gewerkschaften

Fraglos werden globaler Wettbewerb, Reengineering-Konzepte und neue Anwendungen der Informatik die Arbeitswelt tiefgreifend und nachhaltig verändern. Grund genug für Funktionäre und Politiker, endlich aus der Vergangenheit zu lernen und aktuelle Herausforderungen anzunehmen, bevor in der Praxis die Weichen gestellt werden. Nicht zuletzt die Gewerkschaften sind durch das Thema Reengineering in mehrfacher Weise gefordert, denn bislang zogen sie einen wichtigen Teil ihrer Funktionen aus den Problemen, die Arbeitsteilung, Hierarchie und Unterdrückung mit sich brachten. Nun erzwingen veränderte ökonomische Rahmenbedingungen im Gefolge technologischer Umwälzungen in vielen Bereichen eine Abkehr von althergebrachten Denkmustern, Modellvorstellungen und Leitbildern. Radikal veränderte Produktionskonzepte und Arbeitsformen bedingen radikal veränderte Anforderungen an die Arbeitnehmerorganisationen. Zugleich eröffnen sich hierdurch neue Chancen, um von einer besseren Gestaltung von Arbeit, Umwelt und Technik nicht nur zu reden, sondern maßgeblich dabei mitzuwirken. Inwieweit es gelingen wird, diese Chancen zu ergreifen, entscheidet sich nicht zuletzt an der Frage, ob die Gewerkschaften zu einem tiefgreifenden Wandel ihrer inneren Strukturen fähig sind, die sich zunehmend als anachronistisch und existenzgefährdend erweisen. Die Herausforderungen der Zukunft lassen sich mit den versteinerten Erfolgsrezepten der Vergangenheit nun einmal nicht bewältigen. Um neue zeitgemäße Leitbilder und Visionen für die Arbeit der Zukunft entwickeln zu können, müssen Gewerkschaften bei sich selbst anfangen und ihre Kommunikationskultur, ihre antiquierten Führungsstrukturen und nicht zuletzt ihre anachronistische technische Infrastruktur einer Radikalkur unterziehen. Gerade im Umgang mit der wichtigsten Technologie des ausgehenden 20. Jahrhunderts, dem Computer, offenbart sich eine Hauptschwäche heutiger Gewerkschaftspolitik: Vor lauter Fixierung auf die Risiken wurden und werden immer wieder Chancen übersehen und vertan. Gewerkschaften bilden keine Ausnahme, auch bei ihnen wird die Informationstechnik vorwiegend dazu genutzt oder besser: mißbraucht, um etablierte bürokratische Machtstrukturen zu festigen – wodurch die Entwicklung einer offenen Informationskultur eher behindert als gefördert wird. Auch in den Arbeitnehmerorganisationen bestätigt sich: wer überkommene Strukturen und Prozesse nur technisiert, aber nicht verändert, läuft in eine Sackgasse. Michael Hammer sagt es drastisch: „Einen Saustall zu automatisieren führt zu einem automatisierten Saustall."

Die Trends bei den Mitgliederzahlen liefern seit geraumer Zeit unmißverständliche Warnsignale und lassen mehr und mehr erkennen, daß auch die Gewerkschaften ohne ein gründliches Reengineering bei sich selbst auf Dauer kaum über die Runden kommen dürften. Für sie gilt, was für alle Organisationen gilt: Der tiefgreifende Strukturwandel und der damit einhergehende Paradigmenwechsel stellt für alle organisierten sozialen Systeme eine existentielle Herausforderung dar. Organisationen, die sich dieser Herausforderung nicht stellen oder sich als zu schwerfällig erweisen, um beizeiten neue Leitbilder und Visionen zu entwickeln, werden früher oder später untergehen. Was Don Tapscott und Art Caston im Vorwort ihres Buches über den Paradigmenwechsel in der Informationstechnik notierten, betrifft ausnahmslos alle Bereiche der Gesellschaft: „Der Paradigmenwechsel umfaßt einen fundamentalen Wandel bei allem, was von Technologie und ihren Anwendungen im Wirtschaftsleben berührt ist. ... Die späten 80er und die 90er Jahre sind eine Übergangsperiode zum neuen Paradigma. Organisationen, die diesen Übergang nicht bewältigen, verlieren ihre Bedeutung oder hören auf zu existieren."

Literatur

DAVENPORT, T. H.: Process Innovation – Reengineering, Work through Information Technology, Boston 1993

DRUCKER, P. F.: Die postkapitalistische Gesellschaft, Düsseldorf/Wien/New York/Moskau 1993

HAMMER, M./CHAMPY, J.: Business Reengineering, Die Radikalkur für das Unternehmen, Frankfurt/New York 1994

PETERS, T.: Jenseits der Hierarchien – Liberation Management, Düsseldorf/Wien/New York/Moskau 1993

SCOTT-MORGAN, P.: Die heimlichen Spielregeln, Frankfurt/New York 1994

TAPSCOTT, D./CASTON, A.: Paradigm Shift, The New Promise of Information Technology, New York 1993

WANG, C. B.: Techno Vision, New York 1994

Die Restrukturierung der Unternehmensprozesse: Die Neuentdeckung des Menschen

Lothar Fohmann

1. Wege in die Krise
   - Ein alltägliches Beispiel
   - Frühere „Lösungen"
   - Die laufende Restrukturierungswelle
   - Die Oberflächen-Diagnose des Scheiterns: „irgendein" Methodenfehler
   - … und wie lautet die Tiefen-Diagnose des Scheiterns?
   - Kurzfristige „Restrukturierungserfolge" durch Kostenreduzierung?
   - Vom Kurieren der Symptome … und gleichzeitigen Konservieren der Krankheitsursachen
2. Unternehmenskultur als Schlüsselfaktor zum Erfolg
   - Das ganzheitliche Therapieziel für das erfolgsoptimierte Unternehmen
   - „Muß"-Doppelziel: wirtschaftlicher Erfolg und menschenfreundliche Unternehmensorganisation
   - Ist das Ziel überhaupt erreichbar?
   - Unternehmenserfolg und Unternehmenskultur sind Ziele, die sich wechselseitig bedingen
   - Die vier Wirkfaktoren zur Erfolgs- und Leistungskultur
3. Der ganzheitliche „Therapieansatz": die „humanzentrierte" Gestaltung der Unternehmensprozesse
   - Unternehmensprozesse als Menschenkette
   - Die Optimierung der Leistung: die kundenzentrierte Prozeß- und Projektorganisation
   - Die Nutzung und Aktivierung der Humanpotentiale: die mitarbeiterzentrierte Führungsorganisation
4. Wege zum Erfolg
   - Bewußtseins- und Verhaltensanforderungen an die Führungskräfte
   - Bewußtseins- und Verhaltensanforderungen an die Mitarbeiter
   - Der Weg zum Erfolgsunternehmen

   Literatur

Dr. Dr. Lothar Fohmann ist 1947 in Karlsruhe geboren. Studium der Rechtswissenschaften in Heidelberg und Bonn, Studium der Informatik mit Betriebswirtschaft an der TH Darmstadt. 1975 Zweites Juristisches Staatsexamen. 1978 Gastdozent und Forscher am Computer Science Department der London School of Economics. Promotionen: 1977 in Jura, 1984 in Informatik. Seit 1984 Tätigkeit bei der Nixdorf Computer AG, zunächst im Bereich F+E, danach Geschäftsfeldentwicklung, Vertriebs- und Softwaresupport in Europa und USA. 1988 Geschäftsführer der „Insiders" Gesellschaft für Künstliche Intelligenz. 1989 Wechsel zu Ploenzke. Wesentliche Stationen: Leiter des Competence Centers Technologie. Gesamtprojektleiter für die Umstrukturierung des Unternehmens vom EDV Studio zum Ploenzke Konzern mit einer Aktiengesellschaft als Holding für vier operative GmbH's. 1992 Geschäftsführer der CSC Ploenzke Akademie GmbH. Seit 1998 Vorstandsmitglied der CSC Ploenzke AG.

1. Wege in die Krise

Ein alltägliches Beispiel

Ein nicht unvermögender Anleger – langjähriger Kunde seiner Hausbank – möchte eine unerwartet aufgetretene günstige Börsensituation nutzen, um ein Aktienpaket zu erwerben. Der Anleger erteilt seiner Hausbank einen entsprechenden limitierten Kaufauftrag. Da er vorübergehend nicht ausreichend liquide ist, bittet er die Bank zugleich, den Aktienkauf zu finanzieren.

Die für die Auftragsabwicklung zuständige *Wertpapierabteilung* leitet den Kreditantrag an die *Kreditabteilung* zur Prüfung und Entscheidung weiter. Als die Kreditabteilung den Kredit zusagt, die Kreditabteilung die Wertpapierabteilung und diese schließlich den Anleger informiert, hat sich die günstige Börsensituation ins Gegenteil verkehrt.

Der betroffene Anleger ist maßlos verärgert, storniert Kaufauftrag wie Kreditantrag – und ... wechselt zu einer anderen Bank.

Frühere „Lösungen"

Wertpapierabteilung und Kreditabteilung haben ihre jeweiligen Abteilungsaufgaben durchaus korrekt und effizient erfüllt. Dennoch haben sie einen wichtigen Kunden verloren und damit der Bank als Ganzes geschadet.

Solange das Geschehen im Markt der Finanzdienstleistungen durch die Geschäftsinteressen der *Banken* – und nicht die ihrer Kunden – dominiert wurde („Verkäufermarkt"), nahmen die Banken derartige Probleme nicht wahr oder nicht ernst. Als die Banken aufgrund der Häufung derartiger Vorfälle allmählich problembewußt wurden, versuchten manche Geschäftsleitungen, derartige Organisationsprobleme beispielsweise so zu lösen, daß die Wertpapierabteilung auch für alle *Kredite* zur Wertpapierfinanzierung zuständig wurde. Die Kreditabteilung war aber, nach wie vor, für die Überwachung der Gesamtengagements zuständig. Deshalb blieb der Aufwand für die bankinterne Kommunikation praktisch gleich. Die Abwicklung finanzierter Kaufaufträge wurde im Ergebnis nicht beschleunigt.

Wie können wir diese Beobachtung erklären?

Die geschilderten Organisationsvarianten zerreißen den eigentlich *einheitlichen* Vorgang der Betreuung eines Kunden rein aus Gründen bankinterner Organisation in *separate* Aktivitätenpakete. Die durch die Abteilungsgrenzen errichtete Schnittstelle liegt wie eine Stromschnelle quer zum „Aktivitätenfluß", der zur optimalen Betreuung dieses Kunden erforderlich wäre.

Die Gefahr, daß die organisatorische Leistungsfähigkeit hinter den Kundenanforderungen zurückbleibt, bleibt bestehen, solange derartige Schnittstellen nur hin- und hergeschoben – und nicht radikal *beseitigt* werden.

Die laufende Restrukturierungswelle

Anfang der 90er Jahre entstand in den USA, ausgehend von einer bisher eher unbeachteten Studie des MIT (Scott Morton, 1991), ein neuer Lösungsansatz: das *Business Reengineering.*

Nach der Grundidee des Business Reengineering sind alle Aktivitäten im Unternehmen kompromißlos und radikal an der *direkten Wertschöpfungskette* auszurichten. Alle Funktionen, die selbst weder direkt Wert schöpfen noch zur Unterstützung der direkten Wertschöpfung (wenigstens) unerläßlich sind, sind ersatzlos zu eliminieren (Hammer/Champy). Alle „überlebenden" Aktivitäten sind strikt entlang der *Wertschöpfungskette* eines Unternehmens als *Geschäftsprozesse* zu strukturieren (Ein *primärer Geschäftsprozeß* ist die Menge der Aktivitäten, welche erforderlich sind, um eine bestimmte Leistungs- oder Produktart zu generieren und im betreffenden Marktsegment bereitzustellen. Die *sekundären Geschäftsprozesse* sind die zur Planung, zur Steuerung und zum Controlling der Primärprozesse erforderlichen Managementprozesse).

Die Reengineeringpäpste Michael Hammer und James Champy bezeichnen Business Reengineering als die für die Unternehmen im gegebenen Zeitpunkt unerläßliche Revolution: „Als Alternative bleibt den Unternehmen nur, ihre Pforten zu schließen und ihre Geschäfte einzustellen" (Hammer/Champy, 1994, S. 11).

Da muß es irritieren, daß ca. drei Viertel der bisher aufgesetzten Restrukturierungsprojekte gescheitert sind (Fischer/Rieker/Risch, S. 172; Gloger/Groothuis, S. 54). Die Befürworter des Business Reengineering erklären die hohe Mißerfolgsquote damit, daß die Unternehmen einfach nicht genügend radikal und visionär vorgingen.

Die Gegner witzeln, daß bei den allfälligen Reorganisationen der Unternehmen – anstelle der früher üblichen funktionsorientierten „Kästchen" – heute halt geschäftsprozeßmodellierende „Pfeile" gemalt werden müßten. Ansonsten sei – außer einem Schwall neuer Wortprägungen (z. B. Prozeß, Prozeßmanager, Prozeßteam usw.) – gegenüber den althergebrachten Ansätzen zur Optimierung von *Abläufen* in der Sache nicht viel Neues auszumachen.

Beide Erklärungen sind unbefriedigend.

Der Ratschlag der Befürworter erinnert an den therapeutischen Rat eines Arztes an einen besonders schwer erkrankten Patienten, die Nahrungsmittel vom Küchenzettel völlig zu streichen und sich statt dessen *nur noch* von *Medikamenten* zu ernähren („viel hilft viel").

Die Kritiker dagegen blockieren und neutralisieren jeden neuen Ansatz, indem sie ihn einerseits verbal besetzen („eigentlich haben wir da ja schon immer so gemacht"), andererseits auf die (gleichfalls gescheiterten) Rezepte von gestern zurückführen. Die Kritiker verkennen dabei, daß die *organisatorische Leistungsfähigkeit* der Unternehmen – im Vergleich zu den anderen Wettbewerbsfaktoren *Produktportfolio, Marktzugang* und *Finanzkraft* – am wenigsten entwickelt ist und daß das Strukturieren eines Unternehmens in möglichst unterbrechungsfreie *marktorientierte* Wertschöpfungs- und Prozeßketten der prinzipiell richtige Ansatz zur Verbesserung dieses Merkmals darstellt.

Warum scheitern dann aber drei Viertel der Restrukturierungsprojekte, wenn die Richtung eigentlich stimmt?

Die Oberflächen-Diagnose des Scheiterns: „irgendein" Methodenfehler

Schauen wir uns die Historie gescheiterter Reengineering-Projekte an, zeigt sich folgendes: „Natürlich" sind die gescheiterten Unternehmen – wie praktisch immer zu vermuten ist – von den empfohlenen Vorgehensmodellen (z. B. Hammer/Champy, S. 153 ff., S. 190 ff., S. 260 ff.) in dem einen oder anderen Punkt abgewichen.

Als Lehre hieraus empfehlen Unternehmensberater für künftige Projekte als Standardmedikation – nicht ohne einen leichten Vorwurf im Unterton, „die vorgeschlagene Vorgehensmethodik doch bittschön *korrekt* anzuwenden". Oder es werden besonders zu beachtende zusätzliche „Grundregeln für den Erfolg von Reengineering-Projekten" aufgestellt (z. B. Dernbach, S.42).

Die entscheidende Frage, ob die Methode für die Aufgabenstellung – keine geringere als die Umwandlung des *gesamten Unternehmens* – überhaupt *angemessen* ist, wird nicht gestellt.

… und wie lautet die Tiefen-Diagnose des Scheiterns?

Die meisten Unternehmen haben bei Reorganisationsprojekten Schiffbruch erlitten, weil sie – so Peter Scott-Morgan – beim Verändern ihrer Organisation „die heimlichen Spielregeln" der Menschen im Unternehmen nicht beachteten (Scott-Morgan, in: mm Nr. 6/1994, S. 183).

Wenn beispielsweise die Unternehmensleitung durch eigenes Verhalten und/oder durch die etablierten Vergütungssysteme ständig deutlich macht, daß ausschließlich die

Einzelleistung honoriert wird, ist es zwecklos, im Rahmen eines Reengineering-Projektes nunmehr Teamarbeit und Teamerfolg in den Vordergrund zu rücken – es sei denn, daß zeitgleich auch das institutionalisierte Wertesystem geändert wird.

Ein derartiges Vorgehen bei Veränderungsprozessen wirkt „halbherzig", weil die Unternehmensleitung durch ihr eigenes Verhalten demonstriert, daß sie ihr Vorhaben offenbar selbst nicht ernst nimmt. Halbherzigkeiten der Unternehmensleitung beim Anpacken organisatorischer Veränderungen schlagen in der Wahrnehmung der Mitarbeiter

– im günstigen Fall in *mangelnde Professionalität*,

– im tragischeren Fall in *persönliche Unglaubwürdigkeit* des Managements um.

Der Eindruck der Unglaubwürdigkeit folgt hier aus dem *Widerspruch* zwischen Handeln und Reden des Managements. Weil sich die eigentliche Ziele und Absichten hinter Wörtern leicht, hinter Handlungen nur schwer verbergen lassen, lösen mündige, d. h. genau die wertvollen Mitarbeiter derartige Widersprüche stets in der Weise auf, daß sie den Taten mehr als den Reden glauben.

Jedes halbherzig betriebene Reorganisationsprojekt stellt eine *self fulfilling prophecy* dar: das Projekt selbst trägt die Erwartung und Botschaft seines Scheiterns in das Unternehmen hinein.

Hinter den oben skizzierten „methodischen", naiv im Oberflächlichen steckenbleibenden Versuchen zur Erklärung des Mißerfolgs bisheriger Reengineering-Projekte schälen sich folgende eigentliche Tiefen-Ursachen des Scheiterns heraus:

1. Reengineeringprojekte setzen eine Veränderung der *Unternehmenskultur* voraus bzw. bedeuten selbst eine dramatische Veränderung der Unternehmenskultur.

   Dies gilt sowohl für die „harten" Bestandteile der Unternehmenskultur (z. B. Vergütungs- und Anreizsysteme, insbesondere Tantieme- und Prämienmodelle; Karrieremodelle; Personalentwicklungsmodelle) als auch ihre „weichen" Elemente (z. B. praktiziertes Wertesystem, gelebte Vorbilder, praktizierte Beförderungen, „gefühltes" Arbeitsklima, Führungspraxis).

2. Unternehmenskultur wird letztlich durch das Denken und *Fühlen* der Menschen im Unternehmen bestimmt. Das Denken und Fühlen von Menschen läßt sich nur *langsam* verändern.

3. Unternehmenskultur kann nur mit Hilfe vieler kleiner, glaubhafter, kulturauthentischer *Einzelschritte* mit direkter Erfolgskontrolle und Beeinflussung des weiteren Vorgehens verändert werden, d. h. nur mittels beständiger und geduldiger *„Kulturarbeit"*. Sie kann nicht über mechanisch abgespulte, auf den kurzfristigen Erfolg setzende Reorganisationsprojekte verändert werden – jedenfalls nicht zum Positiven, allerdings sehr wohl zum Negativen (z. B. Demotivation, Kündigung).

4. Die Menschen zumutbare maximale „Änderungsgeschwindigkeit" ist *beschränkt*. Außerdem gibt es erhebliche individuelle Unterschiede: manche Menschen können

sich schneller, andere nur langsam, andere schließlich gar nicht auf organisatorische Änderungen einstellen.

Unternehmensleitungen wird es auch mit Hilfe des Business Reengineering nicht gelingen, diese *anthropologischen Naturgesetze* außer Kraft zu setzen. Auch nicht, indem sie an Reengineeringprojekte mit *noch mehr* Visionarität oder *noch mehr* Radikalität herangehen (anders Dernbach, S. 42) Alle Restrukturierungsprojekte, welche dies dennoch versucht haben, sind zwangsläufig *gescheitert*.

Kurzfristige „Restrukturierungserfolge" durch Kostenreduzierung?

Aufgeschreckt durch die zurückliegende Rezession haben viele Unternehmen versucht, durch Maßnahmen zur Kostenreduzierung zu schlanken Strukturen zu gelangen, um die notwendige Ertragskraft (wieder) zu erlangen. Verschlankung und Ergebnisverbesserung wurden überwiegend erreicht. Eine Kostenreduzierung, welche lediglich als *Kriseninstrument* eingesetzt wird, stellt indes eine höchst gefährliche Waffe dar.

Schnelle Entlastungserfolge lassen sich nur bei den variablen Kosten erreichen. Fixkosten entziehen sich einer schnell wirkenden Reduzierung. Zwar kann man bei hinreichend verfügbarer Zeit auch Fixkosten in variable Kosten umwandeln. Neben anderem fehlt es in Krisensituationen typischerweise gerade auch an Zeit. Kostenreduzierungen als Kriseninstrument bewirken nur eine vorübergehende Entlastung („Strohfeuer"). Infolge einer unzureichenden Veränderung der kostentreibenden Verhaltensweisen der Menschen im Unternehmen geraten die Ergebnisse bald erneut unter Druck.

Noch schlimmer: in vielen Fällen wurde über das Ziel „hinausgeschossen". Insbesondere beim Personalabbau verlief die Kostenreduzierung im Stile einer „Teilamputation" zu Lasten der Unternehmenssubstanz. Es ist im Ergebnis häufig teurer, im anschließenden Konjunkturaufschwung neues Personal über den Arbeitsmarkt zu rekrutieren als bewährtes und eingespieltes Personal über die Krise hinweg zu halten. Außerdem fördern unprofessionell und ohne Augenmaß durchgezogene Entlassungsaktionen auch beim erhaltenen Mitarbeiterstamm weder die Motivation noch die Identifikation mit dem Unternehmen. Vielmehr schaut doch jeder beim morgentlichen Arbeitsbeginn, „wie viele Beine der Stuhl heute noch hat".

Kostenreduzierung – verstanden als *dauernde* Hausaufgabe, auch und gerade in guten Zeiten („Kostenmanagement") – ist wichtig und Zeichen eines professionell geführten Unternehmens. Kostenreduzierung als vermeintliches *Kriseninstrument* führt dagegen häufig zur Selbstverstümmelung – abgesehen von den seltenen Fällen, in denen Unternehmen zur Vermeidung des Gangs zum Amtsrichter schlicht keine andere Alternative bleibt.

Vom Kurieren der Symptome ... und gleichzeitigen Konservieren der Krankheitsursachen

Einen erheblichen Teil der heute beobachtbaren Schwierigkeiten der Unternehmen können wir auf zwei Kernursachen zurückführen:

1. Die angebotenen Produkte und Dienstleistungen verfehlen die Anforderungen des (externen) Marktes, insbesondere die Vorstellungen der auch als Menschen zu behandelnden *Kunden*. Mangelnde Serviceorientierung ist eines der Hauptbeispiele.

2. Die (Intern-)Organisation verfehlt die Bedürfnisse und Befindlichkeiten der auch als Kunden zu begreifenden *Menschen* im Unternehmen.

Eine hohe Fehlerrate, eine umständliche, in erster Linie auf die Absicherung der eigenen Person bedachte Vorgangsbearbeitung oder eine mangelnde Bereitschaft, sich für den Kunden zu engagieren, sind neben fehlender Motivation typische Symptome der zuletzt genannten Ursache.

Eine Restrukturierung der Unternehmensprozesse, welche rein auf eine organisatorische Verbesserung oder Optimierung abzielt, mag im Einzelfall sinnvoll sein – sie laboriert im Grunde jedoch nur an den *Symptomen* und konserviert die Krankheitsursache. Die gescheiterten Reengineeringprojekte sind präzise in diese Falle gelaufen.

Die Restrukturierung muß, will sie wirklich erfolgreich sein, die *Ursache* der Entfremdung zwischen der formalen Unternehmensorganisation und den Mitarbeitern angehen: die Organisation ist so zu gestalten, daß sie dem Denken und Fühlen, dem tatsächlichen Sozialkodex und den vorhandenen Fähigkeiten und Leistungspotentialen der Menschen im Unternehmen entspricht sowie die „geheimen Spielregeln" (besser: die *tatsächlich praktizierten* Spielregeln) beachtet. Auch beim Business Reengineering müssen die Menschen dort „abgeholt" werden, wo sie sich *tatsächlich* befinden.

Das Einfordern noch ehrgeizigerer Visionen oder noch entschiedenerer Radikalität vergrößert nur den Abstand zwischen Wirklichkeit und Reengineeringscheinwelt.

Eine Restrukturierung der Unternehmensprozesse, auch eine radikale, reicht in der Unternehmenswirklichkeit genau so weit, wie die betroffenen Menschen die neue Struktur aktiv mittragen und mitleben. Sie funktioniert letztlich nur über eine Veränderung der Unternehmenskultur und damit eine beständige „Kulturarbeit" – allerdings nur im Rahmen der erreichbaren Veränderungsgeschwindigkeit.

2. Unternehmenskultur als ein Schlüsselfaktor zum Erfolg

Das ganzheitliche Therapieziel für das erfolgsoptimierte Unternehmen

Mitunter wird zwischen dem wirtschaftlichen Erfolg eines Unternehmens und der Stärke der Unternehmenskultur ein Widerspruch konstruiert. Kostprobe:„Deckungsbeitrag ohne Kultur geht, Kultur ohne Deckungsbeitrag geht nicht". Ist die Sachlage wirklich so schlicht?

„Muß"-Doppelziel: wirtschaftlicher Erfolg und menschenfreundliche Unternehmensorganisation

Richtig ist, daß ein Unternehmen als betriebswirtschaftliche Veranstaltung ohne hinreichenden wirtschaftlichen Erfolg nicht existieren kann, auch nicht kurzfristig.

Ebenso ist richtig, daß der wirtschaftliche Erfolg ohne eine den Menschen im Unternehmen entsprechende Unternehmenskultur, insbesondere ohne das Erschließen ihrer Leistungspotentiale, auf Dauer nicht gesichert werden kann.

Diese Aussage läßt sich noch verschärfen: Die *optimale* Wertschöpfung findet nicht gegen oder ohne, sondern nur *mit* den Menschen im Unternehmen statt. Wirtschaftlicher Erfolg und menschenfreundliche Unternehmenskultur und -organisation bedingen sich wechselseitig.

Ist das Ziel überhaupt erreichbar?

Manchen kulturstarken Unternehmen haftet der Ruf an, eben aus diesem Grunde renditeschwach zu sein.

Eine seriöse Ursachenanalyse arbeitet nicht mit solch einfachen monokausalen Erklärungsmustern. Die Ursachen, welche einer schwachen Eigenkapital- oder Umsatzrendite zugrunde liegen, stellen ausnahmslos ein komplex korreliertes Wirkungsnetz dar.

Eine Unternehmenskultur, welche ein Unternehmen vom Markt abschottet („Inzucht") oder das Unternehmen in branchenuntypisch erhöhte Personalkosten treibt („Selbstbedienungsladen"), ist erfolgsgefährdend. Umgekehrt ist eine Kultur, welche die

Loyalität, die Motivation und die Leistungs- und Lernbereitschaft der Mitarbeiter optimiert, förderlich für den Erfolg. Wenn zu einer solchen Kultur noch ein marktgerechtes Produktportfolio, ein effizienter Marktzugang sowie finanzielle Solidität hinzutreten, läßt sich der Erfolg des Unternehmens kaum noch verhindern.

Unternehmenserfolg und Unternehmenskultur sind Ziele, die sich wechselseitig bedingen

Natürlich stellt sich weder der Unternehmenserfolg allein schon dadurch ein, daß das Management auf eine starke Kultur achtet, noch führt Erfolg zwingend zur Herausbildung einer starken Kultur. Die Wirkzusammenhänge sind komplexer. Der wichtigste Grundsatz lautet:

Die *Kultur selbst* ist auf den und am *Unternehmenserfolg* auszurichten. *Erfolg* und *Höchstleistung* müssen das Ziel des Unternehmens und seiner Kultur sein. Kultur um ihrer selbst willen ist Nabelschau.

Wie kann nun ein Unternehmen seine vorhandene Kultur zu einer *Erfolgskultur* umgestalten?

Der Weg zur Erfolgskultur ist eine *soziale Gruppenreise* mit vielen einzelnen Stationen. Wegen der Unberechenbarkeit sozialer Prozesse können lediglich das Gesamtziel, nicht die einzelnen Stationen im vorhinein detailliert geplant werden. Wie bei einer richtigen Reise sieht die Reststrecke nach jedem Einzelschritt anders aus: nach jedem Einzelerlebnis ist man „schlauer" als vorher. Um aus den bereits während der Reise anfallenden Erfahrungen *lernen* zu können, müssen *Änderungen* im Reiseablauf zugelassen werden.

Leider stellt diese zutreffende, zumindest nicht widerlegbare Charakterisierung des Wandlungsprozesses keine operative Handlungsanweisung dar. Handlungsanweisungen für das Management sind nur in der Form möglich, daß man die Umstände, welche die Herausbildung einer Erfolgskultur günstig beeinflussen („Wirkfaktoren"), kennt und diese zielfördernd bearbeitet und ausrichtet.

Die vier Wirkfaktoren zur Erfolgs- und Leistungskultur

1. *Strikte Kundenorientierung.* Die Internorganisation des Unternehmens muß – quasi als Spiegelbild der externen Markt- und Kundenanforderungen – die Bedürfnisse des Marktes und der Kunden in das Unternehmen transportieren und im Unternehmen abbilden.

2. *Kontinuierliche Leistungssteigerung.* Die Leistungs- und Qualitätsmerkmale der Unternehmensstrukturen und -prozesse, insbesondere die Merkmale Produktivität und Kosten, müssen stetig verbessert werden. Dabei muß der Veränderungsgeschwindigkeit der Menschen Rechnung getragen werden: die Menschen dürfen weder *über*fordert noch *unter*fordert werden, sie müssen *ge*fordert werden.

   Produktivitätssteigerung und Kostenreduzierung dürfen nicht zum Krisenaktionismus in „Schlechtwetterlagen" verkommen, sondern müssen unabhängig von der Wetterlage als dauerhafte Hausaufgabe begriffen werden, die auch und gerade bei „schönem Wetter" erledigt werden muß.

3. *Menschenorientierung und -förderung.* Die Mitarbeiter des Unternehmens sind das Schlüsselkapital und -vermögen des Unternehmens. Die Leistungsfähigkeit („Qualifikation"), die Leistungsbereitschaft („Akzeptanz") und der Leistungswille („Motivation") müssen stetig und aktiv gesichert und zieladäquat verbessert werden.

   Dies gilt gleichermaßen für Mitarbeiter und Führungskräfte.

4. *Integrität des Managements.* Die Führungskräfte müssen in ihrer Funktion als *soziale Kultur(vor)arbeiter* die Merkmale der gewünschten Kulturvision schon heute glaubhaft vorleben. Denn Kultur kann nur durch Vorleben und Nachahmen, d. h. durch Kopiereffekte in die Breite getragen werden. Das bedeutet: Das Management muß authentisch, fair, glaubwürdig, integer, offen, kritikfähig, leistungsorientiert, professionell, konstruktiv und teamfähig agieren.

   Umgekehrt sollte folgende (nicht repräsentative) Auswahl problematischer Verhaltensweisen verboten sein:

   – Eine unzutreffende, entstellende oder manipulierende Informationspolitik.
   – Profilierung zu Lasten von Kollegen, interne Schaukämpfe und Privatfehden.
   – Intrigen, Rufmorde, Diffamierungen und andere Unkollegialitäten.
   – Übervorteilungen im Kollegen- oder Mitarbeiterkreis und sonstige „Über-den-Tisch-Zieh"-Aktionen.
   – „Kirchturmsdenke" und Bereichs-/Abteilungs-/Profit-Center-Egoismen zu Lasten anderer Organisationseinheiten oder des Gesamtunternehmens.
   – Ungeniertes Ausnutzen von Vormachtstellungen (z. B. zwecks internem Abkassieren) und andere Formen des „modernen Raubrittertums".
   – Das Brechen gegebener Versprechen oder das Verletzen geschlossener Vereinbarungen.
   – Machtpolitik und Machtdemonstration.
   – Undifferenziertes Hochloben des „eigenen Berittes", Feinddenken gegenüber anderen Organisationseinheiten, insbesondere die Diffamierung anderer Einheiten.

- Seilschaften und andere karawanenähnliche Strukturen.
- Willkürliche Bevorzugungen und Benachteiligungen, insbesondere Entscheidungen nach „Gutsherrenart" oder „Bauchgefühl".

3. Der ganzheitliche „Therapieansatz": die „humanzentrierte" Gestaltung der Unternehmensprozesse

Unternehmensprozesse als Menschenkette

Der Wandel von der vorhandenen zu einer *Erfolgskultur* bildet die *Grundlage* der Unternehmensrestrukturierung. Die humanzentrierte Gestaltung der Unternehmensprozesse ist die *konkrete Ausprägung* dieser Grundlage und die *Form*, welche das zu restrukturierende Unternehmen finden muß, um die Früchte der Erfolgskultur *ernten* zu können.

Unter dem Systemaspekt müssen wir sowohl das eigene als auch das Kundenunternehmen als *soziales* System begreifen. Ein *Unternehmensprozeß* wird unter diesem Blickwinkel zu einer verketteten Struktur, bestehend aus

- den Prozeßschritten, welche ein Mensch alleine ausführt,
- den Prozeßschritten, welche durch mehrere Menschen gemeinsam durchgeführt werden (unternehmensinterne Interaktionen), sowie
- den Prozeßschritten, an welchen Menschen aus dem eigenen Unternehmen und aus anderen Organisationen beteiligt sind (Interaktionen zwischen verschiedenen sozialen Systemen).

Derart komplexe, systemübergreifende Strukturen lassen sich weder allein durch Trainings noch durch Organisationsänderungen der üblichen Machart („Rundbrief der Unternehmensleitung mit Kästchendiagramm als Anlage") heranbilden.

Beide Maßnahmen greifen zu kurz. Denn Mensch, Kultur und Struktur im Unternehmen stellen eine untrennbare Einheit dar und können deshalb nur *gemeinsam* verändert werden. Daraus folgt nahtlos, daß Organisations- und Personalentwicklung nur *ganzheitlich* verstanden und *gemeinsam* betrieben werden können.

Humanzentrierte Gestaltung der Unternehmensprozesse im Erfolgsunternehmen heißt nun, daß der *Mensch* in doppelter Hinsicht in das Zentrum der prozeßgestalterischen Arbeit gestellt wird: als Kunde und als Mitarbeiter. Dies geschieht konkret dadurch, daß wir eine kundenorientierte *Leistungs(erbringungs)organisation* mit einer mitarbeiterorientierten *Führungsorganisation* kombinieren.

Die Optimierung der Leistung: die kundenzentrierte Prozeß- und Projektorganisation

Um ein Unternehmen allmählich in ein Erfolgsunternehmen zu überführen und eine Leistungskultur einzurichten und dauerhaft zu verankern, empfehlen wir folgende, nur in ihrer Summe *ganzheitlich* wirkende „Therapiemaßnahmen":

1. Das Unternehmen organisiert das Erbringen wiederkehrender Leistungen in Form von *Prozessen*, das Erbringen einmaliger Leistungen in Form von *Projekten*.

2. Das Unternehmen macht seine Kunden zum „Bestandteil" des Unternehmens, indem es seine Prozesse und Projekte unternehmensübergreifend gestaltet und die Kunden einbezieht.

3. Das Unternehmen macht seine Kunden zum Ausgangspunkt der Leistungsorganisation, indem es seinen Leistungs- und Qualitätsmaßstab direkt aus den Kundenanforderungen ableitet.

4. Das Unternehmen richtet für die Abwicklung jedes primären Geschäftsprozesses ein oder mehrere Leistungszentren ein. Abteilungen werden durch Prozeß- oder Projektteams ersetzt.

5. Das Unternehmen konzentriert die Kunden- und Geschäftsverantwortung in den Leistungszentren.

6. Das Unternehmen maximiert seine „Kundenoberfläche", indem es Leistungen von Stabsabteilungen vermarktet.

7. Andere Organisationseinheiten werden im Unternehmen als (interne) Kunden betrachtet. Auch unternehmensintern wird Marktwirtschaft praktiziert.

Die Nutzung und Aktivierung der Humanpotentiale: die mitarbeiterzentrierte Führungsorganisation

Ein Erfolgsunternehmen ist nur möglich, wenn es die Leistungspotentiale seiner Mitarbeiter und Führungskräfte erschließt, aktiviert und mit Augenmaß nutzt. Um dieses Ziel zu erreichen, empfehlen wir eine ganzheitliche Therapie aus folgenden Maßnahmen:

1. Das Unternehmen führt seine Mitarbeiter durch Zielvereinbarungen, Delegation von Entscheidungskompetenz, Moderation bei Zielfindungen und Konflikten, Coaching zum Hineinwachsen in neue Aufgaben sowie eine angemessene Entscheidungsbeteiligung.

2. Das Unternehmen sorgt für adäquat transparente Managementprozesse. Managemententscheidungen sind mit Maßnahmen zur Förderung ihrer Akzeptanz verknüpft. Für Managemententscheidungen mit Binnenwirkung gibt es ein (seriöses, nicht desinformierendes) internes Marketing.

3. Das Unternehmen führt eine Rollenorganisation ein: (dynamisch wechselnde) Rollen ersetzen (statische) Stellen. Eine Person kann gleichzeitig mehrere Rollen ausüben (Rollenhäufung).

4. Das Unternehmen bildet die Rollen korrekt: Aktivität, Aufgabe, Verantwortung und Kompetenz eines Mitarbeiters müssen eine Einheit bilden. Streng verboten ist die verbreitete „double-bind"-Struktur: Ziel setzen, Mittel verweigern, den Erfolg erschweren bis unmöglich machen.

5. Das Unternehmen löst die übliche Verknüpfung von „Dienstgraden" und Rollen auf.

6. Das Unternehmen bildet die Karriere seiner Mitarbeiter als Folge von Rollen mit wachsenden Anforderungen ab.

7. Das Unternehmen nutzt die Stärken seiner Mitarbeiter, indem es ihnen Rollen zuordnet, welche von ihren Stärken Gebrauch machen („Gewinner-Rollen"). Gleichzeitig meidet es die Schwächen der Mitarbeiter, indem es keine Rollen zuordnet, welchen seine Mitarbeiter nicht gewachsen sind („Verlierer-Rollen").

8. Das Unternehmen arbeitet mit leistungssteigernden, motivierenden, die Identifikation mit dem Unternehmen erhöhenden Vergütungssystemen. Das Unternehmen arbeitet nicht mit überzogenen Anreizsystemen.

9. Das Unternehmen erschließt das Potential seiner Mitarbeiter durch rollenintegrierte Trainings und Personalentwicklungsmaßnahmen.

10. Das Unternehmen legt größten Wert auf ein positive Emotionen weckendes, sympathisches Unternehmensleitbild.

4. Wege zum Erfolg

Bewußtseins- und Verhaltensanforderungen an die Führungskräfte

Entsprechend der Ausrichtung auf das neue, mitarbeiter- und kundenzentrierte „Zwei-Sonnensystem" des Erfolgsunternehmens werden die Führungskräfte vom Kontrolleur und „Störer des Arbeitsfriedens" (typisch „Management by Helikopter": abgehoben herumschwirren, ab und zu herabstoßen, viel Staub aufwirbeln und mit viel Getöse wieder abheben ... da capo) zum Förderer der Mitarbeiter und Dienstleister am Kunden.

Die Führungskräfte müssen sich selbst ändern:

- Führungskräfte müssen die Führungsgrundsätze im Unternehmen aktiv (vor)leben und persönlich glaubhaft praktizieren; „Sonntagsreden" oder kosten- und folgenloses Philosophieren über Führung reicht nicht mehr.
- Führungskräfte müssen eine seriöse, faire, die Mitarbeiter als Partner im Unternehmen ernst nehmende, aktive Informations- und Kommunikationspolitik betreiben.
- Auch in Managementprozessen muß professionelle Arbeit geleistet werden.
- Führungskräfte müssen die notwendigen Bewußtseins- und Verhaltensänderungen bei den Mitarbeitern aktiv fördern.

Bewußtseins- und Verhaltensanforderungen an die Mitarbeiter

Umgekehrt stellt das Erfolgsunternehmen auch an die Mitarbeiter neuartige Anforderungen:

- Mitarbeiter werden zu Unternehmern im Unternehmen.
- Mitarbeiter müssen sich über die neue Verantwortung klar werden und bereit sein, weitere Verantwortung zu übernehmen.
- Die Unterscheidung zwischen Führungskräften und Mitarbeitern wird durch die Verlagerung von Macht deutlich verändert und einander angenähert. Insbesondere können Mitarbeiter sich nicht mehr hinter Führungskräften und deren Entscheidungen verstecken.
- Mitarbeiter müssen sich mit ihrer neuen Macht auseinandersetzen und den *verantwortlichen* Umgang mit Macht lernen. Insbesondere müssen die Mitarbeiter lernen, daß mehr Macht die Dinge häufig nicht einfacher, sondern komplexer, manchmal zusätzlich schwieriger macht („Informationsethik", „Machtethik").
- Letztendlich müssen die Mitarbeiter die gleichen Anforderungen wie die Führungskräfte erfüllen und sich an den gleichen Kriterien messen lassen.

Der Weg zum Erfolgsunternehmen

Der Weg zum Erfolgsunternehmen und zur Erfolgskultur geht letztlich nur über die *Qualifizierung* der Mitarbeiter und der Führungskräfte auf der Arbeitsebene (Wissen, Methoden, Verhalten) und der Meta-Ebene (Lernen, Werte, Visionen, Fühlen und

Emotionen). Organisationen werden nur über die „Köpfe und Bäuche" der Menschen im Unternehmen verändert, vor allem über die Bäuche.

Da auch hier der Bauch den Kopf dominiert, kann der Wandel von der vorhandenen Kultur zur Erfolgskultur authentisch nur durch eine bewußte *konstruktive* Einbeziehung und Bearbeitung von Widerstand und Emotionen geleistet werden: Strukturänderung ohne Kulturänderung scheitert.

Beispiel: Eine Unternehmensleitung setzt sich verbal für eine profit-center-übergreifende Zusammenarbeit ein, hält aber gleichzeitig an der Vergütung des Profit-Center-Managements nur nach dem Erfolg des *eigenen Profit-Centers* fest. Diese Unternehmensleitung appelliert an die Köpfe, signalisiert aber gleichzeitig non-verbal, daß der Appell eigentlich nicht ernst gemeint ist und daß diejenigen, welche so naiv sind, dem Appell zu glauben, hierfür sogar mit finanziellen Einbußen faktisch bestraft werden. Das Ergebnis steht jetzt schon fest: es ändert sich nichts.

Wer bei Widerständen nach dem Motto „push harder" verfährt, wird ebenso scheitern. Wer sich dagegen mit Bereitschaft zum Lernen, mit Schmerz- und Frustrationstoleranz sowie Bereitschaft und Fähigkeit zum *langsamen* Vorgehen auf die aufregende Reise zur Erfolgskultur und *darüber* zum Erfolgsunternehmen begibt, der wird erfolgreich sein: als Unternehmen, als Führungskraft, als Mitarbeiter, als Mensch.

Literatur

DERNBACH, W.: Strategisches Management: Der Wettbewerbsfaktor organisatorischer Leistungsfähigkeit wird sträflich vernachlässigt, in: Kompetenz Nr. 26

DIERKES, M./RASKE, B.: Wie Unternehmen lernen. Erfahrungen und Einsichten von Managern. Geheime Regeln II, in: manager magazin 7/1994, S. 142 ff.

FISCHER, G./RIEKER, J./RISCH, S.: Ein trauriges Kapitel, in: manager magazin 6/1994, S. 171 ff.

GLOGER, M./GROOTHUIS, U.: Unternehmensorganisation: Völlig umgedreht, in Wirtschaftswoche 32/1994, S. 54 ff.

HAMMER, M./CHAMPY, J.: Business Reengineering. Die Radikalkur für das Unternehmen, 3. Aufl., New York, Frankfurt 1994

SCOTT MORTON, M. S. (Hrsg.): The Corporation Of The 1990s, Information Technology And Organizational Transformation, New York 1991

SCOTT-MORGAN, P.: „Das fehlende Glied", in: mm Nr. 6/1994, S. 183

SCOTT-MORGAN, P.: Die heimlichen Spielregeln. Die Macht der ungeschriebenen Gesetze im Unternehmen (deutsche Übersetzung von „The Unwritten Rules of the Game"), Frankfurt 1994

Die Informatik: Job-Killer oder Job-Knüller?

Jürgen Fuchs

1. Die neue Produktivität: viel intelligenter arbeiten, statt viel mehr arbeiten
2. Die vernünftige Rationalisierung: Aktivieren statt Amputieren
3. Der neue Arbeit-Geber: der kundige Kunde
4. Informatik: der Intelligenzverstärker
5. Das lebendige Unternehmen
6. Informatik: das Nervensystem im Unternehmensorganismus
7. Die Symbiose: INTEL inside und INTELLIGENCE inside

1. Die neue Produktivität: viel intelligenter arbeiten, statt viel mehr arbeiten

An einer Straßenkreuzung in Wiesbaden hat es mal wieder gekracht. Ein ganz normaler Unfall mit leichtem Blechschaden und klarer Schuldfrage. Der Verursacher ruft mit seinem Handy seine Versicherungsgesellschaft an. In fünfzehn Minuten ist der Schadensregulierer am Ort des Geschehens – mit seinem Laptop. Er markiert auf dem Bildschirm mit einem dünnen Stift in der Explosionszeichnung des Autos die defekten Teile: Kotflügel rechts, Scheinwerfer rechts, Stoßstange und Kühlergrill. Der Computer berechnet den Schadenswert: 4.800,- DM. „Sind Sie mit einem Scheck über 6.000,- DM einverstanden?" „O.k., aber sofort." Der Schadensregulierer schreibt den Scheck aus. Empfangsquittung per Unterschrift auf dem Screen des Laptop. Das ist im Jahr 1997 Schadensabwicklung „just in time" am „point of sale". Die Versicherung begeistert dadurch ihre eigenen Kunden und gewinnt sogar noch viele neue dazu, die von so viel Service positiv überrascht sind. Und sie spart dabei viele der sonst üblichen Kosten: Rechtsanwälte, Gutachter, Mietwagen, linke Kotflügel, die gleich mit gespritzt werden und natürlich die ganzen Sachbearbeiter, die bisher ihre Sachen bearbeitet haben. Die werden aber nicht entlassen, sondern dürfen jetzt Karriere machen. Sie werden vom Sachbearbeiter zum Kundenbearbeiter befördert: die fahren jetzt als Schadensregulierer zum Kunden. Sie dürfen und müssen jetzt in voller Verantwortung fallabschließend handeln und verhandeln. Eine solche Tätigkeit ist am Weltmarkt der Arbeit mehr wert als nur Akten bewegen und Daten eingeben. Mit komplexer verantwortungsvoller Tätigkeit können diese Menschen für die Versicherung und die Kunden ihr hohes Gehalt in Deutschland rechtfertigen. Das ist wohlverstandene Produktivitätssteigerung von Menschen: nicht viel mehr (von derselben stupiden Tätigkeit) arbeiten, sondern intelligenter arbeiten. Nicht die „Drehzahl" des Menschen erhöhen, sondern seine ganze Persönlichkeit nutzen, seine fachliche und seine kommunikative Kompetenz – um etwas zu leisten, was den Kunden mehr wert ist.

2. Die vernünftige Rationalisierung: Aktivieren statt Amputieren

Der Begriff „Rationalisierung" kommt von Ratio, die Vernunft. Rationalisierung heißt also, Menschen vernünftig machen – und dies vernünftig machen. Die Informations- und Kommunikationstechnik kann dabei helfen, Menschen in den Unternehmen „vernünftiger" und kompetenter zu machen, z. B.

1. Den Bankberater, der jetzt einen Kleinkredit in zehn Minuten an seinen Kunden auszahlen kann oder der eine komplexe Baufinanzierung mit allen steuerlichen

Konsequenzen für seinen Kunden in drei Alternativen durchrechnet, oft sogar mit seinem Laptop im Wohnzimmer des Kunden.

2. Den Verkäufer von Werkzeugmaschinen, der im Büro seines Kunden in Hongkong die Änderungswünsche auf seinem Laptop grafisch zeichnet, im Zentralrechner in Frankfurt berechnet und sofort ein Angebot mit verbindlichen Preisen und Terminen ausdruckt.

3. Den Schadensregulierer einer Versicherung, der am Unfallort auf seinem PC die beschädigten Teile in der Explosionszeichnung des Kundenautos markieren, ein Regulierungsangebot verbindlich ausdrucken und dem Kunden sofort einen Scheck überreichen kann.

Diese und viele andere Menschen handeln vernünftig, weil sie viele bürokratische Blindleistungen und Papierbewegungen in Unternehmen vermeiden. Sie erbringen Dienstleistung. Sie dienen und leisten für ihre Kunden. Informations- und Kommunikationstechnik erleichtert und ermöglicht die viel gepriesene Kundenorientierung. Eine vernünftige Symbiose von Maschine und Mensch, von „Intel inside" und „Intelligence inside" schafft und sichert weltmarktfähige Arbeitsplätze: die Informatik wirkt als „Job-Knüller".

Leider haben viele, besonders Dienstleistungsunternehmen, große Schwierigkeiten bei der kundenorientierten Umgestaltung ihrer Geschäftsprozesse, weil die alten Abläufe „in Beton gegossen" sind, in die Anwendungssoftware für die klassische Master-Slave-Architektur: Informationen und Software zentral auf dem Host als „Master" und draußen dumme Bildschirme als „Slaves" mit dem Menschen als Be-Diener. Er diente dem Computer und wurde durch die Software dressiert, vorgefertigte, fein zergliederte Tätigkeiten zu verrichten, die sich das Management und die Organisatoren überlegt haben: Diese „Master" dachten, die „Slaves" bedienten. Mitdenken war verboten. Trivialtätigkeiten, tödliche Routine, perfekter Taylorismus im Büro war die Folge. Für solche Jobs sind Menschen in Deutschland viel zu teuer bezahlt. Ähnlich wie in der Fabrik werden Trivialjobs von Computern übernommen oder nach Indien verlegt, wo z. B. Swissair die gesamte Ticketabrechnung machen läßt. Für Trivialtätigkeiten wird die Informatik zum „Job-Killer".

3. Der neue Arbeit-Geber: der kundige Kunde

Heute spüren wir eine Renaissance der Kunden. Satelliten, Fax, Internet und Computernetze haben den Kunden kundig gemacht. Er hat sich auf der ganzen Welt erkundigt und gibt jetzt Kunde – per Fax oder Telefon. Die Informations- und Kommunikationstechnik macht die Welt zum Dorf – nicht nur für Produkte, sondern auch für Arbeit. Sie ist auch der Auslöser für die Marktdynamik, die den Konzernbürokratien heute soviel zu schaffen macht, die sich in der Vergangenheit auf Kosten der Kunden und zu Lasten der Mitarbeiter entwickelt hatten. Die Informations- und Kommunikationstechnik kann aber auch die Lösung sein, wenn man sie innerhalb der Unternehmen nutzt – um die Mitarbeiter kundig zu machen. Sie müssen sich dann von Be-Dienern zu Be-Nutzern entwickeln, die den Computer nutzen, um ihren Kunden optimale Dienste zu leisten, wie die o. g. Beispiele zeigen. Sie müssen sich aber auch dahin entwickeln dürfen. Die Organisatoren und das Management müssen den Menschen erlauben und ermöglichen, ihre ganze Intelligenz und ihre ganze Persönlichkeit in den Dienst des Kunden zu stellen: Abschließende Fallbearbeitung am „point of sale".

4. Informatik: der Intelligenzverstärker

Informatik kann in Deutschland viele Arbeitsplätze schaffen und sichern:

- einige bei Hard- und Software-Herstellern, wie z. B. SNI und SAP
- mehr bei Informatik-Dienstleistern, wie z. B. CSC Ploenzke, Andersen Consulting, EDS
- sehr viele mehr aber durch intelligente Nutzung der Informatik im Unternehmen, durch bewußtes Aktivieren des Human-Vermögens, durch Entfesselung der Menschen

Solche vernünftige Rationalisierung kann dann gelingen, wenn vier wesentliche Erfolgsfaktoren beachtet werden:

1. Der Mensch ist nicht nur Kostenfaktor, sondern das wesentliche Unternehmens-Vermögen. Er hat nicht nur Hand, sondern auch Verstand. Er wird als vernunftbegabtes Wesen entdeckt, wahrgenommen und so behandelt. Er hat Wissen, Know-how, Gefühle, Intuition und sogar Lust an Leistung. Wer Leistung will, muß Sinn bieten. Wer aber Angst sät, wird Lähmung ernten.

2. Die Informatik ist nicht länger Dressur-Mittel, sondern Kommunikations-Mittel, um Menschen miteinander zu verbinden. Die Unternehmensleitung muß die Menschen aus den Fängen der Master-Slave-Organisation und der Master-Slave-Architektur befreien. Intranet und Client/Server-Architekturen machen es möglich: der PC ist der Client, d. h. der Kunde. Das Rechenzentrum ist der Server, d. h. der Dienstleister. Auch der Chef bekommt jetzt Kunden: seine Mitarbeiter.

3. Führen ist eine Dienstleistung für die Mitarbeiter. Der Chef wird zum Dienstleister. Er dient und leistet für seine Mitarbeiter, damit diese viel Dienst an ihren Kunden leisten können. Wenn sie viel und vielen dienen, können sie auch selbst viel verdienen. So rationalisiert er seine Mitarbeiter, damit sie noch mehr vermögen und mehr leisten können.

4. Das Unternehmen ist wie ein lebendiger Organismus zu organisieren. Informations- und Kommunikationsnetze bilden das Nervensystem, das alle Mitarbeiter verbindet.

5. Das lebendige Unternehmen

Im Gegensatz zu der üblichen Darstellung eines Unternehmens als komplizierte Maschinerie mit festen Regeln und formalisierten Kommunikationswegen kann man es sich auch als komplexen Organismus vorstellen, das heißt als einen Verbund von Organen und Zellen, die über ein Netzwerk von Nerven und Hormonen miteinander kommunizieren. Beim lebendigen Organismus wird echte Arbeitsteilung praktiziert in einer echten „Vertrauensorganisation". Jedes Organ arbeitet im Vertrauen darauf, daß auch die anderen „ihren Job tun". Kein Organ fühlt sich einem anderen überlegen, keines ist höher als das andere. Ob Herz, Lunge, Nieren, Augen, Gehirn oder die Haut: kein Organ kann ohne das andere existieren. Die einzelnen Organe haben auch kein Interesse, übermäßig zu wachsen – außer bei Krebs. Bei Störungen, Angriffen und Gefahren wird nicht erst ein Schuldiger gesucht, der gegen eine Regel verstoßen hat. Sondern über schnelle Regelkreise gesteuert, versuchen alle gemeinsam, das Problem zu lösen. Hier gibt es keinen obersten Befehlshaber, dem alle zu gehorchen haben, keine Bürokratie und keine Bürokraten. Netzwerke, Rückkopplung und Selbstorganisation sind die Geheimnisse des dynamischen Gleichgewichts in der Natur. So bleiben beispielsweise Körpertemperatur, Blutdruck und der Salzgehalt in den Zellen durch schnell wirkende Feedbacksysteme konstant. Die lebenswichtigen Funktionen sind stark dezentralisiert in Organen, die weitgehend autonom arbeiten. Jedes Organ ist für sich eine Einheit, aber gleichzeitig auch Teil des gesamten Körpers, und das Ganze ist mehr als die Summe der Teile. Nach der klassischen Organisationslehre gibt es sozusagen drei Hierarchieebenen: Zellen, Organe und den Organismus, eventuell noch eine vierte, den Vogel- oder Fischschwarm, sozusagen den Konzernverbund.

6. Informatik: das Nervensystem im Unternehmensorganismus

In der Vergangenheit konnte das organische Organisationsmodell in den Unternehmen nicht eingeführt werden, weil ein wesentliches Element gefehlt habt: das Nervensystem. Erst bei dem heutigen Stand der I+K-Technik kann ein solches Modell erfolgreich genutzt werden. Jede verfügbare Basistechnologie prägt auch die Organisation der Unternehmen. Die Dampfmaschine führte zur Zentralisierung der Arbeitskräfte rund um die Energiequelle und das Fließband zur Arbeitszerlegung in kleinste Schritte und zur zentralen Steuerung der Arbeitsprozesse. Moderne Kommunikationstechnik erlaubt die Dezentralisierung der Verantwortung. Sie erlaubt die abschließende Vorgangsbearbeitung. Sie führt Arbeit und Verantwortung wieder zusammen. In der Fabrik und im Büro erleichtert sie den Weg zur Gruppenarbeit mit selbstverantwortlichen und sich selbstorganisierenden Teams. Bei Volvo war in den 60er Jahren die Einführung von Gruppenarbeit nicht erfolgreich, weil die Produktionsplanung damals ohne Computernetze und just-in-time-Anliegerungen zu inflexibel war. Bei Umplanungen oder Störungen konnte bei Volvo nicht schnell genug reagiert werden, so daß das Band häufig stand. Ein Unternehmen, das wie ein Organismus mit „selbstverantwortlichen Organen" arbeitet, braucht ein Nervensystem, um schnell und flexibel agieren zu können. Gleichzeitig erleichtert die I+K-Technik den Übergang eines Unternehmens vom starren „Uhrwerk" zum lebendigen und lernenden Organismus.

7. Die Symbiose: INTEL inside und INTELLIGENCE inside

Die Informatik baut in dem Hochlohnland Deutschland wie in der Vergangenheit Trivialjobs ab und wird dies auch in Zukunft tun. Sie schafft aber auch zukunftssichere Arbeitsplätze, wenn Menschen mit Hilfe des Computers größere Komplexität beherrschen können, wenn sie den Kunden einen wertvolleren Dienst leisten können, wenn sie komplexere Produkte entwickeln und bauen können – kurz: wenn die Menschen am Weltmarkt der Arbeit wertvoller sein können und so ihr hohes Gehalt in Deutschland rechtfertigen. Dazu müssen die Unternehmen alle Voraussetzungen schaffen, um eine vernünftige Symbiose von Mensch und Computer zu ermöglichen. Es wäre schon sehr hilfreich, wenn sie diese Verbindung nicht behindern, weil sie noch immer glauben, daß der Mensch gut fürs Triviale und der Computer gut fürs Komplexe sei. Die Informatik wird nur dann alle Fähigkeiten zur Sicherung und Entstehung von Arbeit in Deutschland entfalten, wenn man konsequent erkennt und anerkennt:

Der MENSCH ist gut fürs KOMPLEXE, aber leider nur lokal.

Die INFORMATIK ist gut fürs TRIVIALE, dies aber global.

Managementbücher kompetent - kritisch - kreativ

Tapscott, Don
Net Kids
Die digitale Generation erobert Wirtschaft und Gesellschaft
1998. 405 S. Br.
DM 48,00
ISBN 3-409-19287-5
Das erste Buch zum Thema Cyberkids und deren revolutionären Folgen für Wirtschaft und Gesellschaft. In seinem faszinierenden US-Bestseller stellt der Cyber-Guru Tapscott die Netzgeneration vor - wie sie lernt und kreativ ist, wie sie arbeitet und wirtschaften wird. Ein fesselnd geschriebenes Buch, unverzichtbar für zukunftsorientierte Manager - und für die „Eltern in den Managern".

Davis, Stan/ Meyer, Christopher
Das Prinzip Unschärfe
Neue Spielregeln, neue Chancen, neue Märkte in einer vernetzten Welt
1998. 220 S. Geb.
DM 68,00
ISBN 3-409-18984-X
US-Bestseller von zwei renommierten Ernst & Young-Autoren, nach vier Monaten 100.000 Mal verkauft. Ein grandioser Entwurf zur gerade entstehenden atemlosen Real-Time-Wirtschaft mit ihren unscharfen Grenzen zwischen Unternehmen und Kunden, Produkten und Dienstleistungen. Mit vielen Fallbeispielen und konkreten Handlungskonzepten zur Nutzung der zahlreichen neuen Marktchancen.

Kennedy, Carol
Management Gurus
40 Vordenker und ihre Ideen
1998. 228 S. Geb.
DM 68,00
ISBN 3-409-18983-1
Einzigartig auf dem deutschen Markt: die vierzig wichtigsten Management-Denker und ihre Ideen, komprimiert und flüssig geschrieben. Ein Buch für alle, die sich einen schnellen Überblick verschaffen und kompetent mitreden wollen. Englischer Bestseller von preisgekrönter Managementjournalistin, mit Glossar zu den wichtigsten Management-Konzepten. Ideal auch als Geschenkbuch sowie als Fundgrube für Zitate.

Kendall, Robin
Risk Management
Unternehmensrisiken erkennen und bewältigen
1998. 246 S. Geb.
DM 78,00
ISBN 3-409-18982-3
Das einzige Buch zum Risk-Management, das nicht bei Banken und Währungsrisiken stehenbleibt. Nützlich für die Bewältigung von Markt-, Kredit-, operativen und Rechtsrisiken von Banken, Industrie- und mittelständischen Unternehmen. Mit vielen Praxisbeispielen, u. a. zu Barings und Metallgesellschaft, und mit konkreten Strategien zur Behandlung des Jahr-2000-Risikos. Financial-Times-Standardwerk.

Buchner, Dietrich (Hrsg.)
Mehr Kundennähe
Von Kunden lernen, Kunden begeistern und binden
1998. 208 S. Geb.
DM 78,00
ISBN 3-409-18979-3
Erfolgreiche Unternehmen sind bestrebt, von ihren Kunden soviel wie möglich zu lernen. Kundennähe heißt, den Kunden als Lehrmeister anzuerkennen und das Unternehmen auf der Basis konsequenter Service-Orientierung zu steuern. Dieses Buch zeigt, wie das gelingt.

Lenz, Gerhard/ Ellebracht, Heiner/ Osterhold, Gisela
Vom Chef zum Coach
Der Weg zu einer neuen Führungskultur
1998. 180 S. Geb.
DM 68,00
ISBN 3-409-18995-5
„Vom Chef zum Coach" zeigt, welche Fähigkeiten Führungskräfte für zielgerichtetes Coaching benötigen. Eine Fülle praxiserprobter Anleitungen zur Änderung des Führungsverhaltens eröffnet Perspektiven für die Gestaltung einer neuen Führungs- und Unternehmenskultur.

Treier, Ralph
Macht und Ohn-Macht im Management
Wie Sie Führungsstärke und Teampower erfolgreich verbinden
1998. 288 S. Geb.
DM 78,00
ISBN 3-409-18855-X
Der Autor zeigt die Hintergründe des betrieblichen Phänomens „Machtspiele" und gibt dem Leser Instrumente an die Hand, um Machtspiele zu vermeiden oder damit konstruktiv umzugehen. Ziel ist, klare Führung mit erfolgreicher Team-Entwicklung zu verbinden.

Michel, Reiner
Komprimiertes Kennzahlen-Know-how
Analysemethoden, Frühwarnsysteme, PC-Anwendungen - mit vielen Checklisten und Schaubildern
1998. 210 S. Br.
DM 78,00
ISBN 3-409-18988-2
Anhand von vielen Praxisbeispielen zeigt das Buch die Anwendungsmöglichkeiten von Unternehmens- und Projektkennziffern, incl. FIS, dem Finanz-Management-Informationssystem von SAP.

Lochmann, Hans-Dieter/
Köllgen, Rainer (Hrsg.)
Facility Management
Strategisches Immobilienmanagement in der Praxis
1998. 184 S. Geb.
DM 98,00
ISBN 3-409-18860
Immobilien stellen für Unternehmen einen erheblichen Kostenfaktor dar. Dieses Buch zeigt anhand zahlreicher Praxisbeispiele Möglichkeiten, diese Kosten zu optimieren und die rund um das Gebäude angesiedelten Leistungen effizient zu strukturieren und zu managen. Zahlreiche „Best Practices" und Fallstudien der weltweit führenden Facility-Managementunternehmen geben Anregungen für die Umsetzungen in der betrieblichen Praxis.

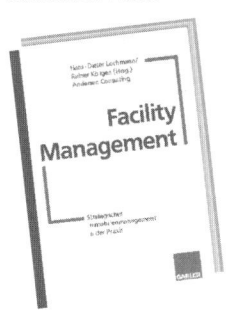

Kraus, Georg/
Westermann, Reinhold
Projektmanagement mit System
Organisation, Methoden, Steuerung
3., erweiterte Auflage
1998. 216 S. Geb.
DM 68,00
ISBN 3-409-38758-7
Im Mittelpunkt dieses Praxisleitfadens stehen Organisation und Methoden, Abwicklung und Steuerung, menschliche Aspekte und Hindernisse in der Projektorganisation. Neu gegenüber der vorherigen Auflage sind nützliche Checklisten für den Projekttrainer und ein Beispielprojekt am Ende des Buches.

Enkelmann, Nikolaus B.
Die Sprache des Erfolgs
Rhetorik und Persönlichkeit
- So stärken Sie Ihr Ich
2. Aufl. 1998. 240 S. Geb.
DM 58,00
ISBN 3-409-29626-3
Der renommierte Motivationstrainer Nikolaus B. Enkelmann zeigt in diesem außergewöhnlichen Ratgeber, wie es gelingt, mit innerer Stärke Gesprächspartner für sich zu gewinnen. „Das Buch ist ein Muß für alle, deren tägliche Aufgabe im Überzeugen von Gesprächspartnern besteht."
Wirtschaftsnachrichten

GABLER

Kompetenz in Sachen Wirtschaft

Schneller Wandel, Vernetzung und Globalisierung stellen Führungskräfte fast täglich vor neue Herausforderungen. Um darauf vorbereitet zu sein, brauchen sie zukunftsgerichtetes Hintergrundwissen, innovative Praxiskonzepte und intelligente Arbeitstechniken.

Gabler Managementbücher bieten hierzu umfassendes Know-how, von Praktikern für Praktiker: neueste Konzepte für Führung, Online-Business und Change-Management; konkrete Instrumente für Marketing, Verkauf und Controlling; wertvolle Ratgeber zu Wissens- und Selbstmanagement.

Nutzen Sie die Gabler Managementbücher als kompetente Entscheidungshilfe, zur persönlichen Weiterentwicklung und als Impulsgeber für neue Ideen und Innovationen. Damit Sie Ihrer Konkurrenz den entscheidenden Schritt voraus sind.

Wittschier, Bernd M.
Konflikt und zugenäht
Konflikte kreativ lösen durch Wirtschafts-Mediation
1998. 208 S. Geb.
DM 68,00
ISBN 3-409-18967-X
Die Führungskraft der Zukunft muß vor allem eine Managertugend stärker als bislang entwickeln: Konfliktkompetenz. Eine spannende Lektüre, die viele Einsichten vermittelt und zeigt, wie effektives Konfliktmanagement durch Mediation möglich ist - zum Vorteil des Unternehmens und aller Beteiligten.

Frantzen, Dieter
Effizient lernen
Wie Sie Ihre Qualifikation selbst managen
1998. 192 S. Geb.
DM 68,00
ISBN 3-409-18854-1
Wissen veraltet heute schnell, und deshalb ist effizientes Lernen wichtiger denn je. Diese praxisorientierte, anschauliche und mit Fallbeispielen gespickte Darstellung gibt dem Leser Instrumente an die Hand, mit denen er zum Manager seines eigenen Wissens wird.

Girard, Joe
Abschlußsicher verkaufen mit Joe Girard
Die goldenen Regeln des besten Verkäufers der Welt
1998. 208 S. Geb.
DM 58,00
ISBN 3-409-18404-X
Vom Schuhputzer zum Starverkäufer: Joe Girards Karriere ist die Verkörperung des amerikanischen Traums. Der US-Bestseller ist die gebündelte Erfahrung eines Mannes aus der Praxis - keine komplizierten Theorien, sondern schillernde Erlebnisse.

Weitere Informationen erhalten Sie bei Ihrem Buchhändler oder direkt vom Verlag unter
Tel. 0611/7878-615.
Oder Sie besuchen uns im Internet:
www.gabler-online.de

Änderungen vorbehalten.

Weitere Managementbücher

Wolfgang Berger
Business Reframing
Das Ende der Moden im Management
232 Seiten, 68,- DM

Auf der Grundlage neuer naturwissenschaftlicher Erkenntnisse muß das Management radikal verändert werden. Wolfgang Berger, Ökonom und Philosoph, zerstört Mythen und Moden im Management mit zehn kühnen Thesen und aufregenden Perspektiven.

Jürgen Fuchs
Das biokybernetische Modell
Unternehmen als Organismen
2. Auflage, 233 Seiten, 89,- DM

Unternehmen sind heute nur noch lebensfähig, wenn sie konsequent ihr Humanvermögen nutzen. Gefragt sind Anpassungsfähigkeit, Flexibilität, Schnelligkeit und Änderungsbereitschaft. Dieses Buch zeigt, wie Unternehmen von der Natur lernen können, um mit Komplexität fertig zu werden und kreativ, innovativ und lebendig zu bleiben.

Gerhard Schwarz
Konfliktmanagement
Konflikte erkennen, analysieren, lösen
4. Auflage, 333 Seiten, 98,- DM

Konflikte gründlich zu analysieren und Konfliktprozesse nachhaltig zu steuern – diese Fähigkeiten werden von Führungskräften immer mehr gefordert. Dieses wegweisende und spannend zu lesende Buch vermittelt eine Fülle von Erkenntnissen für den sinnvollen Umgang mit Konflikten.

Stand der Angaben und Preise: 1. Februar 1999
Änderungen vorbehalten

GABLER
BETRIEBSWIRTSCHAFTLICHER VERLAG DR. TH. GABLER GMBH, ABRAHAM-LINCOLN-STR. 46, 65189 WIESBADEN